Emil Bandholz / **Der Lohn**

Volkswirtschaftliche Schriften

Herausgegeben von Dr. J. Broermann, Berlin

Heft 64

Der Lohn

Betrachtungen zum Problem der Lohnbildung

Von

Dr. Emil Bandholz

DUNCKER & HUMBLOT / BERLIN

Gedruckt 1962 bei Richard Schröter, Berlin SW 61
Printed in Germany

Vorwort

Die vorliegende Arbeit verdankt ihre Entstehung einem Forschungsauftrag der Deutschen Forschungsgemeinschaft. Anknüpfend an eine empirische Untersuchung über die Verhaltensweisen der englischen Gewerkschaften in der ökonomischen Auseinandersetzung setzt sie eine Studie fort, die ursprünglich von der Fragestellung ausging, ob sich die Gewerkschaften in der Lohnpolitik am Nominallohn, wie Keynes behauptet, oder am Reallohn orientieren, wie die klassischen und neoklassischen Theoretiker meinen. Die empirische Untersuchung führte zu der Erkenntnis, daß diese Fragestellung zu eng ist. Das Problem der Lohnbildung ist weitaus komplexer als gemeinhin in der Wirtschaftstheorie angenommen wird. Lohnprobleme sind ihrem Wesen nach sowohl theoretischer als auch politischer Art. Historische und soziologische Faktoren, Macht- und Marktfaktoren sind für die Lohnbildung gleichermaßen relevant. Gegenläufige Interessen und Zielsetzungen der Vertragspartner komplizieren das ökonomische Problem. Wirtschaftspolitische und -theoretische Auffassungsgegensätze leiten auch die Argumentationen in den wissenschaftlichen Diskussionen über die Frage, wie eine realistische Lohntheorie, die mit den Gegebenheiten unserer Zeit im Einklang steht, konzipiert sein sollte. Die vorliegende Betrachtung zum Problem der Lohnbildung versucht, zu ihrem Teil zur Klärung dieser Frage beizutragen.

Ich bin der Deutschen Forschungsgemeinschaft dankbar, daß sie mir diese wie auch die vorangegangene Arbeit ermöglicht hat. Herrn Staatsanwalt Fritz Pries, der mein Manuskript von unnötig belastenden Fachausdrücken befreite, bin ich ebenso wie meiner Frau, die alle Schreibarbeiten ausgeführt hat, für ihre Mithilfe herzlich dankbar.

Kiel, September 1961

Emil Bandholz

Inhaltsverzeichnis

Tabellenverzeichnis

I. Allgemeine Grundlagen des Lohnproblems

1. Wirtschaftspolitische Aspekte der Lohnpolitik in der Gegenwart

Die Weltwirtschaftskrise der dreißiger Jahre ist Ursache und Ausgangspunkt einer sich stets erneuernden Erörterung lohn- und beschäftigungspolitischer Probleme. Die die Krise begleitende Massenarbeitslosigkeit erschütterte die Grundlagen der Wirtschaft und warf Grundsatzfragen der Wirtschaftspolitik auf. Nachdem klar geworden war, daß die Initiative der privaten Unternehmer angesichts des Ausmaßes der Krise völlig versagte, sah sich die staatliche Wirtschaftspolitik veranlaßt, in die Bresche zu springen. Die Aktivität des Staates sollte die Wirtschaft aus der Krise herausholen. Die Regierungen verschiedener Länder versuchten, mit Hilfe von Arbeitsbeschaffungsprogrammen den unerträglichen Zustand zu beenden.

Die Politik der Vollbeschäftigung nach dem zweiten Weltkrieg ist eine konsequente Fortentwicklung jener ersten Schritte in Richtung auf eine regulierende Mitwirkung des Staates in der Wirtschaft. Vorzüglich trifft diese Feststellung für jene Länder zu, die aus den Erfahrungen der Vergangenheit den Schluß gezogen haben, es sei unerläßlich, die „selbstregulierenden Kräfte", die nach alter liberalistischer Theorie der Wirtschaft innewohnen sollten, die sich in der Weltwirtschaftskrise jedoch als völlig unzureichend erwiesen hatten, durch eine bewußte, gestaltende Wirtschaftspolitik unter staatlicher Führung zur Sicherung einer stabilen zukünftigen Entwicklung zu ersetzen.

Die Herstellung und Sicherung der Vollbeschäftigung wird heute in fast allen Ländern als Leitmotiv der Wirtschaftspolitik, als mehr oder weniger verbindliche Zielsetzung anerkannt. Die Gründerstaaten der Vereinten Nationen haben in der Erklärung von Philadelphia über die Ziele und Aufgaben der internationalen Arbeitsorganisation vom 10. Mai 1944 im Artikel III der Organisation der Vereinten Nationen die Aufgabe gestellt, in der ganzen Welt Pläne zu fördern, durch die die Vollbeschäftigung und die Hebung des Lebensstandards erreicht werden sollen. Das Ausmaß der Anstrengungen, die auf diese Ziele gerichtet sind, ist jedoch in den einzelnen Ländern recht unterschiedlich. Noch unterschiedlicher sind die Methoden. Die Problematik der Vollbeschäftigung liegt bis heute darin, daß die Wirtschaftspolitik an den Grenzen des nationalen Wirtschaftsraumes haltmachen muß. Nur im Rahmen der nationalen Ressourcen und des Spielraumes, den sie lassen, kann sich die Politik der Vollbeschäftigung jeweils entfalten. Für die großen Wirtschaftsräume der Sowjetunion und der Vereinigten Staaten sind diese nationalstaatlichen Beschränkungen praktisch nicht existent; in den westeuropäischen Ländern machen sie sich dafür um so fühlbarer bemerkbar. Sie sind ein erstrangiges Problem der europäischen Wirtschaftspolitik.

Infolgedessen stehen die ersten praktischen Maßnahmen zur Verminderung dieser Beschränkungen, zur Schaffung einer internationalen Arbeitsteilung und größerer Wirtschaftsräume gegenwärtig in den wirtschaftspolitischen Diskussionen und in den Verhandlungen der Regierungen im Vordergrund des Interesses. Als ein umfassenderer Raum in diesem Sinne ist die „Europäische Wirtschaftsgemeinschaft" der sechs Länder der Montanunion bereits effektiv geworden. Weitere Schritte in Richtung auf eine Freihandelszone aller der OEEC angeschlossenen 17 Länder werden angestrebt. Politische und wirtschaftliche Interessengegensätze führten allerdings zunächst dazu, daß sieben andere Länder, die vormals gleichfalls der OEEC angehörten, im Gegenzug eine eigene Freihandelszone, die EFTA, mit deutlicher handelspolitischer Spitze gegen die EWG gründeten. Die wirtschaftliche und politische Vernunft ließ jedoch sehr bald allen beteiligten Regierungen die Gefahren einer weiteren Blockbildung und eines möglichen Handelskrieges im europäischen Raum erkennen. Die erneut aufgenommenen Verhandlungen über eine umfassendere Lösung berechtigen zu der Hoffnung, daß der wirtschaftspolitischen Einheit Europas gegenüber Sonderinteressen wieder der ihr gebührende Vorrang zuerkannt werden wird.

Schon die ersten Schritte zur Verwirklichung dieses Gebots der Vernunft zeigen, welche enormen Schwierigkeiten im Verhältnis der einzelnen Länder zueinander zu überwinden sind, obgleich es sich hier nur um ein engeres wirtschaftliches Zusammenwachsen Europas handelt. Gegensätze in den wirtschaftspolitischen Auffassungen und in den realen Interessen sind die Ursachen der zutage tretenden Differenzen. Jedes der am Zusammenschluß interessierten Länder ist zugleich auch bemüht, seine Vorteile zu wahren und die Erfolge seiner eigenen Anstrengungen zu sichern. Verständlicherweise wünschen jene Länder, die einen höheren Lebensstandard bereits erreicht haben, sich nicht ohne gewisse Sicherungen auf ihrem Inlandsmarkt einer Konkurrenz aus jenen Ländern auszusetzen, in denen ein niedrigeres Lohnniveau besteht. Andererseits vermögen sie jedoch den eigenen Standard nur dann zu erhalten, wenn sie die begrenzten Möglichkeiten im Rahmen ihrer nationalen Wirtschaftspolitik durch einen größeren Warenaustausch unter Wahrung des Erreichten und anderer Vorbehalte erweitern können. Vorbehalte sind die Crux jedes Zusammenschlusses; im Wirtschaftsleben wirken sie besonders hemmend, weil sie den notwendigen Anpassungsprozeß erschweren.

Im Rahmen der erstrebten gemeinsamen Freihandelszone für ganz Europa richten sich die gewünschten Sicherheitsvorkehrungen in erster Linie auf die Erhaltung des erreichten Lohn- und Beschäftigungsniveaus in der industriellen Produktion und auf die Ausklammerung der Landwirtschaft aus dem freieren Wettbewerb. Die ersteren werden vornehmlich von jenen Ländern gefordert, denen Wohlstandsplanung Leitmotiv ihrer Wirtschaftspolitik ist. Zu ihnen gehören in erster Linie die skandinavischen Länder und mit gewissen Einschränkungen England, Österreich und die Schweiz, die Initiatoren der Kleinen Freihandelszone, der EFTA. Unter den Ländern, die einen Schutz ihrer Landwirtschaft beibehalten wollen, ist auch die Bundesrepublik zu finden, obgleich das in prinzipiellem Widerspruch zu ihrer allgemeinen freihändlerischen Haltung steht. Wie immer, wenn es um echte oder vermeintliche Interessen geht, fehlt es nicht an Widersprüchen selbst in den Ländern, die die Wiederherstellung des Freihandels auf ihre Fahnen geschrieben haben. Die einfache Ursache dafür liegt in der Tatsache, daß den Gütern, die über den Staatsraum hinaus in internationalen Wettbewerb treten, Kosten zugrunde liegen, die sich in dem jeweiligen Staatsraum auf Grund der dort gegebenen Datenkonstellation gebildet haben, die im Wettbewerb möglicherweise nicht gehalten werden können und die zu entsprechenden Einschränkungen der Produktion, möglicherweise zur Unterbeschäftigung in bestimmten Industrien oder gar generell führen können.

Abgesehen von der Landwirtschaft, deren mangelnde Eignung zum Wettbewerb gleich mit einem ganzen Arsenal von Argumenten aus der nicht-ökonomischen Sphäre — wie Erhaltung eines gesunden Bauerntums, Sicherung der nationalen Ernährung — verteidigt zu werden pflegt, bilden vor allem die unterschiedlichen Lohnkosten und sozialen Aufwendungen die Hauptargumente in dieser Auseinandersetzung. Im europäischen Raum bestehen in dieser Hinsicht erhebliche Unterschiede zwischen der Bundesrepublik, Frankreich, Italien sowie einer Anzahl anderer Länder auf der einen, England und den skandinavischen Ländern auf der anderen Seite. Während England und die skandinavischen Länder ihre Politik der Vollbeschäftigung nach dem Jahre 1945 mit einem verhältnismäßig hohen, gegenüber der Vorkriegszeit etwa verdoppelten Lohnniveau beginnen konnten, mußte beispielsweise in der Bundesrepublik die erste Phase des Wiederaufbaues mit der fast wertlosen R-Mark bewältigt werden. Erst in den Jahren 1950/51 erreichte das bundesdeutsche Lohnniveau wieder die Höhe, die es in dem Zeitraum von 1936 bis 1938 gehabt hatte. Ein gewaltig aufgestauter Nachholbedarf, vergleichsweise niedrige Löhne und hohe Investitionsraten waren die Grundlage des sogenannten Wirtschaftswunders in der Bundesrepublik. In den vom Aufschwung begünstigten Industrien führten reichliche, über die Preise finanzierte Investitionsmittel zu einem schnellen, umfassenden und modernen Aufbau der Produktionsanlagen und bescherten ihren Kapitalbesitzern einen ansehnlichen Vermögenszuwachs. Die Modernisierung der Produktionsanlagen schlug sich in einer ungewöhnlichen Steigerung der Produktivität nieder, auf Grund derer in der zweiten Phase der Entwicklung Lohnerhöhungen ohne größere Auseinandersetzungen mit den Gewerkschaften zugestanden werden konnten. Das Lohnniveau in der Bundesrepublik näherte sich erst nach einer Verzögerung von etwa zehn Jahren dem der vorgenannten Länder. Es kommt hinzu, daß keineswegs alle Industrien und alle Gebiete gleichmäßig am Aufschwung beteiligt waren. Manche haben erst sehr spät den Anschluß an die allgemeine Entwicklung gefunden und waren deshalb bisher nicht in der Lage, ihren Produktionsapparat den Erfordernissen des internationalen Wettbewerbs anzupassen. Bisher wurde noch keineswegs eine auch nur annähernd optimale Verteilung der Arbeitskräfte in den einzelnen Industrien und Gebieten erreicht.

Immerhin konnte die Bundesrepublik noch bis vor kurzem auf die relative Stabilität ihres Preisniveaus sowie auf ihre wachsenden Gold- und Devisenreserven mit der Behauptung hinweisen, dies sei ein Erfolg der Marktwirtschaft, die sich damit als eine der Wohlstandspolitik überlegene Wirtschaftspolitik erwiesen habe. Tatsächlich hat sich in den Ländern, die eine bewußte Politik der Vollbeschäftigung betrieben haben, schon seit einigen Jahren eine gewisse Überspannung des Arbeitsmarktes bemerkbar gemacht, die zu einer begrenzten inflationären Entwicklung geführt hat. Im Grunde genommen beruht jedoch die günstige Entwicklung in der Bundesrepublik darauf, daß die Steigerung der Produktivität in den Schwerpunktindustrien den Erhöhungen der Lohnsätze vorausgeeilt und daß ihr damit gegenüber anderen Ländern eine besonders günstige Wettbewerbschance gegeben war[1].

Die eigentliche Problematik jeder Wirtschaftspolitik liegt jedoch nicht so sehr im Aufschwung, als in der Behauptung und dem weiteren Ausbau des einmal Erreichten. Erst wenn die Kräfte des Aufschwunges und der Anreiz, den der Vermögenszuwachs zu geben imstande ist, erlahmen und die nächste Zukunft von den Unternehmern nicht mehr so optimistisch beurteilt wird, tritt jener Zustand der Labilität auf, der nach Keynes[2] der auf der freien Unternehmerinitiative beruhenden Wirtschaft eigen ist. Diejenigen Länder, die eine längere Erfahrung in der Politik

[1] Siehe dazu *Emminger*, O.: Deutschlands Stellung in der Weltwirtschaft, Kieler Vorträge, November 1953.

[2] *Keynes*, J. M.: Allgemeine Theorie der Beschäftigung, des Zinses und des Geldes. München 1936, S. 190 ff.

der Vollbeschäftigung besitzen, sind mit solchen Schwierigkeiten vertraut. Der Beweis dafür, daß die Stabilität der wirtschaftlichen Entwicklung mit den Methoden des Liberalismus gewährleistet werden kann, steht noch aus. Der bisherige wirtschaftliche Aufschwung in der Bundesrepublik ist dafür noch kein Prüfstein. Erst die nächste Zukunft wird zeigen, welche wirtschaftspolitischen Konzeptionen, die des Neoliberalismus, des Dirigismus oder die der staatlichen Konjunkturstabilisierung, der Erhaltung der Vollbeschäftigung in Europa am dienlichsten sein werden. Die Meinungen darüber gehen in den verschiedenen europäischen Gremien noch sehr weit auseinander. Die Frage, mit welchen Methoden der wirtschaftliche Zusammenschluß Europas am besten zu erreichen ist, harrt noch der Beantwortung.

2. Stadien der theoretischen Behandlung der Lohnbildung

Die gegensätzlichen Auffassungen in der Wirtschaftspolitik über den geeignetsten Weg zur Erreichung und Erhaltung der Vollbeschäftigung spiegeln sich auch in den theoretischen Erörterungen wider. Dem kritischen Punkt der Vollbeschäftigungstheorie entsprechend, stehen Erörterungen über die Entwicklung der Produktivität, der Preise, der Löhne und Gewinne und ihr Verhältnis zu inflationistischen oder deflationistischen Tendenzen im Mittelpunkt der Diskussion, die um eine „realistische" Lohntheorie im Rahmen einer allgemeinen Wirtschaftstheorie geführt wird.

Die Vielzahl der theoretischen Auffassungen über dieses Problem läßt sich nach Gasparini[3] im wesentlichen auf drei verschiedene Gruppen zurückführen, die die theoretischen Ausgangspositionen bilden, nämlich: a) Verteilungstheorien, b) Beschäftigungstheorien und c) nicht primär ökonomische oder Machttheorien. Wir möchten aus grundsätzlichen Erwägungen zunächst nur zwei Typen von Theorien, die sich auch in der Wirtschaftspolitik gegenübertreten, miteinander konfrontieren, und zwar diejenigen, die vom Automatismus, von der Selbstregulierung der Wirtschaft ausgehen und Vollbeschäftigung als deren Ergebnis erwarten sowie jene, die bewußt die Vollbeschäftigung, die Konjunkturstabilisierung in den Mittelpunkt des theoretischen Interesses rücken, weil sie die Vollbeschäftigung nicht als ein selbstverständliches Ergebnis der Entscheidungen der einzelnen Unternehmer erwarten.

Die erste der beiden Gruppen glaubt, daß nur die Wiederherstellung des Ausgleichsmechanismus des Marktes bei möglichst umfassender inter-

[3] *Gasparini*, I.: Approaches To The Determination Of The General Level Of Wages Rates, in: The Theory Of Wage Determination, Proceedings of a Conference held by the International Economic Association, Hrsg.: John T. Dunlop, London 1957, S. 39 ff.

nationaler Arbeitsteilung, stabilen Wechselkursen auf der Basis der Goldwährung und des Goldwährungsmechanismus die erstrebenswerte Lösung der ökonomischen Probleme darstelle. Der sich aus sich selbst immer neubelebende freie Wettbewerb als Motor des ökonomischen Fortschritts soll, wenn er sich nicht mehr selbst in Bewegung hält, weil seine Voraussetzung — die homogene atomistische Konkurrenz— nicht mehr vorhanden ist, durch eine regulierende Wettbewerbsordnung des Staates in Gang gehalten werden. Der internationale Waren- und Kapitalverkehr soll auf der Basis stabiler Währungen und stabiler Wechselkurse vom Goldmechanismus angereizt und gesteuert werden. Die zweite Gruppe ist dagegen der Ansicht, die Erfahrung der Weltwirtschaftskrise habe gezeigt, daß die Wiederherstellung eines funktionsfähigen Goldmechanismus eine Utopie sei. Kein Land sei in einer Krise bereit, noch einmal eine Massenarbeitslosigkeit wie in den dreißiger Jahren in Kauf zu nehmen, als die nationale staatliche Arbeitsbeschaffung und Wirtschaftsplanung die Aufgaben übernehmen mußten, die die freie Unternehmerinitiative und der Ausgleichsmechanismus des Goldes nicht mehr zu erfüllen vermochten.

Die grundverschiedene Beurteilung der Ursachen und Folgen der Weltwirtschaftskrise, die in den vorerwähnten theoretischen Auffassungen zum Ausdruck kommt, erstreckt sich auch auf die Methoden in der Erklärung ökonomischer Prozesse. Bei dem Versuch, wieder Anschluß an die klassischen Lehren zu gewinnen, stellt die erste Gruppe den Unternehmer, seine Erwartungen und seine Dispositionen in den Mittelpunkt und identifiziert die Summe seiner Entscheidungen mit dem gesamtwirtschaftlichen Interesse. Die zweite Gruppe hingegen, die der Beschäftigungstheoretiker, geht von gesamtwirtschaftlichen Interessen aus. Sie rückt Vollbeschäftigung und gleichmäßige wirtschaftliche Entwicklung als Hauptziele in den Vordergrund ihrer theoretischen Konzeption und ordnet die Entscheidungen der einzelnen Unternehmer diesen Zielen unter. Die extremste Position wird innerhalb dieser Gruppe von den stärker sozialpolitisch orientierten Theoretikern eingenommen, die nur eine beschränkte, teilweise sogar überhaupt keine Möglichkeit sehen, ökonomische Prinzipien auf die Lohnprobleme anzuwenden und die statt dessen sozialphilosophische Ableitungen angewandt sehen möchten. Grob ausgedrückt besteht der Gegensatz der Auffassungen darin, daß der Goldstandard der Leitstern der theoretischen Konzeption der ersten Gruppe ist, die in der Analyse die deduktive Methode bevorzugt, während die zweite Gruppe die Vollbeschäftigung als das Maß aller Dinge ansieht und in der Analyse in stärkerem Maße die induktive Methode anwendet.

Zwischen diesen beiden theoretischen Positionen liegen Auffassungen, in deren Bereich Übergänge nach der einen und nach der anderen Seite bestehen. Die Theoretiker, die einer mittleren Linie zuneigen, vertreten die Auffassung, daß neue theoretische Erkenntnisse nur gewonnen werden können, wenn sowohl deduktive wie induktive, quantitative wie qualitative Methoden gleichzeitig angewandt werden. Die prekäre Situation in der Behandlung von lohn- und beschäftigungspolitischen Problemen der Wirtschaftstheorie wird von ihnen darin gesehen, daß die deduktiv gewonnenen Erkenntnisse der Klassiker zu hohe Abstraktionen darstellen und zu formal sind. Die Angemessenheit der ihren Ableitungen zugrunde liegenden Annahmen wird von den Empirikern zudem bestritten. Den reinen Empirikern wird andererseits entgegengehalten, sie verfügten über eine Fülle detaillierter Kenntnisse, seien aber nicht imstande, generelle Prinzipien aus ihnen abzuleiten.

Geht man angesichts der bestehenden Gegensätze den Ursachen des Auseinanderfallens von Theorie und Wirklichkeit in der Gegenwart nach, so gelangt man zu der Erkenntnis, daß der Faktor Arbeitskraft eine neue Bedeutung erhalten hat, an der die ökonomische Theorie nicht mehr vorübergehen kann. In der Arbeitswerttheorie von Ricardo war die Arbeitskraft der entscheidende Faktor, der Wert und Preis der produzierten Güter determinierte. Dem Arbeiter selbst fiel jedoch in dieser theoretischen Ableitung keine Bedeutung zu; er war nur Objekt, nicht Subjekt. Der grundlegende Wandel in der neueren Zeit liegt darin, daß der Arbeiter durch seine gewerkschaftliche Organisation vom Objekt zum Subjekt geworden ist. In der Ökonomie kann der Arbeitnehmer infolgedessen nicht mehr nur unter den Begriff eines Faktors subsumiert werden, der Arbeitsleistungen einbringt, einen Lohn erhält, folglich Kosten verursacht und demzufolge einen Kostenfaktor darstellt, sondern er ist durch seine Gewerkschaft ein Faktor geworden, der neben dem Unternehmer auf den Wirtschaftsablauf entsprechend seinen Wünschen und Zielvorstellungen Einfluß nimmt. Diese neue Form, die der Faktor Arbeitskraft angenommen hat, ist in die ökonomische Theorie nicht eindeutig integriert. In dieser mangelnden Einfügung liegt die Ursache für die bestehende Schwäche ökonomischer Erklärungen. Letzthin beruht diese Unstimmigkeit auf einem Antagonismus in den Spielregeln des Kapitalismus. Aus ihm resultiert, daß der Einkommensverteilung verschiedene Maßstäbe zugrunde gelegt werden. Der Arbeitnehmer erhält als Produktionsfaktor ein mehr oder weniger „gerechtes" Einkommen entsprechend seinem „persönlichen Beitrag zum Sozialprodukt", während der Eigentümer der Produktionsmittel außer einem möglichen Einkommen für „persönliche produktive Leistung" als Betriebsführer den den Produktionsmitteln zugerechneten Beitrag zum Sozialprodukt als „Gewinn", als persönliches Einkommen für sich in Anspruch nimmt, ohne persönlich am Produktionsprozeß mitgewirkt zu haben. So wenig wie die ökonomische Theorie mit diesem im aktuellen Wirtschaftsleben bestehenden Gegensatz fertig geworden ist, so wenig ist sie es bisher in einer allgemein anerkannten Form mit der wirtschaftlichen Aktivität des Staates. Obgleich in allen modernen Staaten die Regierungen einen erheblichen Anteil am Wirtschaftsleben haben und einen starken Einfluß auf die Wirtschaft ausüben, ignoriert die ökonomische Theorie die Eigengesetzlichkeit einer derartigen staatlichen Aktivität weitgehend. Soweit der Staat überhaupt in der Theorie erscheint, werden nur die Formen behandelt, in denen sich seine Aktivität äußert, nicht aber deren Grundlagen und Ziele. Ebensowenig wird die bewußte Passivität beachtet, die die staatliche Wirtschaftspolitik gegenüber dem wirtschaftlichen Geschehen üben kann, obgleich sie in gewissen Zeiten mindestens ebenso schwerwiegend sein kann wie die Aktivität.

Nach der aus der Vergangenheit übernommenen und in der Gegenwart fortwirkenden Auffassung in der ökonomischen Lehre standen und stehen der Unternehmer, seine Aktionen und Entscheidungen im Mittelpunkt der Theorie, während staatliche und gewerkschaftliche Aktionen als unerwünschte Eingriffe angesehen wurden und werden. Pierson hat das folgendermaßen treffend zum Ausdruck gebracht: „Der Parallelismus zwischen der deduktiven Betrachtungsweise in bezug auf die Lohnbildung und der Grundposition, die die Unternehmer einnehmen, ist kaum zufällig. Im Zentrum der Vorstellungen der ökonomischen Theoretiker steht der einzelne Unternehmer, und der größere Teil ihrer Arbeit besteht darin, die Prinzipien, die die Grundlagen für die unternehmerischen Aktionen und Entscheidungen bilden, in eine präzise (einige mögen sagen unverständliche) Fachsprache umzusetzen. Theoretiker und Unternehmer neigen gleichermaßen dazu, die Wirkungen der allgemeinen unpersönlichen Marktkräfte auf die Löhne wie auf alle anderen Transaktionen hervorzuheben und die Nutzlosigkeit und Gefährlichkeit aller Anstrengungen, diese Kräfte durch Regierungs- oder Gewerkschaftseinflüsse umzuformen, nachdrücklich zu betonen. Nicht alle Theoretiker und Unternehmer haben sich diesen Ansichten angeschlossen. Zwei der größtem Ökonomen, die in der klassischen Tradition schrieben, Marshall und Pigou, waren weit davon entfernt, in dieser Frage einen doktrinären Standpunkt einzunehmen, aber der Ton in ihren Schriften war — wie bei den meisten bekannteren Theoretikern — feindlich gestimmt gegenüber direkten Anstrengungen der Regierung und der Gewerkschaften, die Löhne zu erhöhen[4]."

Die Gegenwart ist weiterhin von Gegensätzen in der Betrachtungsweise beherrscht, die einem Zwiespalt in der ökonomischen Theorie in bezug auf ihr Erkenntnisobjekt gleichkommen. Das gilt besonders für die Theo-

[4] *Pierson,* Fr. C.: An Evaluation of Wage Theory, in: New Concepts in Wage Determination, Hrsg.: Taylor, G. W. und Pierson, Fr. C., London 1957, S. 5.

rie der Verteilung und für die Lohntheorie, weil sich hier politische Interessenstandpunkte besonders leicht als reine ökonomische Theorie ausgeben können. Die frühen Klassiker waren in diesem Punkte noch völlig unzweideutig. Sie verkannten keineswegs die Tatsache, daß ihr Objekt ein Politikum war, hielten einen Zusammenhang von Wirtschaft und Gesellschaft, Morallehre und Politik für selbstverständlich und faßten ihre Erkenntnisse folgerichtig unter den Begriff der „politischen Ökonomie". Erst in späterer Zeit gewann das Bemühen der Ökonomen, die als störend empfundenen Einwirkungen aus dem gesellschaftlichen Bereich zu eliminieren und die Wirtschaft isoliert von ihren sozialen Grundlagen „wertfrei" zu betrachten, in der Theorie mehr Raum. Da die Berechtigung dieser Verfahrensweise heute weitgehend in Zweifel gezogen wird, ist es notwendig, die allgemeine Entwicklungslinie der Lohntheorie einer rückschauenden Betrachtung zu unterziehen, um möglichst reale Maßstäbe für das gegenwärtige Problem zu erhalten.

Bei Ricardo tritt die Lohntheorie in spezieller Form im Rahmen der Theorie der Verteilung erstmalig auf. Ihm geht es darum, die Gesetze zu erklären, nach denen sich die Verteilung der Einkommen zwischen Lohn, Zins und Grundrente vollzieht. Wesentlichste Grundgegebenheit seiner Problemstellung ist das starke Anwachsen der Bevölkerung in seiner Zeit. Wie das ständig wachsende Angebot an Arbeitskräften ernährt und gekleidet werden kann, wie die Entlohnung für ihre Arbeitsleistungen zu bemessen ist, wie die anderen Produktionsfaktoren zu entschädigen sind, nach welchen Regeln sich die produzierten Güter gegeneinander austauschen, wie sich die Distribution des Sozialprodukts vollzieht, das sind die Fragen, die er zu beantworten sucht. Die Arbeit ist die Schlüsselposition, von der er in seiner Untersuchung ausgeht. Er betrachtet sie als eine Ware, deren Preis der Lohn ist, der wiederum gleich den Kosten ist, die die Erhaltung der Existenz verursacht. Ricardo legt seiner Untersuchung die landwirtschaftliche Produktion zugrunde und arbeitet nur mit zwei Produktionsfaktoren: Boden und Arbeit, auf die letztlich auch die Produktionsfaktoren der industriellen Produktion zurückgeführt werden können. Er versucht zu erklären, wie sich zwischen ihnen die Teilung des Sozialprodukts vollzieht. Um seine Analyse durchführen zu können, geht er von der Annahme aus, daß die Arbeitsleistungen der einzelnen Arbeiter weitgehend identisch seien und reduziert sie auf eine „normale Arbeitsleistung", für die es unter der Voraussetzung der freien Beweglichkeit der Arbeit und der homogenen atomistischen Konkurrenz nur einen Lohnsatz geben kann. Den Kapitalaufwand nimmt Ricardo unter der Vorausetzung einer konstanten Technik als proportional zur Arbeit an und kann ihn deshalb vernachlässigen. Bei dem Produktionsfaktor Boden geht er davon aus, daß nur die Nutzungen des zur Bebauung herangezogenen Bodens zu entschädigen seien, dem nicht benutzten Boden hingegen keine Entschädigung zukomme. Das Einkommen, das den Grundbesitzern aus diesen Bodennutzungen zufließt, betrachtet Ricardo demzufolge nicht als eine generell zu zahlende Grundrente, sondern nur als eine Differentialrente, die in seiner Betrachtungsweise den Zins für die Bodennutzungen darstellt; nicht benutzter Boden wirft auch keinen Zins ab.

Auf Grund dieser Annahmen folgert Ricardo, daß die zur Herstellung verschiedener Güter erforderliche „normale Arbeitszeit“ den Wert und in seiner theoretischen Konzeption auch den Preis dieser Güter bestimme und daß sich die Güter nach der in ihnen enthaltenen Arbeitszeit austauschen. Bei dem übergroßen Angebot an Arbeitskraft kann die Ware „Arbeit“ nur einen geringen Wert haben und der Erlös aus dieser Arbeitsleistung kann nur so hoch sein, daß er ausreicht, um den Arbeiter und seine Familie gerade noch zu ernähren und mit dem Notwendigsten des Lebens zu versehen, um ihre Existenz zu erhalten. Der Lohn wird von Ricardo in Verbindung mit den Thesen von Malthus über die Wachstumsrate der Bevölkerung vom physischen Existenzminimum determiniert, über das er sich nie für längere Dauer erheben kann. Ricardo nimmt danach an, daß das ganze Angebot an Arbeitskraft aufgenommen werde und daß die Verteilung des Sozialprodukts zwischen Grundrente und Lohneinkommen gewissermaßen einer Naturgesetzlichkeit folge.

Bei den Lohnfonds-Theoretikern, die Ricardos Lehre weiterzuentwickeln suchen, tritt auf Grund der Wandlungen, die sich inzwischen vollzogen haben, die industrielle Produktion stärker in den Vordergrund der Betrachtungen. Ihre Lohntheorie ist deshalb enger mit dem Kapital verknüpft. Sie gehen davon aus, daß ein bestimmter Kapitalfonds vorhanden ein müsse, aus dem die nötigen Vorauszahlungen an die Arbeiter fließen können, die eine Produktion aufnehmen sollen, bis die von ihnen gefertigten Produkte Konsumreife erlangt haben und bis das vorgeschossene Kapital durch ihren Verkauf wieder zurückgeflossen ist. Die Gesamtmenge der Beschäftigung und die allgemeine Lohnhöhe hängen nach ihrer Auffassung von der Höhe des bereits akkumulierten Kapitals ab. Wächst die Bevölkerung stärker als die Akkumulationsrate des Kapitals, dann kann das gesamte Angebot an Arbeitskraft nur zu einem sich verringernden Lohnsatz beschäftigt werden. Im umgekehrten Falle kann der Lohn steigen. Die Lohnfonds-Theoretiker sind jedoch in bezug auf die letztere Möglichkeit pessimistisch. Sie halten die Beziehungen zwischen den vorhandenen Lohnfonds und der Lohnhöhe für so gesetzmäßig, daß ihrer Ansicht nach Aktionen der Gewerkschaften oder des Staates diese Gesetzmäßigkeit nicht beeinflussen können. Verbunden mit den Thesen von Malthus über die Wachstumsrate der Bevölkerung bildet diese pessimistische Auffassung über die Möglichkeiten der Steigerung des

Lebensstandards der Arbeiterschaft die Grundlage für das sogenannte eherne Lohngesetz. Ehern und unumstößlich ist dieses Gesetz in der Tat insoweit, als es voraussetzt, daß jede geringe Verbesserung des Lebensstandards der Arbeiter nur zu einer stärkeren Vermehrung, damit sehr bald wieder zu einem Überangebot an Arbeitskraft und infolgedessen zu einer erneuten Senkung des Lebensstandards führen werde.

Die in der Lohntheorie zeitlich folgende Marx'sche Mehrwerttheorie verwirft die Auffassung der Lohnfonds-Theoretiker völlig und knüpft wieder an die Arbeitswertlehre von Ricardo an. Im Gegensatz zu Ricardo erklärt Marx jedoch die Tatsache, daß die Arbeiter nur einen Lohn erhalten, der dem Existenzminimum entspricht, aus der beherrschenden Stellung, die das Kapital im gesellschaftspolitischen Leben einnimmt. In der kapitalistischen Wirtschaft erfolgt die Aneignung der gesellschaftlich produzierten Güter auf der Grundlage des Privateigentums an den Produktionsmitteln. Der Kapitalist ist demzufolge imstande, die Verteilung zu bestimmen und dem Arbeiter einen Teil des Wertes seines Arbeitsprodukts, den „Mehrwert", vorzuenthalten. Der Arbeiter erhält in der Form des Lohnes nur den Anteil, der zur Reproduktion seiner Arbeitskraft erforderlich ist. Dadurch wird ein Prozeß ausgelöst, der auf der einen Seite zu einer unaufhörlich fortschreitenden Akkumulation des Kapitals und auf der anderen Seite, verbunden mit einer immer weiteren Anwendung neuer technischer Produktionsmethoden, zu einem immer stärkeren Konzentrationsprozeß und zu einer ständigen Freisetzung der Arbeitskraft führt. Im Gegensatz zu der Malthus'schen These, daß der niedrige Lohnsatz seine Ursache in der zu starken Bevölkerungsvermehrung habe, vertritt Marx die Ansicht, daß der relative Bevölkerungsüberschuß ein Ergebnis des Kapitalismus sei, der sich selbst eine „Reservearmee" an Arbeitskraft schaffe. Ein Änderung dieser Verhältnisse ist nach der Auffassung von Marx im Rahmen des Kapitalismus nicht zu erwarten. Nur eine Änderung der gesellschaftlichen Verhältnisse und der Eigentumsordnung, die Abschaffung des Kapitalismus, können nach seiner Überzeugung zu einer Änderung der Einkommensverteilung führen. Mit diesen Schlußfolgerungen sprengt die Marx'sche Theorie die zünftigen ökonomischen Erklärungen, die von einer als gegeben angesehenen Verteilung des Eigentums ausgehen und damit zugleich der Verteilung des Einkommens gewisse Grenzen stecken, während das Marx'sche Modell ein explosives ist.

Neben und nach Marx haben sich weitere sozialpolitisch weniger radikale Theorien entwickelt, denen allen gemeinsam ist, daß sie eine Änderung der gesellschaftlichen Grundlagen aus ökonomischen und sozialethischen Anschauungen für nötig halten und sie nach und nach durchzusetzen hoffen. Im Gegensatz zu den klassischen mechanistischen Theorien, die jede Einflußnahme und Mitwirkung von Gewerkschaften an der Regulierung der Lohn- und Arbeitsbedingungen als denkunmöglich zurückweisen und im Rahmen ihres theoretischen Systems keinen Raum für außerökonomische Bestrebungen gelassen haben, verstehen sich die sozialpolitischen Theorien gewissermaßen als ein Gegengewicht gegen die automatische Gesetzmäßigkeit, deren Gegebenheit sie bestreiten. Wirtschaft und Gesellschaft sind danach ein System menschlicher Beziehungen, das geändert werden kann. Die Verstärkung des gewerkschaftlichen Einflusses ist das Mittel der Arbeiter, ihre berechtigten Ansprüche in bezug auf die Verteilung des Sozialprodukts durchzusetzen.

Die akademischen Wirtschaftstheoretiker sind demgegenüber bemüht, die ökonomische Theorie aus einer als gegeben betrachteten Einkommensverteilung fortzuentwickeln. In dieser Reihe folgt auf die Lohnfonds-Theorie die Grenzproduktivitätstheorie, die ursprünglich mit der Grenznutzentheorie verbunden war. Die Grenznutzentheorie unterscheidet sich von ihren Vorgängerinnen in der akademischen Sphäre dadurch, daß sie das Problem der Preise und der Preisbildung nicht mehr als ein Phänomen behandelt, das von objektiven Faktoren, von den Kosten der Herstellung der Güter, bestimmt wird, sondern von subjektiven Wertschätzungen, vom Nutzen, den der Genuß eines Gutes dem Konsumenten bringt. Der Grenznutzen, den ein Gut im Rahmen der Befriedigung der Bedürfnisse gewährt, bestimmt den Preis und nicht, wie früher angenommen wurde, die Kosten. Vollkommene Konkurrenz vorausgesetzt, muß sich eine Rangordnung der Preise für die verschiedenen Güter so einspielen, daß alle Grenznutzen der letzten Befriedigung eines jeden Bedürfnisses nach bestimmten Gütern gleich sind. Am Ende dieser Entwicklung sind Mengen- und Preisverhältnisse gegeben, aber noch keine absoluten Preise. Erst wenn die Preise in irgendeiner anderen Weise gesetzt werden, kann die Nachfrage nach Konsumgütern bestimmt werden und durch sie die Preise für die Produktionsmittel. Diese müssen, völlige Beweglichkeit von Kapital und Arbeit vorausgesetzt, in allen Verwendungsformen einen gleichen Grenzertrag einbringen. Die Entlohnung für den Faktor Arbeitskraft richtet sich ebenfalls nach dem Wert seines Grenzertrages. Auch der Wert des Grenzertrages der Arbeit muß in allen Verwendungsformen ständig zu einem Ausgleich drängen. In dieser Weise führt der Ausgleichsmechanismus zu einem partiellen und totalen Gleichgewicht, und jede Störung dieses Gleichgewichts muß unter den gemachten Annahmen logischerweise auch kurzfristig wieder zur Herstellung des Gleichgewichts führen.

Die Verbindung der Grenzproduktivitätstheorie mit der Grenznutzentheorie, die ihr zeitlich voraufgegangen ist, wird in der Weiterentwicklung als störend empfunden und fallengelassen. Die neue theoretische Fassung der Grenzproduktivitätstheorie geht — die subjektiven Beweggründe des Verhaltens der Käufer verschleiernd — von der Vereinfachung aus, daß sich sämtliche Preise nach Angebot und Nachfrage richten. Angebot und Nachfrage bestimmen auch den Lohnsatz, der in der theoretischen Ableitung dem Wert des Grenzprodukts der Arbeit in der jeweiligen Beschäftigung entspricht. Völlige Freizügigkeit der Arbeit vorausgesetzt, muß der Grenzertrag der Arbeit in allen Verwendungsarten zum Ausgleich drängen, bis wieder im wesentlichen nur ein Lohnsatz besteht. Durch diesen Mechanismus werden zugleich auch die Leistungen der anderen Produktionsfaktoren bei einer gegebenen Produktionsfunktion ermittelt. Damit ist die Einkommensverteilung determiniert. Jeder Produktionsfaktor, Kapital sowie Arbeit, erhält entsprechend seiner jeweiligen produktiven Leistung einen „gerechten" Anteil am Gesamtprodukt. Unabhängig von jeder gewerkschaftlichen Aktivität ist die Lohnbildung einzig und allein der Gesetzmäßigkeit des Wirtschaftsprozesses unterworfen. Für eine spezielle Beschäftigungstheorie besteht unter den gemachten Voraussetzungen keine Notwendigkeit. Der Automatismus, der bei freier Konkurrenz durch das Angebot und die Nachfrage von und nach Arbeitskraft als wirksam gedacht wird, soll von sich aus dazu führen, daß sich ein Lohnsatz einspielt, bei dem das ganze Angebot aufgenommen wird. Das führt theoretisch zum partiellen und totalen Gleichgewicht auf dem Arbeitsmarkt bei Vollbeschäftigung.

Die Erwartungen, die in der Grenzproduktivitätstheorie in die automatische Selbstregulierung der Wirtschaft gesetzt werden, sind in der Weltwirtschaftskrise ad absurdum geführt worden. Das erhoffte Zurückpendeln der Wirtschaft in eine neue Gleichgewichtslage, von der aus ein neuer von der Konjunkturtheorie erwarteter Aufschwung ausgehen sollte, ist ausgeblieben. Die Wirtschaft verharrte in einem Zustand des „Gleichgewichts bei Unterbeschäftigung", wie Keynes ihn bezeichnet. Nach seiner Meinung stellen die Postulate der klassischen Theorie in bezug auf das Gleichgewicht nur einen Sonderfall dar, der keine allgemeine Gültigkeit besitze, weil die klassische Theorie einen Grenzpunkt der möglichen Gleichgewichtslagen verabsolutiere. Die klassische Theorie kenne keine Kategorie „unfreiwillige Arbeitslosigkeit" und stehe damit im Gegensatz zu der Erfahrung, daß die Bevölkerung selten soviel arbeite, wie sie zu den bestehenden Löhnen gern arbeiten möchte. Die klassische Theorie gehe vom Reallohn aus, um aus dem Spiel von Angebot und Nachfrage Preisbewegungen ausschalten zu können; die Arbeiter richteten sich aber nicht nach dem Reallohn, sondern nach den Geldlöhnen[5].

Mit diesem Angriff auf die klassische Theorie hat Keynes nicht nur den Glauben an den Automatismus der selbstregulierenden Kräfte zerstört, sondern auch die Methoden der Analyse der klassischen Theorie

---

[5] *Keynes*, J. M.: a. a. O., S. 5 ff.

in Frage gestellt. Die eleganten deduktiven Ableitungen der Grenzproduktivitätstheorie sahen sich mit einer Wirklichkeit konfrontiert, die nach der Theorie nicht bestehen konnte. Die unfreiwillige Arbeitslosigket hatte Formen angenommen, die nicht mehr ignoriert werden konnten und die nicht nur spezielle Arbeitsbeschaffungsmaßnahmen der Regierungen, sondern auch eine spezielle Theorie der Beschäftigung herausforderte.

Die Keynes'sche Theorie der Beschäftigung vollzieht auch hier den Bruch mit der bisher geltenden theoretischen Auffassung. Nicht der Reallohn, von dem die klassische Theorie ausgegangen war, sondern der Nominallohn ist für den Arbeiter das entscheidende Kriterium. Die Arbeiter sind einer gewissen Geldillusion erlegen. Folglich ist es leichter, die Geldmenge zu manipulieren als die Geldlöhne zu ändern, die eine gewisse Starrheit aufweisen. Die Lohnsätze selbst sind nach der Keynes'schen Theorie im Gegensatz zu der bisher herrschenden Lehre nicht durch ökonomische Fakten determiniert, sondern ein Ergebnis von Verhandlungen zwischen Arbeitgeber- und Arbeitnehmerorganisationen und für theoretische Betrachtungen als ein von außen gegebenes Datum zu behandeln. Als Resultat von Verhandlungen oder Kampfmaßnahmen ist der so zustande gekommene Lohnsatz theoretisch indeterminiert. Die Gesamtbeschäftigung ist nach der Auffassung von Keynes von verschiedenen psychologischen Faktoren abhängig, nämlich von dem Hang zum Verbrauch bei den Haushaltungen, dem Verhalten zur Liquidität und von den Erwartungen über die Erträge des Kapitals auf seiten der Kapitalbesitzer, von der Lohneinheit, die durch Vereinbarung gegeben ist und schließlich von der Geldmenge, die vom Zentralbankensystem bestimmt wird. Diese Faktoren bestimmen die Höhe des Volkseinkommens und die Menge der Beschäftigung. Da die Geldmenge nicht in einem konstanten Verhältnis zur Gütermenge steht, variiert auch das Gesamteinkommen, und demzufolge ist der Reallohn nicht jederzeit gleich dem Wert seines Grenzprodukts. Die Frage, wie eine Änderung der Geldlöhne auf das Beschäftigungsvolum wirkt, interessiert Keynes mehr als die Frage, in welcher Weise der Lohnsatz in den Verhandlungen zustande kommt. Die unüberhörbare Betonung der psychologischen Faktoren in der Keynes'schen Theorie markiert eine generelle Abwendung von den auf dem Automatismus basierenden ökonomischen Theorien der vorhergehenden Epoche und hat eine anders orientierte theoretische Entwicklung eingeleitet[6]. In den theoretischen Erörterungen war das theoretische Interesse an den Problemen der Vollbeschäftigung fortan vorherrschend.

Wenn der Lohnsatz nicht mehr als durch das ökonomische System selbst determiniert angesehen werden kann, gewinnt die Frage Bedeutung, nach welchen Prinzipien und Regeln sich die Lohnfixierung in den

---

[6] Siehe dazu *Rothschild*, K. W.: The Theory of Wages, Oxford 1954.

Kollektivverhandlungen vollzieht. Gleichzeitig drängt sich die Frage auf, wie die Vielfalt der Lohnsätze und ihr Verhältnis zueinander ökonomisch zu erklären, welche Kriterien für sie maßgebend sind und welche Einflüsse das Lohnsystem auf die Gesamtbeschäftigung haben kann. Diese Fragen sind in der Keynes'schen Theorie der Bechäftigung offengeblieben, weil er vereinfachend nur mit einem uniformen Lohnsatz als Lohneinheit gearbeitet hat. Untersuchungen über die Formen der Entlohnung haben jedoch eine Fülle unterschiedlicher Lohnsätze für häufig gleiche Leistungen zutage gefördert, so daß die Frage nach den Ursachen ihres Zustandekommens und den Grundlagen ihrer Bemessung zu einem speziellen Problem geworden ist, das theoretische Erklärungen erfordert.

Auf der Ebene des Betriebes ist der Lohn ein Kostenfaktor und das Verhältnis der Lohnkosten zu anderen Kosten dasjenige, auf das es in erster Linie ankommt. Die Lohnkosten selbst hängen aber nicht nur vom geltenden Lohnsatz, sondern wesentlich auch von der Form der betrieblichen Entlohnung ab. Ob die Arbeit im Zeit- oder Akkordlohn ausgeführt wird, ob besondere Leistungsprämien, Zuwendungen für Betriebstreue und freiwillige Sozialleistungen gezahlt werden, ist wichtig, weil sich hieraus eine bedeutsame Differenz zwischen Lohnsatz und tatsächlichen Verdiensten ergeben kann. Für den Betrieb ist es ferner wichtig, welche Differentiale in den Lohnsätzen zwischen den Ungelernten, Angelernten und Facharbeitern, zwischen Männern und Frauen bestehen und auf welche dieser Gruppen die Produktion des Betriebes in erster Linie angewiesen ist. In jedem größeren Betriebe besteht aus den vorerwähnten Gründen eine Lohn- und Gehaltsskala, die als interne oder betriebliche Lohnstruktur bezeichnet wird und häufig hundert oder mehr einzelne Positionen umfaßt, die unter sich in einem bestimmten Beziehungszusammenhang stehen.

Über die interne Lohnstruktur spannt sich eine weitmaschige externe Lohnstruktur, die die Zusammenhänge der unterschiedlichen Lohnsätze von Betrieb zu Betrieb und von Industrie zu Industrie widerspiegelt. Sie beruht hauptsächlich auf der jeweiligen beruflichen Ausbildung des Kerns der Beschäftigten. Zwischen den verschiedenen Berufen besteht auch hier wieder eine weite Skala unterschiedlicher Lohnsätze als Ausdruck der Bewertung einer jeweiligen Facharbeit. Diese Struktur gliedert sich wiederum nach geographischen Gebieten, nach Ortsklassen und dergleichen und ergibt ein Gefälle von den jeweiligen Schwerpunktbildungen der Industrie zu den weniger industrialisierten Gebieten innerhalb eines gegebenen Wirtschaftsraumes. Aus diesen hier nur skizzierten Unterschieden in der Entlohnung für eine jeweilige Arbeitsleistung folgt, daß jährlich eine Vielzahl von Tarifverträgen neu geschlossen und eine noch viel größere Zahl einzelner Positionen für Löhne und

Gehälter neu fixiert werden müssen. Hinzu kommen Änderungen der Rahmentarife, die die Einzelheiten der Anstellungsbedingungen regeln, von denen wir aber hier zunächst absehen wollen. Aus alledem resultiert auf der Ebene des Betriebes wie der der Gesamtwirtschaft die Bedeutung der Entwicklung der Löhne und Verdienste im Verhältnis zur Steigerung der Produktivität, der generellen Lohnhöhe im Verhältnis zur Beschäftigung, zur Stabilität des Preisniveaus und der Währung. Die sich daraus ergebenden Probleme gipfeln in der Frage nach generellen Kriterien und Prinzipien der Einkommensverteilung, die einer gleichmäßigen wirtschaftlichen Entwicklung förderlich und im Vergleich mit dem Lohnniveau umgebender Länder im Rahmen der internationalen Arbeitsteilung möglich sind.

Wie dies Gesamtproblem gesehen und wie es jeweils gelöst wird, hängt in starkem Maße von den Zielsetzungen der Wirtschaftsverbände der Unternehmer, von der Haltung der Gewerkschaften und von der Wirtschaftspolitik der Regierungen ab.

Es fragt sich zunächst, wie die Dinge insoweit bei den Wirtschaftsverbänden liegen. In bezug auf die Lohnpolitik lassen sich die Zielsetzungen und Verhaltensweisen der Unternehmer auf relativ einfache ökonomische Kategorien bringen. Das Interesse der Unternehmer ist naturgemäß in erster Linie darauf gerichtet, ihre Betriebe fortzuführen und möglichst zu erweitern, den Marktanteil ihrer Produkte zu erhalten oder auszubauen und ihre Betriebe auf der erforderlichen technischen Höhe zu halten, um ihre Position zu behaupten oder zu verbessern. Sie sind zwangsläufig daran interessiert, die Gewinne und die Investitionsquoten möglichst hoch und die Lohnkosten möglichst niedrig zu halten. Die einzelnen Unternehmer können aber auch daran interessiert sein, daß ihr Unternehmen als vorbildlich angesprochen wird und von der allgemeinen Norm abweicht. Daneben treten wirtschaftspolitische Zielsetzungen, die von den organisatorischen Zusammenschlüssen der Arbeitgeber, den Unternehmensverbänden der Industriegruppen wahrgenommen werden. Sie sind vielfach sehr viel weniger eindeutig ökonomischer Art. Rein äußerlich werden sie sich zwar auf die Erhaltung oder Erlangung einer bestimmten unternehmerfreundlichen wirtschaftspolitischen Führung im Staate vornehmlich mit dem Ziel richten, eine bestehende Einkommensverteilung zu erhalten und das Lohneinkommen in gewissen Grenzen zu stabilisieren. Daneben können sehr viel weitgehendere und nach außen nicht immer sichtbare Ziele verfolgt werden, die unter Umständen den Versuch einschließen, das politische Leben im Staate unter eine gewisse Kontrolle zu bringen. Eine wirtschaftliche Machtstellung kann dazu benutzt werden, eine Vormachtstellung gegenüber umgebenden Wirtschaftsräumen zu erlangen. Selbst wenn wir die Möglichkeit noch weitgehenderer Ambitionen dahingestellt sein lassen, so wäre schon mit den angedeuteten Zielsetzungen der eigentliche ökonomische Rahmen gesprengt. Trotzdem ist es realistisch, derartige Ziele zumindest als potentielle einzukalkulieren.

Die gewerkschaftlichen Zielsetzungen, die nicht weniger umfassend sind als die der Unternehmerverbände, treten vorwiegend im politischen Bereich offener zutage. Es liegt auf der Hand, daß sie im einzelnen und zumeist auch hinsichtlich der Gesamtwirtschaftspolitik denen der Unternehmer diametral entgegengesetzt sind. Die unmittelbaren Ziele der Gewerkschaft sind naturgemäß auf das Einkommen gerichtet. Die erstrebte Erhöhung der Löhne und Gehälter wird in erster Linie mit steigenden Kosten der Lebenshaltung, steigenden Profiten der Unternehmer und mit der gestiegenen Produktivität der Arbeit, aber gegebenenfalls auch damit begründet, daß die Lohnsätze in der betreffenden Industrie nicht hoch genug und nicht attraktiv genug seien, um neue Arbeitskräfte in ausreichendem Maße anzuziehen. Diese Argumente, mögen sie nun einzeln oder im Zusammenhang vorgebracht werden, dienen dem Ziel, das Niveau der Reallöhne mit der Entwicklung des Gesamteinkommens zumindest im Gleichschritt zu halten und, wenn möglich, den Anteil der Lohneinkommen gegenüber dem Nicht-Arbeitseinkommen zu erhöhen.

Die soziale Sicherheit ist als mittelbarer Faktor im Rahmen des Einkommensaspektes im besonderen das Ziel gewerkschaftlicher Bestrebungen. Die Krankheits-, Unfall- und Altersversicherung, Verkürzung der Arbeitszeit, Verlängerung des bezahlten Jahresurlaubs, garantierte Arbeitsverträge für ein Jahr oder mehr, Ausbau der sozialen Einrichtungen, Begünstigung der Lohneinkommen in der Besteuerung (Redistribution), Familienbeihilfen, sozialer Wohnungsbau sind hier im wesentlichen die Forderungen, die allgemein eine größere soziale Sicherheit und eine Aufwertung der Arbeit im Rahmen des gesellschaftlichen Lebens zum Ziele haben. Die langfristigen sozialpolitischen Zielsetzungen umfassen im grundsätzlichen die Änderung der Einkommensverteilung in Richtung auf eine größere Gleichheit, speziell durch Ausgleich der Lohnunterschiede zwischen der Landwirtschaft und der Industrie, zwischen den geographischen Gebieten, zwischen den Berufsgruppen und zwischen den Ungelernten, Angelernten und Facharbeitern. Diesem Ausgleich, der generell erstrebt wird, stehen andererseits jedoch innerhalb der Gewerkschaften gewisse gegenläufige Tendenzen gegenüber, die darauf gerichtet sind, bestimmte Lohndifferentiale zwischen Ungelernten und Facharbeitern und Differentiale der Berufsgruppierung nach einer gewissen sozialen Prestigeordnung zu erhalten.

Zu den auf eine gerechtere Einkommensverteilung gerichteten Standardforderungen der Gewerkschaften sind in der Gegenwart neue Zielsetzungen getreten, die eine unmittelbare Mitwirkung der Gewerkschaften an den Entscheidungen der Betriebsführung zum Gegenstand haben. Sie umfassen die Mitwirkung bei Einstellungen und Entlassungen, die Ausgestaltung der Anstellungsbedingungen sowie die Aufstellung von Arbeitsregelungen und können auch die Mitwirkung am Produktionsprogramm und an anderen Dingen einbeziehen. Allgemein sind diese Zielsetzungen auf eine Mit- und Umgestaltung der Wirtschaft in Richtung auf eine Demokratisierung der Wirtschaft abgestimmt. Nicht zuletzt schließen die Bestrebungen der Gewerkschaften politische Ziele ein, die das Verhältnis zu befreundeten Organisationen und zu befreundeten Nationen umfassen und einer größeren Gemeinsamkeit und Durchschlagskraft der in ihren Organisationen lebendigen Ideen im politischen Leben dienen sollen.

Unser Katalog der unternehmerischen und gewerkschaftlichen Zielsetzungen nimmt nicht für sich in Anspruch, vollständig zu sein, verdeutlicht aber, wie wir hoffen, von welcher Grundeinstellung die Kontrahenten in der Lohnfixierung ausgehen. Die Gesamtheit der Zielsetzungen ist natürlich nicht zu jeder Zeit für den einzelnen Unternehmer und für die einzelne Gewerkschaft gleichermaßen bedeutungsvoll. Es hängt vielmehr von der jeweiligen Situation und dem jeweiligen Schwerpunkt ab, welche Ziele besonders relevant sind. Diese speziellen Schwerpunkte brauchen auch keineswegs für alle Beteiligten zur gleichen Zeit die gleichen zu sein. Innerhalb der Gewerkschaften wie auch in den Unternehmensverbänden können sehr wohl erhebliche Interessengegensätze zutage treten, die beispielsweise auf dem unterschiedlichen Gewicht beruhen mögen, das den nicht unmittelbar ökonomischen Zielen beigemessen wird. Unabhängig jedoch von solchen Gegensätzen, die in den eigenen Reihen der Kontrahenten bestehen können, sind die Fronten zumeist eindeutig gezogen. Gegenstand der Auseinandersetzung zwischen beiden Interessengruppen ist die Verteilung des Sozialprodukts. Die Auseinandersetzung darüber ist eine permanente, sich stets erneuernde, weil die wirtschaftliche Entwicklung ihrem Wesen nach ein dynamischer Prozeß ist. Walter Reuther, der Präsident der amerikanischen Automobilarbeiter, hat dieser fortwährenden Interessenkollision folgendermaßen Ausdruck gegeben: „We go to the bargaining table and management says: ‚Don't you ever get tired of asking for more and more and more?' The answer is: as long as science and technology make ‚more' not only economically just but economically necessary, we are going in year after year and ask for ‚more and more and more' because we are entitled to ‚more and more and more'"[7].

[7] Zitiert nach *Goldfinger*, N. und *Kassalow*, E. M.: Trade Union in Wage Bargaining, in: New Concepts in Wage Determination, S. 61.

II. Der Arbeitsmarkt / Theorie und Wirklichkeit

1. Einleitende Hinweise auf einige begriffliche Fragen

Der Begriff „Arbeitsmarkt" als Ausdruck für das Zusammenspiel von Angebot und Nachfrage nach Arbeitskraft legt die Vorstellung nahe, daß die Vorgänge und Spielregeln, die zum Ausgleich von Angebot und Nachfrage auf Warenmärkten führen sollen, auch für den Arbeitsmarkt uneingeschränkte Gültigkeit haben, daß der Preis für die Zurverfügungstellung von Arbeitskraft sich in gleicher Weise aus Angebot und Nachfrage ergibt wie bei jeder anderen Ware, daß also die Arbeitskraft als eine Ware zu betrachten ist wie jede andere auch. Unfraglich lassen sich auch die Probleme des Arbeitsmarktes in gewisser Hinsicht genauso studieren wie die anderer Märkte. Aber schon die klassischen Theoretiker haben sich bei der begrifflichen Gleichsetzung von Arbeitskraft und Ware nie ganz wohl gefühlt, obgleich die sie umgebende Wirklichkeit gar keinen Zweifel daran zuließ, daß die Arbeitskraft im Wirtschaftsleben als eine Ware behandelt wurde. Ihre Bedenken lagen nicht nur in dem sittlichen Vorbehalt begründet, daß die Arbeitskraft unlösbar mit ihrem Träger, dem Menschen, verbunden sei und daß der Mensch nicht ohne weiteres unter den Begriff „Ware" subsumiert werden könne, sondern auch in der Tatsache, daß der Arbeitskraft als Ware gewisse Unvollkommenheiten anhaften, die der methodischen Behandlung des Problems Schwierigkeiten bereiten. Da ist zunächst ihre mangelnde Beweglichkeit, die auf den Bindungen an die Familie, an Wohnung, Wohnort und auf Gewohnheiten beruht. Das Angebot an Arbeitskraft kann nicht beliebig manipuliert werden. Für die Klassiker, vor allem für Ricardo, bestand die schwierige Frage, was mit dem auf dem starken Anwachsen der Bevölkerung beruhenden Überangebot an Arbeitskraft geschehen solle. Ein Überangebot an Konsumwaren kann denaturiert werden, das ist uns später in der Weltwirtschaftskrise sinnfällig demonstriert worden. Man kann es verbrennen oder ins Meer schütten. Aber was tut man mit den Arbeitslosen? Das Angebot an Arbeitskraft — darin steckte ein weiterer Mangel der „Ware" Arbeitskraft — enthielt zugleich auch immer ein Beschäftigungsproblem. Von vornherein war das Problem der Beschäftigung eng mit der Höhe des Preises für die Arbeitskraft verbunden. Wenn das Angebot an Arbeitskraft auf Grund irgendwelcher Störungen des Marktmechanismus oder weil von Anfang an kein Gleichgewicht bestand, nicht völlig aufgenommen wurde, so bedeutete das für die Überzähligen, die ihre Arbeitskraft nicht verkaufen konnten, den Verlust ihrer Existenzmöglichkeit. Seit dem Beginn der industriellen Revolution und seit den Bemühungen, ihre Probleme theoretisch zu erklären, hat die Armenfürsorge stets dann eingreifen müssen, wenn theoretische Erkenntnisse und ihre praktische Anwendung ausblieben. Der Arbeitsmarkt ist schon immer ein Markt eigener Art gewesen. Die Amerikaner haben dieser Tatsache in ihrer Weise Rechnung getragen, indem sie schon im Jahre 1914 im „Clayton Act" gesetzlich festgelegt haben, daß „die menschliche Arbeit keine Ware und kein Artikel des Handels" ist. Das Internationale Arbeitsamt hat in der Zeit seines Bestehens die sozialen Schutzbestimmungen der einzelnen Länder auf internationaler Ebene fortgeführt und einem umfassenden System von Schutzmaßnahmen zugunsten der Arbeitskraft auf den verschiedensten Gebieten zur internationalen Anerkennung verholfen.

Dieser sozialpolitische Aspekt des Problems Arbeitskraft hat schon früher, aber auch in der Gegenwart immer wieder die Frage auftauchen lassen, ob die Erklärung des Preises für die Arbeitskraft, des Lohnes, überhaupt in die Zuständigkeit der Wirtschaftstheorie falle oder ob das Lohnproblem nicht vielmehr zur Sozialpolitik gehöre und ob seine Erklärung in einer Theorie der Sozialpolitik erfolgen müsse. Unfraglich können die Vertreter dieser Auffassung, zu denen auch Erich Schneider[1] zählt, geltend machen, daß die „Arbeiterfrage" die Ausgangsbasis der modernen Sozialpolitik[2] gewesen sei. Würde jedoch der Sozialpolitik zu ihrem seitdem riesig angewachsenen Aufgabengebiet auch noch die theoretische Erklärung der Lohnbildung angelastet werden, dann würde sie, die früher als eine Hilfswissenschaft betrachtet wurde, die Wirtschaftswissenschaft schlechthin werden. Eine derartige Verschiebung der Aufgabenbereiche würde das Problem selbst unverändert fortbestehen lassen. In jedem Falle würde die Erklärung der Lohnbildung auch fürderhin, außer in dem extremen Fall, daß der Staat nach einer eigenen Wertskala den jeweiligen Lohn autoritär setzt, von Vorstellungen ausgehen, von denen die Theorie schon immer ausgegangen ist, nämlich vom Arbeitsmarkt.

Die Besonderheiten des Arbeitsmarktes liegen nicht nur in der Eigenart der menschlichen Arbeitskraft begründet, sondern zugleich auch in dem Beziehungszusammenhang, der sich aus dem Zusammenfallen der verschiedenen Funktionen des Menschen in der Wirtschaft ergibt. Einerseits ist die Arbeitskraft ein Produktionsfaktor, andererseits ist sie die Quelle des Einkommens für den, der sie anbietet und der als Mensch

---

[1] *Schneider*, Erich: Einführung in die Wirtschaftstheorie, II. Teil, Tübingen 1949, S. 280.

[2] Siehe dazu *Achinger*, H.: Sozialpolitik als Gesellschaftspolitik, Hamburg 1958.

auch Konsument ist, Güter und Dienstleistungen nachfragt und damit wiederum die Beschäftigungslage beeinflußt, die ihrerseits entscheidend ist für die Frage, ob seine angebotene Arbeitskraft aufgenommen wird oder nicht. Da dieser unmittelbare Zusammenhang in den letzten Jahrzehnten in Weltwirtschaftskrisen besonders deutlich ins Bewußtsein trat, sind die Beschäftigungstheorie und die Frage nach der Beschaffenheit des Arbeitsmarktes erneut in starkem Maße aktuell geworden. Insbesondere geht es dabei um die Elastizität des Angebots und der Nachfrage nach Arbeitskraft und darum, welche Veränderungen gegenüber den früheren Annahmen im Zeitablauf und durch die Einwirkung anderer Faktoren, wie etwa der gewerkschaftlichen Tätigkeit, eingetreten sind. Dabei wird auch geprüft werden müssen, was dem Begriff „Elastizität" im Grunde zugerechnet wird und in ihm verborgen sein kann. Der Klärung dieser Frage sollen die anschließenden Ausführungen dienen. Wir gehen jedoch nicht sofort von dem Gesamtangebot und der Gesamtnachfrage aus, sondern behandeln zuerst einige typische Einzelmärkte und wenden uns erst danach der Totalanalyse zu. Im Zuge gleicher Erwägungen behandeln wir auch die Periode des laissez faire und der Vollbeschäftigung jeweils gesondert, um die theoretischen Erklärungen der Phänomene danach an Hand der empirischen Fakten in einem breiteren Rahmen erörtern zu können.

2. Die Elastizität von Angebot und Nachfrage auf Teilmärkten in den Perioden des laissez faire und der Vollbeschäftigung

a) Die Landwirtschaft

α) Die Periode des laissez faire

Die Erzeugung von Nahrungsmitteln für den allgemeinen Konsum ist die Grundlage jeder wirtschaftlichen Tätigkeit. In diesem Sinne ist die Landwirtschaft in jeder nationalen Wirtschaft die Basis der auf ihr aufbauenden industriellen Produktion. Diese Bedeutung der Landwirtschaft leitet sich nicht nur aus der Tatsache ab, daß in den Indizes der Lebenshaltungskosten die Ausgaben für Ernährung den größten Posten darstellen und über den Lohn auf jede weitere industrielle Kostenrechnung entscheidenden Einfluß haben; sie beruht vielmehr in erster Linie darauf, daß die Ausgangslage und die Grundstruktur jeder nationalen industriellen Entwicklung von ihr entscheidend bestimmt werden. Wie fundamental diese Faktoren für die jeweilige wirtschaftliche Entwicklung eines Landes sind, wird bei einer Gegenüberstellung der Entwicklung in England und den USA besonders deutlich.

In England waren zu Beginn der industriellen Revolution gegen Ende des 18. Jahrhunderts die Eigentumsordnung und die Abhängigkeitsverhältnisse, die die Ära des aufkommenden Kapitalismus auszeichneten, in der Landwirtschaft bereits völlig ausgebildet. Der Grund und Boden gehörte damals wie heute einer kleinen Schicht von Grundherren. Die Pächter (Farmer) waren von jeher Betriebsleiter und Unternehmer zugleich, die auf eigene Rechnung gegen Zahlung einer Grundrente an den Grundherrn die Bewirtschaftung des von ihnen gepachteten Bodens betreiben. Die Landarbeiter sind auch heute noch unselbständige Lohnarbeiter, die vom Verkauf ihrer Arbeitskraft ohne Eigentum am Grund und Boden leben. Das England der industriellen Revolution zeichnete sich durch einen erheblichen Bevölkerungszuwachs aus. Die Gesamtbevölkerung Englands, die im Jahre 1810 nur etwa zehn Millionen Menschen betragen hatte, ist im Zeitraum von 30 Jahren sprunghaft auf 20 Millionen angewachsen. Bei der in den ersten Jahrzehnten des 19. Jahrhunderts noch verhältnismäßig geringen industriellen Produktion führte diese starke Vermehrung der Bevölkerung in erster Linie zu einer entsprechenden Vermehrung des Angebots an Arbeitskräften in der Landwirtschaft und hier zu einem ständigen Überangebot. Dieses Überangebot an Arbeitskraft bewirkte einen derartigen Druck auf die ländlichen Lohneinkommen, daß die „Kosten der Reproduktion" der Arbeitskraft vom Einkommen eines Ernährers in der Familie nicht gedeckt werden konnten und daß Frauen und Kinder zum Unterhalt der Familie mit beitragen mußten. Selbst die Auswanderung von Millionen bis in die siebziger Jahre des vorigen Jahrhunderts hinein führte in England immer noch nicht zu einer merkbaren Entlastung des ländlichen Arbeitsmarktes. Die mit dem Beginn der industriellen Revolution einsetzende Entwicklung der Industriearbeiterlöhne in England hat unter dem Einfluß dieser Verhältnisse stattgefunden.

Die Ausgangsbasis der wirtschaftlichen Entwicklung in den USA war der in England diametral entgegengesetzt. Während in der englischen Landwirtschaft das „Quasi-Monopol" an Grund und Boden im Sinne von Preiser[3] vor Beginn der industriellen Entwicklung bereits voll ausgebildet war, gab es in den USA noch bis zum Jahre 1862 Land zum Preise null. Die Löhne in der amerikanischen Landwirtschaft und in der darauf aufbauenden Industrie konnten demzufolge nicht unter einen Punkt fallen, der niedriger lag als der Wert des Produktes, der durch eigene Arbeit als selbständiger Farmer auf eigenem Grund und Boden in der Landwirtschaft erwirtschaftet werden konnte. Da angenommen werden darf, daß der neu in Bearbeitung genommene Boden besonders günstige Erträge erbrachte, ist die Folgerung gerechtfertigt, daß das Entgelt für die eigene Arbeitsleistung in einer landwirtschaftlichen Betätigung in den USA relativ hoch gelegen hat. Im Gegensatz zu England und seinem Bevölkerungsüberdruck waren die USA damals ein dünnbesiedel-

[3] *Preiser*, E.: Besitz und Macht in der Distributionstheorie, Synopsis, Festgabe für Alfred Weber, Heidelberg 1949.

tes Neuland. Noch in der zweiten Hälfte des 19. Jahrhunderts fanden 35 Millionen Einwanderer aus aller Welt dort eine neue Heimat. Die allgemeine Lage auf dem Arbeitsmarkt bot entsprechend günstige Bedingungen. Außer in gewissen Krisenzeiten bestand im allgemeinen ein Mangel an Arbeitskräften gemessen an den kalkulierbaren Möglichkeiten der industriellen Produktion in der nächsten Zukunft. Aus den relativ günstigen Einkommensmöglichkeiten in der Landwirtschaft und den der Knappheit an Arbeitskräften entsprechenden Löhnen in der Industrie resultierte der generell höhere Lebensstandard, von dem aus die industrielle Entwicklung in den USA begann. In den übrigen europäischen Ländern erfolgte der Eintritt in die industrielle Revolution im allgemeinen einige Jahrzehnte später als in England unter Bedingungen, die sich innerhalb der beiden Extreme bewegten.

Diese Gegenüberstellung der Verhältnisse in England und den USA dürfte in groben Umrissen verdeutlicht haben, welche eminente Bedeutung die Arbeits- und Einkommensbedingungen in der Landwirtschaft in den einzelnen Ländern für den Lebenstandard der sich entwickelnden Industriearbeiterschaft gehabt haben. Durch sie wurde der „soziale Status des freien Lohnarbeiters", mit dem dieser in die industrielle Revolution eintrat, in entscheidender Weise vorweg bestimmt. Für die spätere wirtschaftliche Expansion im Zeitalter des laissez faire ist bezeichnend, daß die Unterschiede in der Ausgangsbasis nicht eliminiert, sondern meist sogar verstärkt wurden. Nur eine Analyse der tatsächlichen Gegebenheiten der Lohnbildung in der Landwirtschaft kann deshalb klären, welcher Art die Ursachen in der Vergangenheit waren und in der Gegenwart sind, die ein modellgerechtes Verhalten, wie es die ökonomischen Theorien verschiedenster Observanz erwarteten, verhindert haben beziehungsweise darzulegen, auf welche zutreffenden Fakten sie sich in ihren theoretischen Erklärungen berufen können.

Die englische Landwirtschaft ist das historische Feld der theoretischen Analyse. Von ihren Gegebenheiten wurden die ersten Prinzipien abgeleitet, die für die Verteilung des Einkommens zwischen den verschiedenen Einkommensgruppen als maßgebend angesehen wurden. Aber auch für die Analyse in der Gegenwart ist die englische Landwirtschaft ein ausgezeichneter Prüfstein, weil ihre Struktur bis zum zweiten Weltkrieg ohne staatliche Eingriffe im wesentlichen unverändert geblieben ist. Für eine Behandlung des Problems der Elastizität von Angebot und Nachfrage nach Arbeit in der Landwirtschaft ist sie deshalb besonders geeignet.

Von dem Zeitpunkt an, in dem die bis dahin geübte Protektion des englischen Grundbesitzers im Interesse der industriellen Entwicklung ein Ende fand, nämlich seit dem Widerruf des „Corn Law" im Jahre 1846, ist England bis zum Beginn des zweiten Weltkrieges, also für fast ein Jahrhundert, das klassische Land des Freihandels gewesen. Diese Periode erfuhr nur eine kurze Unterbrechung, als die Versorgung Englands in der letzten Phase des ersten Weltkrieges durch Kriegseinwirkungen bedroht war. Durch den „Minimum Wages Act" kam es im Jahre 1917 zu einer kurzlebigen, bis zum Jahre 1921 anhaltenden, institutionellen Regulierung der Löhne in der Landwirtschaft. Abgesehen von dieser Unterbrechung war die englische Landwirtschaft bis zum Jahre 1939 voll in die Weltwirtschaft integriert und genoß keinerlei staatlichen Schutz. Sie hatte sich im Sinne der klassischen Freihandelstheorie gegenüber Ländern, die einen möglichen komperativen Kostenvorteil besaßen, in freier Konkurrenz zu behaupten. Die Preise für Agrarprodukte im englischen Mutterland konnten demzufolge nur um die Differenz der Transportkosten von denen der überseeischen Agrarländer abweichen. Im Wettbewerb mit den überseeischen Gebieten war die englische Landwirtschaft gezwungen, zu Kosten zu produzieren, die durch die Weltmarktpreise für Agrarprodukte gedeckt wurden.

Theoretisch hätte zwar die Möglichkeit bestanden, mit kapitalintensiveren Produktionsmethoden und entsprechend höherer Produktivität der Arbeit auch bei einem höheren Lohnsatz gegenüber den arbeitsintensiven Produktionsmethoden der Überseeländer wettbewerbsfähig zu bleiben. Praktisch bestand jedoch in England auf Grund des Überangebots an Arbeitskräften kein Anlaß und kein Anreiz, zu einer kapitalintensiveren Produktion überzugehen. Obwohl im säkularen Trend gewisse technische Neuerungen aufgenommen wurden, kann doch davon ausgegangen werden, daß die Produktionstechnik der englischen Landwirtschaft in dieser Zeit nur unwesentlich von der der überseeischen Agrarländer abgewichen ist. Auch die durchschnittlichen Produktionskosten für landwirtschaftliche Produkte in England dürften sich von denen der überseeischen Gebiete nicht wesentlich unterschieden haben. Da es schließlich auch wenig wahrscheinlich ist, daß die Güte des englischen Bodens wesentlich über der der überseeischen Gebiete liegt, konnte auch der durchschnittliche Ertrag pro Hektar nicht sehr unterschiedlich sein. Daraus folgt, daß auch der Wert des Grenzprodukts der Arbeit eines englischen Landarbeiters dem eines überseeischen Arbeiters vergleichbar gewesen sein muß, sein Lohn bestenfalls nur um soviel höher gewesen sein kann, als es der durch die Transportkosten gegebene Schutz zuließ.

Diese Annahmen können nur eine allgemeine Gültigkeit für sich beanspruchen und nur gewissermaßen zurückschauend eine Datenkonstellation wiederzugeben versuchen, wie sie für die englische Landwirtschaft bestanden haben muß. Sicherlich wurde im vorigen Jahrhundert von den Produzenten keine exakte Rechnung darüber aufgemacht, wieviel Arbeitskräfte sie vom ökonomischen Standpunkt aus beschäftigen sollten, und es kann auch nicht vorausgesetzt werden, daß sich die beteiligten Wirtschaftssubjekte so rational verhalten haben, wie es in der Theorie zugrunde gelegt wird. Zweifellos bestand aber eine ungefähre Vorstellung darüber, wieviel Arbeitskräfte auf einem Acker bestimmter Größe und Güte nutzbringend beschäftigt werden konnten. Wir halten es daher für berechtigt, die Prinzipien der Lohnfixierung dieser Epoche rekonstruierend in ein Modell zu fassen. Unter Zugrundelegung der erreichbaren empirischen Daten müssen demnach die Angebots- und Nachfragekurven nach Arbeitskraft in der englischen Landwirtschaft in der Periode des laissez faire die in der Figur I dargestellte Gestalt gehabt haben[4].

Figur I

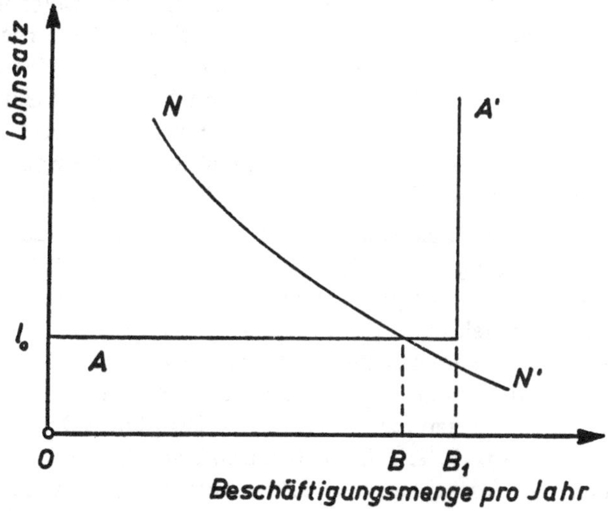

In unserem Modell (Figur I) wird davon ausgegangen, daß das gesamte aktuelle Angebot an Arbeitskraft, ausgedrückt in der Angebotskurve AA', bei einer gegebenen Dauer des Arbeitstages für die Zeitspanne von einem Jahr unabhängig vom Lohnsatz OB_1 beträgt. Der Lohnsatz l_0 ist durch das physische Existenzminimum bestimmt. Die Nachfrage nach Arbeit, ausgedrückt in der Nachfragekurve NN', leitet sich aus der durch Erfahrung gegebenen Produktionsfunktion ab. Die Nachfrage würde demzufolge bis zu dem Punkte ausgedehnt werden,

[4] Die empirischen Fakten, auf die sich die Ableitungen der Angebots- und Nachfragekonfigurationen in diesem und in den folgenden Kapiteln stützen, sind im einzelnen dargestellt in einer Untersuchung des Verfassers über „Die englischen Gewerkschaften, Organisationstypen, Zielsetzungen, Kampfesweisen von der Gründung bis zur Gegenwart“, Köln 1961.

in dem bei gegebenen Preisen für Agrarprodukte der Wert des Grenzproduktes der Arbeit gleich dem Lohnsatz ist. Dieser Gleichgewichtszustand bei Vollbeschäftigung wird aber deshalb nicht realisiert, weil auf Grund der niedrigen Preise für überseeische Agrarprodukte die Nachfrage nach Arbeitskräften praktisch so begrenzt wird, daß der theoretische Gleichgewichtslohn nicht zustande kommt. Das physische Existenzminimum, die Reproduktionskosten der Arbeit, geben die Grenze an, unterhalb derer ein niedrigerer Lohnsatz als l_0 auf die Dauer nicht bestehen kann. Der Lohnsatz kann daher nicht so tief sinken, wie es erforderlich wäre, um das ganze Angebot aufzunehmen. Folglich bleibt beim Lohnsatz l_0 eine unfreiwillige Arbeitslosigkeit in der Größe BB_1 bestehen. Auch eine erhöhte Nachfrage nach Arbeitskräften während der Saison kann unter diesen Umständen keinen Einfluß auf den Lohnsatz haben, weil das potentielle Angebot auch diese Nachfrage übersteigt. Die Entlohnung der Saisonarbeiter erfolgt zum gleichen Lohnsatz wie für die regulären Arbeiter zu einem der Dauer des Arbeitsverhältnisses entsprechenden Bruchteil des Jahreslohnes. Eine Unterscheidung zwischen kurzfristigen und langfristigen Angebot- und Nachfragesituationen ist unter diesen gegebenen Umständen nicht relevant. Auf Grund des Überangebots an Arbeitskraft ist die Menge der angebotenen Arbeitsstunden pro Jahr langfristig und kurzfristig völlig unelastisch.

Langfristig hat sich das Angebot an Arbeitskraft in der englischen Landwirtschaft verringert. In der Zeit von 1850 bis 1939 ist die Zahl der unselbständig Beschäftigten von etwa zwei Millionen auf eine Million gesunken. Diese erhebliche Verminderung des Angebots an Arbeitskraft hat jedoch keine entsprechende Wirkung auf den Lohnsatz gehabt, weil eine mehr oder weniger kontinuierliche Abnahme der Nachfrage nach Arbeit dem entgegenwirkte. Die hohe Elastizität der Nachfrage in Bezug auf den Lohnsatz erklärt sich einmal aus der Tatsache, daß bei einem Sinken der Agrarpreise zu einer extensiveren, arbeitsparenden Bewirtschaftung übergegangen werden konnte und zum andern daraus, daß Rationalisierungsmaßnahmen als trendmäßige Entwicklung in Richtung auf eine geringere Nachfrage nach Arbeit wirksam waren. So verschoben sich im Zeitablauf die Angebots- und Nachfragekurven gleichermaßen nach links, ohne ihre Elastizität zu ändern und ohne zu einer bemerkenswerten Änderung der Lohnsätze zu führen.

Prüfen wir die verschiedenen Lohntheorien an den empirischen Fakten, dann ergibt sich generell, daß sie alle teilweise durch diese Fakten bestätigt werden, im ganzen jedoch zu unzutreffenden Schlüssen gelangt sind.

Die Arbeitswertlehre von Ricardo erklärt richtig, daß der Lohn langfristig die Reproduktionskosten der Arbeitskraft deckt. Obgleich aber die in dieser Theorie implicite vorausgesetzte völlige Elastizität des

Angebots in der Zeit des laissez faire gegeben war, überstieg das Angebot die Nachfrage, und der Lohnsatz l_0, der das absolute Existenzminimum darstellt, war nicht zugleich ein Gleichgewichtslohn in dem Sinne, daß das ganze Angebot aufgenommen wurde. Die Ursache für die nicht ausreichende Nachfrage nach Arbeitskraft waren die Preise für die Agrarprodukte, die nicht wie in der Arbeitswertlehre Ricardo's von den Kosten in der geschlossenen Volkswirtschaft bestimmt wurden, von denen Ricardo in diesem Zusammenhang ausgegangen ist, sondern sich in der Ära des Freihandels auf dem Weltmarkt bildeten. Das Preisniveau für Agrarprodukte auf dem Weltmarkt führte dazu, daß selbst bei einem Lohnsatz, der bei den englischen Landarbeitern dem Existenzminimum entsprach, die Nachfrage nach Arbeit nicht das ganze Angebot aufnahm, so daß eine unfreiwillige Arbeitslosigkeit bestehen blieb. Rein funktional konnte Ricardo die Grundrente als Differentialrente dem Zins für die Leistungen des in Benutzung genommenen Bodens nur gleichsetzen, indem er in seiner Analyse von der Eigentumsordnung abstrahierte und so in seiner Verteilungstheorie zu einem „Preis" für das jeweilige Gut gelangen, der gleich dem „Wert" der für die Herstellung eines Gutes erforderlichen normalen Arbeitszeit ist.

Unter den tatsächlichen historischen Gegebenheiten in der Periode des Freihandels war die Nachfrage nach Arbeit jedoch von den von außen gegebenen Preisen für Agrarprodukte, der Bodenrente und dem Entgelt bestimmt, das der Pächter sich für seine eigenen Leistungen in Ansatz brachte. Die Bodenrente war quasi institutionell gegeben und mußte zumindest den Erträgen entsprechen, die der Grundeigentümer selbst aus einer extensiven Bewirtschaftung ziehen konnte. Dieser Zusammenhang wurde in der Agrarkrise der sechziger und siebziger Jahre des vorigen Jahrhunderts besonders deutlich, als die Wollpreise gegenüber den Preisen für andere Agrarprodukte relativ hoch standen und es für die Grundeigentümer lohnend wurde, die Pachtverträge mit den Farmern zu kündigen, große Gebiete aus der Bebauung herauszunehmen, bisheriges Gemeindeland einzuziehen und das Ganze für die Schafzucht zu verwenden. Allein durch diese Umgestaltung wurden in diesen beiden Jahrzehnten 300 000 Arbeitskräfte in der Landwirtschaft freigesetzt.

Während Ricardo diesen Vorgang in seiner Zinstheorie kasuistisch hätte erklären müssen, war für die Vertreter sozialpolitischer Theorien der unmittelbare gesellschaftspolitische Zusammenhang von Arbeitseinkommen, Zins, Grundrente und Eigentumsordnung evident. Das Eigentum an Grund und Boden verlieh nach ihrer Ansicht den Grundeigentümern die Macht, einen Zins auch dann zu fordern, wenn diese Forderung, wie in der Agrarkrise, zu einer weitreichenden Freisetzung von Arbeitskräften führte. Diese Freigesetzten wurden in der Periode des laissez faire zu einer Reservearmee, deren Druck dazu führte, daß der Lohnsatz stets am Existenzminimum gehalten wurde. Die Freisetzung während der Agrarkrise konnte für die Richtigkeit der sozialpolitischen Theorien als ein treffendes Beispiel angeführt werden. Soweit Marx diesem Kreis der Theoretiker, die im allgemeinen nur Reformen mit staatlicher Hilfe anstrebten, zugerechnet wird, bezieht sich seine Freisetzungstheorie und sein Begriff einer Reservearmee auf die Industrie und nicht auf die Landwirtschaft. Zwischen diesen Bereichen war jedoch ein Zusammenhang dadurch gegeben, daß die in der Landwirtschaft Freigesetzten nicht von der Industrie absorbiert wurden und folglich auch dort das Angebot vergrößerten. Dieser Zustand konnte nach der Auffassung der sozialpolitischen Theoretiker nur durch staatliche Maßnahmen oder durch eine Änderung der Wirtschafts- und Gesellschaftsordnung erreicht werden. Wenngleich diese Theoretiker zu ihrer Zeit nur wenig praktischen Einfluß auszuüben vermochten, so schufen ihre Ideen doch die Grundlagen für die Minimum-Lohn-Regulierung in der englischen Landwirtschaft im Jahre 1917. Nach Beendigung des zweiten Weltkrieges lieferten ausschließlich sie die Leitideen für die durchgreifende Umgestaltung der englischen Landwirtschaft. Damit wurde zugleich ein typisches Beispiel dafür geschaffen, in welcher Weise primär nicht-ökonomische Theorien ökonomisch relevant waren.

Für die Erklärung der empirischen Fakten unserer Figur I haben wir bereits grenztheoretisches Denken in Bezug auf die Prinzipien der Lohnfixierung bei gegebenen Preisen in Beziehung zu den Grenzkosten und zur Grenzproduktivität der Arbeit angewandt. Dieser Betrachtungsweise sind jedoch deutliche Grenzen gesetzt. Die Grenzproduktivitätstheorie vermag nur in grober Annäherung und für lange Zeiträume die Grundprinzipien der Lohnfixierung zu erfassen. Sie versagt in Bezug auf quantitative Aussagen. Die physischen Grenzprodukte der Arbeit lassen sich generell und exakt noch weniger quantifizieren als die jeweiligen Produktionsfunktionen. Folglich lassen sich auch keine exakten Aussagen über die Höhe der Lohnsätze in Relation zu ihrer Grenzproduktivität machen. Im theoretischen Modell kann nur nachträglich erklärt werden, daß der Lohnsatz im Gleichgewichtspunkt von Angebot und Nachfrage auch der „richtige“ Lohnsatz ist. De facto hat es aber in der Zeit von 1846 bis 1939 in der englischen Landwirtschaft ständig eine unfreiwillige Arbeitslosigkeit gegeben. Von der in unserem Modell für diese Zeit zugrunde gelegten generellen Konstanz der Größe des landwirtschaftlich genutzten Bodens, der organischen Zusammensetzung des Kapitals und der Technik haben in der Wirklichkeit die beiden letztgenannten Faktoren im Zeitablauf einen leicht nach oben gerichteten Trend gehabt. Daraus folgt, daß das physische Grenzprodukt der Arbeit in dieser Periode gleichfalls gestiegen ist. Diese Erhöhung der Grenzproduktivität der Arbeit hat bis zum Jahre 1914 jedoch nicht zu einem höheren Lohnsatz geführt. Die geringe Erhöhung des Lohnsatzes nach der Agrarkrise zu Beginn der zwanziger Jahre war entgegen der Grenzproduktivitätstheorie von soziologischen Faktoren bestimmt und eine Fortwirkung der institutionellen Lohnfixierung der Jahre von 1917 bis 1921. Ein Überangebot an Arbeitskraft bestand jedoch auch in diesen Jahren fort.

Der Einfluß, den die Landarbeitergewerkschaft in der Zeit zwischen den beiden Weltkriegen auf den Lohnsatz ausgeübt hat, war unter den gegebenen allgemeinen Umständen denkbar gering. Bis zum Jahre 1914 war er sogar gleich Null. So konnten es in der Landwirtschaft auch keine auf eine gewerkschaftliche Aktivität zurückzuführenden Gründe sein, die zu einer Starrheit der Nominallöhne geführt und nach der Keynes'schen Auffassung die Übereinstimmung von Angebot und Nachfrage verhindert hatten. Die Elastizität des Angebots in der Landwirtschaft war stets so groß, daß jede Änderung der Nachfrage zu einer sofortigen Anpassung geführt haben würde, wenn die Anpassungsfähigkeit der Löhne nicht durch das physische Existenzminimum nach unten begrenzt gewesen wäre. Eine Anpassung an ein höheres Niveau trat andererseits nie in den Bereich der praktischen Möglichkeit. Von einem „Gleichgewicht bei Unterbeschäftigung" im Sinne von Keynes kann deshalb in der englischen Landwirtschaft bis zum Jahre 1939 nur gesprochen werden, wenn die Unterstützung aus der Armenfürsorge zum Gesamtlohneinkommen der Landarbeiter hinzugerechnet und damit nachträglich ein Gleichgewicht bei Unterbeschäftigung konstruiert wird. Selbst dann wäre jedoch dem Begriff „Gleichgewicht", der ex definitione einen Zustand beschreibt, in dem kein Wirtschaftssubjekt eine Ursache hat, seine Dispositionen zu ändern, noch nicht Genüge getan. Denn für die Landarbeiterschaft waren Gründe genug vorhanden, eine Änderung des bestehenden Zustandes nicht nur als erwünscht, sondern als unbedingt notwendig erscheinen zu lassen.

Aber auch die Keynes'sche Annahme, daß der Lohnsatz in der Theorie als ein Datum zu betrachten sei, weil er in Vereinbarungen zwischen Gewerkschafts- und Arbeitgeberverbänden außerhalb des ökonomischen Systems zustande komme, findet in den damaligen Verhältnissen in der englischen Landwirtschaft keine Stütze. Echte zweiseitige Verhandlungen hat es in der Periode des laissez faire so gut wie überhaupt nicht gegeben, weil die Landarbeitergewerkschaft viel zu schwach war, sie durchzusetzen. Die vielfältigen vergeblichen Versuche, die gewerkschaftliche Organisation der Landarbeiter zu stärken, zeigen nur, daß eine gewerkschaftliche Organisation erst möglich ist, wenn die zu organisierenden Arbeiter bereits einen Lebensstandard erreicht haben, der um einiges über dem Existenzminimum liegt. Auch von einer Geldillusion, die nach Keynes in der Orientierung der Gewerkschaften am Nominallohn zum Ausdruck kommen soll, konnte bei den Landarbeitern keine Rede sein, weil die Landarbeiter weder auf den Nominallohn noch auf den Reallohn Einfluß hatten. Zumindest in der Landwirtschaft war die Lohnbildung nicht vom gewerkschaftlichen Verhalten, sondern in erster Linie von den Preisen der Agrarprodukte abhängig. Von ihnen waren der Lohnsatz und die Menge der Beschäftigten bestimmt.

Für die langfristige Entwicklung der englischen Landwirtschaft in der Periode des laissez faire kommen wir zu dem Schluß, daß die ökonomischen Theorien keine zutreffenden Aussagen über die Lohnfixierung in Anspruch nehmen können, obwohl keine exogenen Faktoren die Preis- und Lohnbildung gestört haben. Demgegenüber können die Vertreter der nicht-ökonomischen Theorien für sich in Anspruch nehmen, daß ihre Vorstellungen sich insoweit verwirklicht haben, als sich die Wirtschaftsstruktur auf dem Sektor der Landwirtschaft im Jahre 1946 geändert hat. Dadurch können sie sich in ihrer Auffassung bestärkt sehen, daß die Lohnfixierung ein gesellschaftliches und kein ökonomisches Problem ist.

β) Die Periode der Vollbeschäftigung

Während in den USA und in Deutschland bereits in den dreißiger Jahren seitens der Regierung institutionelle Maßnahmen zur Hebung der Einkommen in der Landwirtschaft ergriffen worden waren, gaben in England im Jahre 1946 die Kriegserfahrungen im wesentlichen den Ausschlag für eine gründliche Umgestaltung der Verhältnisse in der Landwirtschaft. Eine Rückkehr zum Vorkriegszustand war aus politischen und gesellschaftlichen Gründen unmöglich. Durch die Abschnürung des englischen Mutterlandes von seinen Versorgungsquellen in Übersee war zudem bereits während des zweiten Weltkrieges eine Wende in der englischen Agrarpolitik eingetreten. Durch den „Agricultural Act“ vom Jahre 1946 wurde gewissermaßen nur ausgebaut und institutionell verankert, was sich bereits während des Krieges vollzogen hatte. Durch gesetzgeberische Maßnahmen, verbunden mit einer finanziallen Unterstützung durch den Staat, wurden die Preise angehoben und die Löhne den Industriearbeiterlöhnen angeglichen. Der Preis für Agrarprodukte wurde zum politischen Preis und die Lohnfixierung zur institutionellen Lohnregulierung im Rahmen eines Wages-Board.

Die Neufestsetzung der Preise erfolgte in Anlehnung an die Preise, die sich auf Grund der Knappheit an Agrarprodukten während des Krieges eingespielt hatten. Damit stabilisierte man eine veränderte Angebotssituation für Agrarprodukte und schirmte sie durch restriktive Maßnahmen gegen Einflüsse des Weltmarktes ab. In gleicher Weise erfolgte die Festsetzung des neuen Lohnsatzes. Auch er hatte schon während des Krieges auf Grund der derzeitigen Knappheit an Arbeitskräften in

Anlehnung an die Industriearbeiterlöhne ein höheres Niveau erreicht. Die neu festgesetzten Preise mußten demzufolge so bemessen sein, daß sie den erhöhten Lohnsatz tragen konnten und dabei der Landwirtschaft noch einen Spielraum ließen, um ungeachtet der Hilfsmaßnahmen der Regierung auch aus eigenem Aufkommen die Mechanisierung der Landwirtschaft als Gegengewicht gegen einen Mangel an Arbeitskräften voranzutreiben. Die aus dieser Umgestaltung resultierenden Kosten determinierten fortan den Preis und nicht mehr, wie in der Ära des laissez faire, der Preis die Kosten. Die Wirtschaftspolitik der Regierung änderte die Struktur der englischen Landwirtschaft nicht nur quantitativ im Sinne einer Änderung der numerischen Werte der relevanten Faktoren, sondern auch qualitativ in ihren Grundlagen. Das System der Unterstützungsmaßnahmen sollte die Landwirtschaft auf ein der Industrie vergleichbares Niveau heben und ihr ermöglichen, langfristig diese Parität zu behaupten. Um zu verhindern, daß die erhöhten Preise für Agrarprodukte in voller Höhe auf die Käufer abgewälzt wurden und zu einer allgemeinen Steigerung der Kosten der Lebenshaltung führten, sah sich die Regierung genötigt, die Preisbildung durch Subsidien für Nahrungsmittel zu korrigieren.

Der von diesen Maßnahmen erwartete ökonomische Effekt sollte darin bestehen, daß sich die Landwirtschaft nach dieser Starthilfe und nach einer Periode der Anpassung in neue ökonomische Relationen einpendelte und auf einem höheren Niveau erneut in die Gesamtwirtschaft integrierte. Außerdem sollte die Entlohnung der Landarbeiter in Relation zu den Industriearbeiterlöhnen gesetzt werden, und der dort erreichte Lebensstandard sollte auch für landwirtschaftliche Arbeiter Geltung haben. Das war eines der Hauptziele, die die Labour-Regierung mit der neuen Agrarpolitik verband. Alles in allem sollten eine bisher unterentwickelte Industrie und die Arbeitsmarktsituation, die ihr anhaftete, zum Verschwinden gebracht werden. Die Einrichtung einer institutionellen Lohnregulierung im Rahmen eines Wages-Board unter Hinzuziehung unparteiischer Persönlichkeiten sollte der Unterstützung der relativ schwachen Position der Landarbeitergewerkschaft dienen, die nicht als ausreichend erschien, um in reinen zweiseitigen Kollektivverhandlungen bestehen zu können. Dem Wages-Board wurde die Aufgabe übertragen, die Lohnsätze in der Landwirtschaft nach gesamtwirtschaftlichen Gesichtspunkten zu fixieren. Welche ökonomischen Kriterien dafür als Maßstab zu gelten hatten, blieb offen. Nach einer mehr als zehnjährigen Tätigkeit hat das Wages-Board auf diese Frage noch keine Antwort finden können.

Das Problem der „richtigen" Bemessung des Lohnsatzes liegt darin begründet, daß der Wert des Grenzproduktes der Arbeit generell nicht exakt quantifizierbar ist und daß auch keine Kriterien anderer Art zur

Verfügung stehen, es sei denn die Hilfslösung des Vergleichs mit den Industriearbeiterlöhnen, für die es gleichfalls keine angemessene Meßbasis gibt. Die den Farmern gestattete Kostenkalkulation läßt zudem völlig offen, ob das ökonomische Prinzip der Minimierung der Produktionskosten wirklich zur Anwendung gelangt. Es muß angenommen werden, daß die Neuanschaffung von Maschinen und Geräten nicht ausschließlich unter dem Gesichtswinkel der Steigerung der Produktivität erfolgt und daß die Maschinen nicht nur als Produktionsmittel, sondern auch als Vermögensanlage betrachtet werden. Trotzdem ist die Produktivität der Arbeit pro Beschäftigten pro Jahr, gemessen am Bruttoproduktionswert, erheblich gestiegen. Sie lag im Jahre 1956 um 53 vH höher als im Jahre 1947. Inwieweit diese Steigerung der Produktivität auf eine gestiegene Arbeitsleistung zurückzuführen ist oder auf anderen Faktoren beruht, ist natürlich an der Steigerung selbst nicht abzulesen. Eine Lokalisierung auf die einzelnen Produktionsfaktoren läßt sich schon deshalb nicht durchführen, weil die Preise der Agrarprodukte nicht gleich den Grenzkosten sind und weil die Mitwirkung der anderen Produktionsfaktoren nicht abgrenzbar ist. Auf jeden Fall haben die Landarbeiter an der Steigerung des Bruttoproduktionswertes um 53 vH in der Dekade von 1947 bis 1956 mit einer Erhöhung ihres Reallohnes um nur sieben Prozent teilgenommen. Für eine richtige Bemessung des Lohnsatzes nach dem Wert des Grenzproduktes der Arbeit fehlt es eben an einer realen Basis.

Für die von Zeit zu Zeit vom Wages-Board vorgenommene Erhöhung der Lohnsätze wurden sowieso Überlegungen lohntheoretischer Art nie relevant. Die Mitglieder des Board argumentierten vielmehr stets von allgemeinen Erwägungen aus. Die bekannten ökonomischen Argumente, nämlich gestiegene Kosten der Lebenshaltung, gestiegene Produktivität, Abwanderung von Arbeitskräften und die sich erneut verschlechternde Relation der Landarbeiterlöhne zu denen der Industriearbeiter wurden nur von den Gewerkschaftsvertretern in den Vordergrund gestellt. Die Hauptsorge der Arbeitgeber galt stets der Frage, ob sie von der Regierung die Erlaubnis erhalten würden, die höheren Lohnkosten in den Preisen weiterzureichen. Die unabhängigen Mitglieder des Wages-Board versuchten schließlich, aus diesen zwei Welten das Beste zu machen und trafen ihre Entscheidungen nach allgemein sozial-ethischen und politischen Erwägungen. Eine in höherem Maße ökonomische Entscheidung hätte sich auch nur finden lassen können, wenn ein Maßstab für eine ökonomische Bemessung vorhanden gewesen wäre. Was die Messung der Grenzproduktivität der Arbeit anbetrifft, hätten dafür zumindest Kalkulationsunterlagen von einigen Musterbetrieben und entsprechende Betriebsvergleiche als erste Annäherung an das Problem der Quantifizierung des Wertes des Grenzproduktes der Arbeit vorliegen müssen. Ohne sie ist eine angemessene institutionelle Lohnfixierung nur unter der Annahme möglich, daß alle quantitativen Veränderungen sich generell in der Angebots- und Nachfragesituation nach Arbeitskraft niederschlagen.

So ergibt sich die Frage, ob sich die empirisch festgestellte Fixierung der Lohnsätze aus der Situation des Arbeitsmarktes ableiten läßt und die weitere Frage, wie sich die Angebots- und Nachfragekurven in der Periode der Vollbeschäftigung gegenüber der des laissez faire geändert haben. Unter Zugrundelegung der empirischen Fakten möchten wir annehmen, daß die Angebots- und Nachfragekurven in der Periode der Vollbeschäftigung und des Agrarprotektionismus in der Form eines Modells die in der Figur II dargestellte Gestalt haben.

Figur II

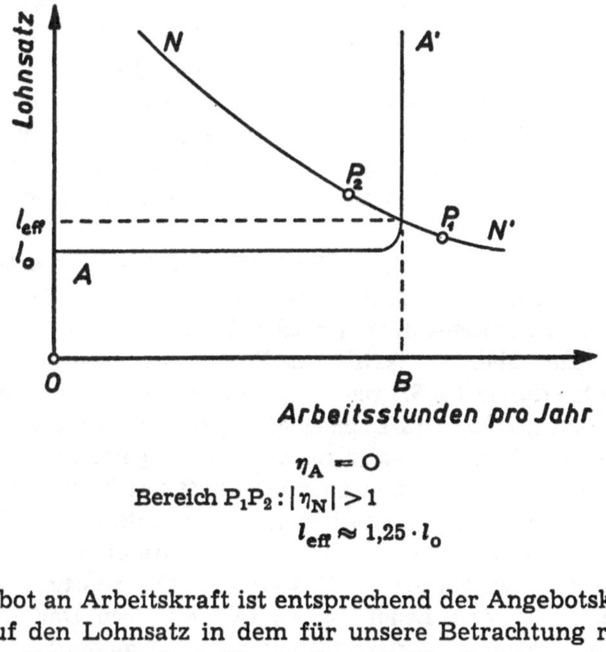

$\eta_A = 0$

Bereich $P_1P_2 : |\eta_N| > 1$

$l_{eff} \approx 1{,}25 \cdot l_o$

Das Angebot an Arbeitskraft ist entsprechend der Angebotskurve AA′ in Bezug auf den Lohnsatz in dem für unsere Betrachtung relevanten Bereich fast völlig unelastisch; ihm wohnt die Tendenz inne, sich sukzessive nach links zu verschieben. Die Gründe dafür liegen einmal in dem Bestreben der Landarbeitergewerkschaft, die Verkürzung der Arbeitszeit zu erreichen, die bereits in der Industrie verwirklicht ist, und zum andern in der jährlichen Abwanderung. In der Zeit von 1950 bis 1956 haben sich beispielsweise die regulären Arbeitskräfte von 523 000 auf 440 000, also um 83 000, das sind etwa 16 vH, verringert. Die sich daraus ergebende fortwährende Verschiebung der Angebotskurve nach links hat jedoch weder zu einem entscheidenden Mangel an Arbeitskräften noch zu einer entsprechenden Erhöhung der Lohnsätze geführt. Die Ursache dafür liegt darin, daß sich die Nachfrage auf Grund ihrer hohen Substitutionselastizität dem verringerten Angebot anpassen konnte. In unserer Figur II kennzeichnet der Punkt P_1 auf der Nachfragekurve NN' den Punkt, der von Blohm[5] in bezug auf die Kombination von Maschinen und Arbeitskräften als produktionstechnisches Optimum errechnet wurde. Aus der empirischen Erfahrung ergibt sich dagegen, daß das Angebot an Arbeitskraft bereits geringer ist als die produktionstechnisch günstigste Beschäftigungsmenge und sich über den Punkt P_1 hinaus nach links verschoben hat. Daraus folgt andererseits die Annahme, daß der Bereich der noch elastischen Nachfrage tatsächlich bis zum Punkt P_2 reicht. Bis zum Punkt P_2 stehen in bezug auf die Arbeitskraft zur Hauptsache noch zwei Substitutionsmöglichkeiten offen, der noch stärkere Einsatz, die noch rationellere Nutzung der Maschinenkraft und die Ausschaltung weniger ertragreichen Bodens aus der Bewirtschaftung. Substitutionen dieser Art haben in der englischen Landwirtschaft nach dem Jahre 1946 in größerem Umfange stattgefunden. Aus dieser Situation erklärt sich die relativ hohe Elastizität der Nachfrage. Sie hat sich besonders daran erwiesen, daß die Farmer sich nicht genötigt gesehen haben, die gestiegene Produktivität der in der Landwirtschaft verbliebenen Arbeitskräfte mit einem entsprechend höheren Lohnsatz zu honorieren.

Der Lohnsatz l_0 in der Figur II repräsentiert den vom Wages-Board festgesetzten geltenden Minimallohn, während der tatsächlich gezahlte Lohnsatz l_{eff} im Durchschnitt um 25 vH über dem Minimallohn liegt, im wesentlichen aber auf tariflichen Zuschlägen beruht. Die Erhöhung der Lohnsätze durch das Wages-Board erfolgte im allgemeinen nur entsprechend den gestiegenen Lebenshaltungskosten. Eine Steigerung des Reallohnes pro Mann pro Jahr auf Grund der gestiegenen Produktivität konnte von der Landarbeitergewerkschaft nur in bescheidenem Umfange durchgesetzt werden. Auf keinen Fall konnte von der Entwicklung der Lohnsätze in der Landwirtschaft eine inflationistische Tendenz ausgehen, über die Agrarpreise die Kosten der Lebenshaltung erhöhen und damit zu einer weiteren Erhöhung der Löhne führen. Daß eine derartige Entwicklung trotzdem zu verzeichnen war, lag eindeutig im ökonomischen und politischen Kräftespiel begründet, in dessen Bereich auch die für die Farmer günstigen Marktverhältnisse für Agrarprodukte lagen. Auf dieser die Farmer begünstigenden Position basiert ihr relatives Übergewicht in den Lohnverhandlungen und die größere Elastizität ihrer Nachfrage nach Arbeitskraft.

Da sich die englische Landarbeitergewerkschaft marktmäßig in einer schwächeren Position befand, konnte sie wiederum nicht riskieren, die

[5] Siehe S. 46 ff.

institutionelle Lohnfixierung des Wages-Board aufzukündigen, um mit den Farmern autonome zweiseitige Verhandlungen allein zu führen. Verhandlungen in der Form eines bilateralen Monopols hätten für die Gewerkschaft nur unter der Voraussetzung erfolgreich sein können, daß sie in der Lage gewesen wäre, einen Druck auszuüben. Die Landarbeitergewerkschaft war sich jedoch darüber im klaren, daß sie dazu nicht in der Lage war. Ihre Führung wußte sehr wohl, daß zweiseitige Verhandlungen kein anderes Ergebnis haben würden als die institutionellen des Wages-Board, weil die Ergebnisse derartiger Verhandlungen unter den gegebenen Umständen nicht von ihren Verhaltensweisen bestimmt wurden. Die Arbeitgeber hingegen konnten die sich aus der ökonomischen und politischen Position ergebende Elastizität der Nachfrage als Grundlage ihrer Verhandlungstaktik voll ausnutzen. Darin bestand ihre relative Stärke in den Lohnverhandlungen.

Erst wenn die fortgesetzte Abwanderung aus der Landwirtschaft zu einer derartigen Verknappung des Angebots führen wird, daß sich die Angebotskurve AA′ über den Punkt P_2 hinaus nach links verschoben haben wird, kommt die Landarbeitergewerkschaft in den Bereich, in dem die Nachfrage unelastischer wird. Erst dann wird sie in der Lage sein, einen Lohn durchzusetzen, der dem Wert des gestiegenen Grenzproduktes der Arbeit nahekommt. Wieviel Arbeitskräfte bis dahin noch aus der Landwirtschaft abgezogen sein müssen, bleibt eine offene Frage. Für die Höhe des Lohnsatzes sind jedoch nicht nur die optimale Nutzung der Produktionsfaktoren vom ökonomisch-technischen Gesichtspunkt aus maßgebend, sondern in erster Linie auch die Preise für die Agrarprodukte. Sie sind ein Politikum, in dem sich die wirtschaftlichen und politischen Kräfteverhältnisse der Interessenverbände innerhalb des Wirtschaftsraumes widerspiegeln. Was in England in den Entscheidungen des Wages-Board faktisch quantifiziert wird, ist nicht der Wert des Grenzproduktes der Arbeit, sondern der Komplex der Beziehungen zwischen den gesellschaftlichen und politischen Mächtegruppierungen und ihr Widerspiel in der Wirtschaftspolitik. Die Elastizität des Angebots und der Nachfrage nach Arbeitskraft ist zugleich auch ein Spiegelbild dieser Beziehungen.

Die Ableitungen, zu denen wir auf der Grundlage der empirischen Erfahrungen hinsichtlich der Lohnbildung auf der Basis von Angebot und Nachfrage nach Arbeitskraft in England gekommen sind, stehen in einem gewissen Gegensatz zu dem von Agrarwissenschaftlern auf der Basis von vollmechanischen Betrieben als notwendig errechneten Arbeitskräftebesatz. Nach diesen betriebswirtschaftlichen Berechnungen wies die englische Landwirtschaft schon im Jahre 1955 ein Minus an Arbeitskräften auf. Das würde bedeuten, daß die Angebotskurve AA′ in unserer Figur II demnach schon seit längerer Zeit nach links über den Punkt P_2 hinaus verschoben und in den Bereich der weniger elastischen

Nachfrage eingetreten sein müßte. Ob das zutrifft, wollen wir anschließend in einem Vergleich der englischen mit der deutschen und dänischen Landwirtschaft zu klären versuchen.

Die Lohnentwicklung in der englischen, westdeutschen und dänischen Landwirtschaft in der Periode der Vollbeschäftigung

Im Gegensatz zur englischen Landwirtschaft in der Periode des Freihandels bis zum zweiten Weltkrieg hat die deutsche Landwirtschaft zu keiner Zeit völlig ohne den Schutz des Staates auskommen müssen. Stützungsaktionen oder andere Maßnahmen zugunsten der Landwirtschaft hat es in Deutschland in jeder Epoche gegeben. Der gegenwärtige „Grüne Plan" setzt in seiner Weise nur fort, was in anderen Formen schon bestanden hat.

Trotz mancher Unterschiede, die im einzelnen gegenüber den englischen Stützungsmaßnahmen nach dem zweiten Weltkrieg bestehen, sind die Ziele und Absichten des Grünen Planes prinzipiell die gleichen wie jene, die auch für die Umgestaltung der englischen Landwirtschaft maßgebend waren. Im Gegensatz zu dieser Gemeinsamkeit im grundsätzlichen ist die Lohnfixierung in der westdeutschen Landwirtschaft jedoch nicht einem speziell dafür geschaffenen Gremium übertragen, sondern der Autonomie der Tarifpartner überlassen worden.

Die wichtige Frage, ob und gegebenenfalls welche Unterschiede sich aus der Verschiedenartigkeit der institutionellen Lohnregulierung im Wages-Board und der freiwilligen Kollektivverhandlungen ergeben, ist leider nicht ohne weiteres eindeutig zu beantworten. Durch den Flüchtlingsstrom, der nach dem Zusammenbruch im Jahre 1945 in die Agrargebiete nach Westdeutschland einströmte, war die Landwirtschaft zunächst für Jahre mit Arbeitskräften übersetzt, die erst allmählich in die Industriebezirke umgeleitet wurden. Die Zahl der unselbständig Beschäftigten in der Landwirtschaft, die nach dem Zusammenbruch etwa zwei Millionen Menschen betragen hatte, betrug im Jahre 1949 noch 1,28 Millionen und im Jahre 1954 immer noch 925 000.

Die dänische Landwirtschaft wiederum ist im Gegensatz zur deutschen immer im wesentlichen darauf angewiesen gewesen, sich allein ohne staatliche Hilfe zu behaupten. Das ist bis heute so geblieben. Nach dem Jahre 1880 wurde Dänemark gleich England ein Freihandelsland. Im Gegensatz zu England gelang es in Dänemark jedoch sehr bald, eine leistungsfähige Landwirtschaft zu entwickeln. In der Periode nach dem zweiten Weltkrieg hat Dänemark diese Entwicklung intensiviert. Höhere Löhne in der Industrie führten dort dazu, daß 30 vH der Beschäftigten aus der Landwirtschaft abwanderten. Eine bedeutende Produktivitätssteigerung der in der Landwirtschaft Verbliebenen glich diesen zahlenmäßigen Verlust jedoch sehr bald aus. Ein Vergleich zwischen der dänischen, westdeutschen und englischen Landwirtschaft in bezug auf die Lohnentwicklung und die ihr zugrundeliegenden Prinzipien erscheint uns deshalb besonders sinnvoll. Wie wir gesehen haben, gibt es in der Landwirtschaft keine eindeutigen ökonomischen Kriterien, die aus sich heraus den Prozeß der Lohnfixierung determinieren. Vergleiche könnten aber eine Hilfe sein.

Bevor wir jedoch zu Lohnvergleichen übergehen, möchten wir einige Fakten voranstellen, die sich aus einer Untersuchung von Herleman und Stamer über „Produktionsgestaltung und Betriebsgrößen in der Landwirtschaft unter dem Einfluß der wirtschaftlich-technischen Entwicklung“[6] ergeben. Nach dieser Untersuchung betrugen im Jahre 1955 die Hektarerträge (dz/ha) der Ackerfläche bei den Ackerkulturen insgesamt

1. in Westdeutschland .... 32,4 dz/ha
2. in Dänemark .... 34,5 dz/ha
3. in England .... 31,9 dz/ha
4. in den Niederlanden .... 34,5 dz/ha
5. in den Vereinigten Staaten .... 15,7 dz/ha

Die vier erstgenannten Länder lagen also verhältnismäßig dicht beieinander. Die Kluft zwischen ihnen und den Vereinigten Staaten hingegen ist beträchtlich und zeigt, wie die Verfasser sagen: „... wie schwierig es ist, die Ursache hierfür herauszuarbeiten[7].“ Werden jedoch die Bodenleistungen im Verhältnis zum Aufwand an Arbeitskraft und Traktorenleistung in Beziehung gesetzt, so zeigen sich schon spezifische Ursachen, die darin liegen, daß in der Bundesrepublik trotz hohen Traktorenbesatzes eine ungewöhnlich hohe Zahl von Arbeitskräften eingesetzt ist, ohne daß ein entsprechender Intensivierungserfolg erzielt wird.

Tabelle 1: **Bodenleistung und Aufwand der Landwirtschaft in verschiedenen Ländern im Jahre 1955**

Land	Bodenproduktion der erfaßten Fläche (ohne Hutungen) insges. dz GE/ha	Arbeitskräfte je 1000 t Ge	Traktoren je 1000 t Ge
Belgien	44,3	58	35
Niederlande	41,6	83	43
Dänemark	31,8	51	60
Westdeutschland	28,9	136	122
V. K. England	21,0	44	172
Vereinigte Staaten	14,5	26	166

Quelle: Herleman und *Stamer:* a. a. O., S. 84. (Die Spezifizierung des Aufwands an Mineraldünger haben wir in unserer Darstellung ausgelassen, weil er für unsere Frage keine größere Bedeutung hat.)

[6] *Herleman*, H. H. und *Stamer*, H.: Kieler Studien, 1958.
[7] Dieselben, S. 77.

Tabelle 2: **Arbeitsproduktivität im Jahre 1955**

Land	Landwirtschaftliche Erwerbstätige				GE-Leistung je Arbeitskraft		Erforderliche Arbeitskräfte b)			
	insgesamt		männlich				Ackerbau	Viehwirtschaft	insgesamt	bei einer Leistung von 250 GE/AK a)
	in 1000	je 100 ha L.N. a)	in 1000	je 100 ha L.N. a)	insges. dz	männl. GE a)	1000			
Belgien	412	24	348	20	172	204	55	133	188	284
Niederlande	747	32	516	22	121	174	79	180	259	360
Dänemark	484	16	364	12	198	263	137	228	365	383
Westdeutschland	5097	36	2207	15	74	171	521	826	1347	1506
V. K. England	1112	6	939	5	227	269	339	773	1142	1009
Vereinigte Staaten	6960	1,6	5670	1,3	384	472	6400	5509	11909	10697

Quelle: Herleman, H. H. und *Stamer*, H.: a. a. O., S. 88. Für spezielle Fragen dieser Tabelle verweisen wir auf diese Veröffentlichung.

a) L.N = Landwirtschaftliche Nutzfläche, GE = Getreideeinheit, AK = Arbeitskraft.

b) Für die „erforderlichen Arbeitskräfte" wurden die Blohm'schen Arbeitsbedarfszahlen für den vollmechanisierten Betrieb zugrunde gelegt.

Die unterschiedliche Arbeitsproduktivität der vorgenannten Länder als Faktor der Lohnfixierung tritt in der Tabelle 2 noch deutlicher in Erscheinung.

Wie die Tabelle zeigt, liegt die Arbeitsproduktivität je Arbeitskraft (AK), gemessen in Getreideeinheiten (GE) in den Vereinigten Staaten und in England weitaus am höchsten. In Bezug auf die Bundesrepublik kommen Herleman und Stamer demgegenüber zu der Feststellung: „Es ist erstaunlich, wie weit die Landwirtschaft in der Bundesrepublik hinsichtlich der Rationalisierung des Arbeitseinsatzes hinter anderen Ländern zurückliegt. .... Die Bundesrepublik könnte — abgesehen von 2,8 Millionen weiblichen Arbeitskräften — 850 000 Landarbeiter freisetzen, wenn die Landwirtschaft vollmechanisiert durchgeführt würde. Dänemark weist genau den nach Blohm errechneten Arbeitskräftebesatz auf, während die Landwirtschaft des V. K. England sogar etwas weniger und Kanada und die Vereinigten Staaten nur halb soviel Arbeitskräfte beschäftigen[8]."

Allein für die männlichen Arbeitskräfte führt die Untersuchung zu dem Ergebnis, daß von den untersuchten Ländern Westdeutschland eine erhebliche Überzahl von Arbeitskräften aufweist und daß andererseits oder gerade deshalb die Leistung je Arbeitskraft relativ herabgemindert wird, wie die nachstehende Tabelle zeigt.

Tabelle 3: **Einsatz männlicher Arbeitskräfte**

Land	Durchschnittl. Betriebsgrößen	Männliche Arbeitskräfte			GW Leistung je AK
		tatsächl. vorhandene	nach Blohm erforderlich.	Differenz	
	ha	Anzahl je 100 ha LN			dz
Westdeutschland	6,8	17,4	10,1	+ 7,3 (+ 12%) a)	171
Dänemark	15,8	12,0	12,0	0,0	263
V. K. England	25,5	7,7	9,1	— 1,4 (— 15%)	269
Vereinigte Staaten	76,0	3,5	7,3	— 3,8 (— 52%)	472

Quelle: Herleman und *Stamer:* a. a. O., S. 98.
a) Die in ( ) angeführten Prozentzahlen wurden vom Verfasser zugefügt.

Von den landwirtschaftlichen Gebieten in Westdeutschland hält nur Ostholstein in etwa einen Vergleich mit Dänemark und England aus. In Schleswig-Holstein werden beispielsweise nur etwa halb soviel Arbeitskräfte je Flächeneinheit eingesetzt wie im Durchschnitt in der Bundesrepublik. Insgesamt liegt die westdeutsche Landwirtschaft noch weit zurück. In Dänemark hat sich demgegenüber ein Verhältnis eingespielt, bei dem die Zahl der vorhandenen männlichen Arbeitskräfte genau der nach betriebswirtschaftlichen Gesichtspunkten errechneten entspricht.

[8] *Herleman,* H. H. und *Stamer,* H.: a. a. O., S. 91.

So erzielt Dänemark bei einem geringen Einsatz von Traktorleistungen bedeutend höhere Leistungen je Arbeitskraft. Durch die Verbindung von hohen Investitionen für die Meachanisierung mit hoher Rationalität des Kräfteeinsatzes war es der dänischen Landwirtschaft möglich, zu einer derartigen Steigerung der Arbeitsproduktivität zu gelangen, daß selbst bei einer Erhöhung der Löhne um 55 vH gegenüber den Jahren 1948/49 der gesamte Lohnaufwand einschließlich des Einkommens der Familienmitglieder und des Betriebsführers, gemessen am Betriebsaufwand von 43,1 vH der Vorkriegszeit, auf 40,6 vH in den Jahren 1954/55 gefallen ist. Der Arbeitsaufwand je ha landwirtschaftlicher Nutzfläche verringerte sich in der gleichen Zeit auf 80 gegenüber 1939 = 100, während der Naturalertrag des Bodens je ha gleichzeitig um etwa 30 vH stieg und der Naturalertrag der Arbeit sich um etwa 60 vH erhöhte. Auf der Grundlage dieser rationalen Bewirtschaftung des Bodens konnte die dänische Landwirtschaft es ermöglichen, rentabel zu arbeiten, obgleich die Preise für Agrarprodukte im Durchschnitt gegenüber den Jahren 1948/49 nur um 30 vH gestiegen sind[9].

Dänemark liegt innerhalb des europäischen Raumes mit am preisgünstigsten, während Westdeutschland und die Schweiz das höchste Preisniveau für Agrarprodukte haben. England, Schweden und die Vereinigten Staaten folgen ihnen im Preisniveau in der Reihenfolge der Aufzählung. In Importpreisen gerechnet war die westdeutsche Agrarproduktion im Jahre 1954 um 2,2 Mrd. DM teurer; ihre Preise lagen um 16 vH über den Weltmarktpreisen. Auf Grund dieser günstigen Preisverhältnisse für die Landwirtschaft können es sich die Betriebe in der Schweiz und der Bundesrepublik leisten, an einem höheren Arbeitskräftebesatz festzuhalten, was bei den britischen, schwedischen und amerikanischen Agrarpreisen nicht möglich ist[10].

Auf der Grundlage dieser Fakten sowohl in bezug auf die Preisgestaltung der landwirtschaftlichen Produkte durch die agrarpolitischen Maßnahmen der jeweiligen Regierungen wie auch in bezug auf die unterschiedlichen betriebswirtschaftlichen Anstrengungen der Betriebsführungen in den einzelnen Ländern muß das Problem der Lohnfixierung gesehen werden. Reine lohntheoretische Aussagen, etwa in Anlehnung an die Grenzproduktionstheorie, können gemessen an den Gegebenheiten nur einen relativ geringen Erklärungswert für sich in Anspruch nehmen. Als Vergleichsbasis in bezug auf die Grenzproduktivität wäre Dänemark noch am geeignetsten, obgleich wir auch hier nicht eindeutig quantifizieren können, daß der Wert des Grenzproduktes der Ar-

---

9 Diese Angaben entnahmen wir der Untersuchung von *Hill*, D.: Das Dänische Beispiel, Landwirtschaftliche Betriebsführung unter den Anforderungen des technischen Fortschritts, Hamburg und Berlin 1957, S. 49.

10 *Herlemann*, H. H. und *Stamer*, H.: a. a. O., S. 106.

beit gleich dem Lohnsatz ist. Wir wissen nur, daß hier annäherungsweise von betriebswirtschaftlichen Gesichtspunkten aus und bei gegebenen Preisen eine optimale Kombination der Produktionsfaktoren vorliegt, müßten jedoch in dem ganz anders gelagerten Fall der Vereinigten Staaten sehr wahrscheinlich zu der gleichen Festellung kommen, selbst dann, wenn nach betriebswirtschaftlichen Gesichtspunkten eine doppelt so hohe Zahl von Arbeitskräften erforderlich wäre als sie tatsächlich vorhanden ist.

Damit drängt sich die Einsicht auf, daß den Entscheidungen über die Anwendung kapital- oder arbeitsintensiver Produktionsmethoden in der Landwirtschaft ein ziemlich weiter Spielraum gelassen ist. Fraglos werden Entscheidungen dieser Art im konkreten Fall von dem Grad der Mechanisierung, der bereits erreicht ist und von der Höhe des Lohn- und Preisniveaus abhängen. Aus dem Grad der bereits erreichten Mechanisierung ergibt sich, welche Elastizität die Nachfrage nach Arbeit haben wird. Besteht bereits ein gewisser Mangel an Arbeitskräften und sinkt das Angebot an Arbeitskräften in der Landwirtschaft relativ schneller als die Nachfrage auf Grund ihrer technischen Komponente sinken kann, dann verschiebt sich die Angebotskurve weiter nach links und wird in den Bereich der unelastischen Nachfrage eintreten. Im umgekehrten Fall, der beispielsweise in der Bundesrepublik möglich wäre, wenn sie einem schärferen ausländischen Wettbewerb auf dem Agrarmarkt ausgesetzt würde, kann sich die Nachfrage nach Arbeit stärker nach links verschieben, und die Elastizität der Nachfrage würde zunehmen. Aus dieser Stellung möchten wir auf die Frage der Elastizität der Nachfrage für Arbeitskraft in England zurückkommen.

Unsere Tabelle 3 zeigt, daß in England gegenüber dem analytisch errechneten Bedarf an männlichen Arbeitskräften, bezogen auf die landwirtschaftliche Nutzfläche, bereits ein Minus besteht. Das sollte die Annahme rechtfertigen, daß die Nachfrage bereits unelastisch ist. Der Prozeß der Lohnfixierung zeigt jedoch ein anderes Bild. Die Erklärung für diese Diskrepanz dürfte darin zu finden sein, daß der englischen Landwirtschaft ja auch der amerikanische Weg offensteht, mit noch bedeutend weniger Arbeitskräften in einer weniger arbeitsintensiven Bewirtschaftung höhere Leistungen je Arbeitskraft zu erzielen. Damit dürfte auch der Gegensatz der empirisch feststellbaren Elastizität der Nachfrage nach Arbeitskraft zu der betriebswirtschaftlich errechneten in bezug auf England überbrückt sein.

Die Angebots-Nachfrage-Konstellation für die westdeutsche Landwirtschaft ist in mancher Beziehung prinzipiell der englischen in der Figur II ähnlich. Nur der Bereich der elastischen Nachfrage P_2N' ist natürlich in Westdeutschland bedeutend größer als in England, weil unsere Landwirtschaft insgesamt mit Arbeitskräften weit übersetzt ist, wenngleich auf Grund der unrationellen Lokalisierung der Arbeitskräfte in bestimmten Gebieten bereits eine Knappheit an Arbeitskräften eingetreten ist. Die Angebots- und Nachfragekurven und ihre Elastizität drücken jedoch nur aus, wie sich insbesondere die Nachfrager verhalten würden, wenn sie in einem schärferen Wettbewerb dazu gezwungen würden. Die hohe Elastizität der Nachfrage nach Arbeitskraft in Westdeutschland war bisher praktisch noch nicht entscheidend für die Lohnbildung, weil sich diese bisher noch in einem Raum abspielte, der in hohem Grade von nicht primär ökonomischen Fakten bestimmt ist.

Die empirischen Fakten ergeben vom theoretischen Standpunkt aus, daß bei der Lohnfixierung in der Landwirtschaft die verschiedensten Faktoren wirksam werden. In der Reihenfolge ihrer Bedeutung im europäischen Raum handelt es sich im wesentlichen um folgende:

1. Die staatliche Agrarpolitik in bezug auf das Preisniveau,
2. die Absicht der Preisstützung sowie die Art und der Umfang der dazu getroffenen einzelnen Maßnahmen,
3. die übrigen finanziellen Unterstützungsmaßnahmen des Staates,
4. die staatliche Einflußnahme auf die Lohnhöhe,
5. das Verhältnis der Entwicklung der Industriearbeiterlöhne zu denen der Landarbeiter,
6. die Elastizität von Angebot und Nachfrage auf dem Arbeitsmarkt generell und speziell für landwirtschaftliche Arbeiter,
7. die Steigerung der Produktivität je Arbeitskraft auf Grund der betriebswirtschaftlichen Organisation und der Betriebsgröße,
8. die Position, die die Gewerkschaften im Rahmen der Gesamtwirtschaftspolitik einnehmen und
9. die Stärke der gewerkschaftlichen Organisation in der Landwirtschaft und ihre Verhandlungsstrategie.

Langfristig ist demzufolge die Lohnhöhe in starkem Maße von der Wirtschaftspolitik abhängig, die in den einzelnen Ländern betrieben wird. Kurzfristig sind dagegen die jeweiligen Preise für Agrarprodukte, der Produktivitätsgrad und die Aktivität der Landarbeitergewerkschaften unmittelbarer relevant.

Vergleichen wir nun die Lohnentwicklung in England, Dänemark und Westdeutschland in der Periode der Vollbeschäftigung, dann zeigen sich, obleich die zugrundeliegenden Ursachen sehr unterschiedlich sind, gewisse gleichläufige Entwicklungslinien.

Wie unsere Tabelle zeigt, lagen die nominellen Stundenlöhne der westdeutschen Landarbeiter nicht nur im Jahre 1948, sondern auch noch im Jahre 1956 erheblich unter denen in Dänemark und England. Nur die Entwicklungstendenz ist in den drei Ländern gemeinsam. Auf der Basis der jeweiligen Lohnsätze stiegen die Löhne in der Bundesrepublik von ihrem absoluten sehr niedrigen Stand im Jahre 1948 natürlich rela-

Tabelle 4: **Entwicklung und Stundenlöhne für Landarbeiter in England, Dänemark und der Bundesrepublik**

Wechselkurse: £ = 11,70 DM
dkr = 0,605 DM

Land	nominal in DM			auf der Basis: Bundesrepublik 1950 = 100		
	1948	1950	1956	1948	1950	1956
Bundesrepublik	0,54	0,70	1,24	77	100	177
Dänemark	1,12	1,25	2,12	160	179	303
England	1,12	1,24	1,75	160	177	250

tiv stärker als in den beiden anderen Ländern, aber nur geringfügig mehr als in Dänemark, dessen absolut und relativ höheres Niveau gegenüber der Bundesrepublik fortbesteht und auch England überholte. Während es sich bei der Entwicklung der westdeutschen Löhne nur um einen Anpassungsprozeß handelt, der noch keineswegs den Anschluß an das uns umgebende Niveau bewirkt hat und der deshalb für grundsätzliche Erörterungen wenig aufschlußreich ist, ist die theoretisch eigentlich interessante Frage die der Lohnentwicklung in Dänemark und England. Obgleich nach den betriebswirtschaftlichen Berechnungen (siehe Tabelle 3) in England der optimale Besatz an Arbeitskräften bereits unterschritten wurde und auf Grund dessen auf eine unelastische Nachfrage geschlossen werden sollte, zeigt unsere Tabelle 4, daß die dänischen Löhne relativ und absolut die englischen überholt haben. Da andererseits die Steigerung der Produktivität je Arbeitskraft in England und Dänemark sich etwa gleich entwickelt hat und weil die Preise für Agrarprodukte in Dänemark niedriger sind als in England, erhebt sich die Frage, ob die stärkere Erhöhung der dänischen Landarbeiterlöhne seit dem Jahre 1950 auf die unterschiedlichen Formen der Lohnfixierung zurückzuführen ist. Diese Frage ist sicherlich zu bejahen.

In einer Periode steigender Kosten der Lebenshaltung in den Jahren von 1947 bis 1956 erreichte die englische Landarbeitergewerkschaft im Rahmen der institutionellen Lohnfixierung des Wages-Board nur eine Erhöhung ihrer Lohnsätze, die geringfügig über die Erhöhung der Lebenshaltungskosten hinausging, die aber die gestiegene Produktivität der Arbeitskraft bei der Regulierung der Löhne unberücksichtigt ließ. Die Relation der Landarbeiterlöhne zu denen der Industriearbeiter verschlechterte sich ebenfalls. Andererseits waren allerdings die Lohnsätze in England in den Jahren 1946/47 relativ hoch und möglicherweise im Prozeß der damaligen Umgestaltung zunächst überhöht angesetzt worden. Sie sind aber in den nachfolgenden Jahren fraglos nicht in dem Maße erhöht worden, wie es berechtigt und ökonomisch vertretbar gewesen wäre. So fiel der Lohnkostenanteil an den Gesamtkosten in der englischen Landwirtschaft von 42 vH im Jahre 1947/48 auf 26 vH im Jahre 1955/56, so daß eine angemessene Erhöhung der Lohnsätze durchaus möglich gewesen wäre. Daß diese nicht entsprechend berichtigt wurden, dürfte in erster Linie der personellen Zusammensetzung des Wages-Board und zwar vor allem den zumeist ausschlaggebenden Stimmen der unabhängigen Mitglieder zuzuschreiben sein. Naturgemäß sind die unabhängigen Mitglieder in derartigen Gremien in Zeiten einer gewissen inflationären Preisentwicklung wenig geneigt, Lohnerhöhungen zuzustimmen, auch wenn diese an sich völlig berechtigt sind. Jede institutionelle Lohnfixierung wird grundsätzlich dazu neigen, die Anpassung der Löhne an ein steigendes Preisniveau zu bremsen, während umgekehrt bei sinkenden Preisen Lohnsenkungen möglicherweise nicht in dem Maße vorgenommen werden, wie das Preisniveau sinkt. Aus diesen auf der allgemeinen Gesetzmäßigkeit der institutionellen Lohnfixierung beruhenden Gründen sind die englischen Landarbeiterlöhne in der Periode des Aufschwungs hinter denen in Dänemark zurückgeblieben, wo die Landarbeiter den Anschluß an die Produktivitätsentwicklung der Arbeitskraft voll haben halten können. Welche theoretischen Schlußfolgerungen aus dieser unterschiedlichen Entwicklung zu ziehen sind, werden wir später zu erörtern haben.

b) Die Verkehrsindustrie

α) Die Periode des laissez faire

Gegenüber der historisch ältesten Form menschlicher Produktion, der Landwirtschaft, ist die Eisenbahn eine ureigene Schöpfung der industriellen Revolution. Sie hat als erste große sogenannte „Innovation" den wirtschaftlichen Aufschwung, die erste große Konjunkturwelle für Jahrzehnte getragen. Schon aus diesem Grunde sollte es besonders interessant sein, zu erfahren, ob und welche neuen Elemente durch sie, die doch das technische, wirtschaftliche und gesellschaftliche Leben revolutionierte, in den Prozeß der Einkommensbildung eingebracht worden sind. Leider enttäuscht das neue Verkehrsmittel in dieser Hinsicht jedoch völlig. Die Entlohnung der bei der Eisenbahn Beschäftigten hat sich eng an die Lohnverhältnisse in der Landwirtschaft angeschlossen.

Für die im Aufschwung begriffene Eisenbahn war es in England in den vierziger Jahren des vorigen Jahrhunderts ein leichtes, die von ihr benötigten Arbeitskräfte an sich zu ziehen, ohne in Konkurrenz mit anderen Industriezweigen zu treten. Die Landarbeiter bildeten das große Reservoir, aus dem in jeder gewünschten Mengen geschöpft werden konnte. Da die benötigten Arbeitskräfte im allgemeinen keine besonderen Fähigkeiten aufweisen mußten, hatte die Eisenbahn auf dem Markt für diese Kräfte ein ausgesprochenes Nachfragemonopol. Sie brauchte nur Arbeitsbedingungen anzubieten, die geringfügig besser waren als die in der Landwirtschaft. Die günstigeren Bedingungen lagen schon in der Struktur des Eisenbahnbetriebes selbst begründet. Sie vermochte eine stetige Beschäftigung ohne saisonale Schwankungen anzubieten und darüber hinaus sogar noch die Aussicht auf eine lebenslängliche, ständige Beschäftigung zu eröffnen. Bei diesen Vorteilen des Arbeitsverhältnisses bei der Eisenbahn gegenüber der Unsicherheit und häufig nur halbjährlichen Beschäftigung in der Landwirtschaft sah sich die Eisenbahn nicht genötigt, darüber hinausgehende besondere Zugeständnisse im Lohnsatz zu machen.

Für die große Gruppe einfacher Arbeiter, die bei den Eisenbahnen mehr als zwei Drittel der Beschäftigten ausmachten, bestand eine Marktsituation, die bei einem durch die Landwirtschaft vorgegebenen Lohnsatz durch das vollständige Nachfragemonopol der Eisenbahnen bei fast völliger Elastizität des Angebots auf seiten der Arbeitskraft gekennzeichnet war. Die qualifizierten Arbeitskräfte, die die Eisenbahn für ihren Betrieb benötigte, wie Lokomotivführer, Heizer, Signalmänner und andere, konnte die Bahnverwaltung relativ einfach aus dem vorhandenen großen Reservoir je nach der personellen Eignung für spezielle Aufgaben selbst auswählen und schulen. Die Anerkennung, die in der Hervorhebung dieser Kräfte aus der großen Masse lag und das ihnen mit ihren neuen Aufgaben vermittelte gesteigerte Selbstbewußtsein waren so durchschlagende Faktoren, daß Zugeständnisse in der Höhe der Entlohnung auch hier nur insoweit erforderlich waren, als eine größere Arbeitswilligkeit, Verantwortung und qualifiziertere Tätigkeit erzielt werden sollten. Soweit die Eisenbahn für ihre Reparaturwerkstätten und dergleichen auf Fachkräfte angewiesen war, kam sie allerdings nicht darum herum, Lohn- und Arbeitsbedingungen zuzugestehen, wie sie in dem entsprechenden Handwerk oder in der Industrie gegeben waren. Sie hatte also insoweit der Angebots- und Nachfragesituation Rechnung zu tragen, wie sie auf dem Markt für diese Arbeitskräfte bestanden. Ähnlich lagen die Dinge in den späteren Jahren auf dem Sektor für Angestellte im Verwaltungsdienst. Im allgemeinen waren hier die gleichen Bedingungen innezuhalten, wie sie im öffentlichen Dienst herrschten. Diese Entwicklung gelangte jedoch bei den Eisenbahnen erst zum Durchbruch, als die Einführung der allgemeinen Schulpflicht zu einem größeren Angebot und zu einer Umschichtung in den Angestelltenberufen geführt hatte. In der ersten Phase der Entwicklung der Eisenbahnen hatten sich diese Kräfte vornehmlich aus entlassenen Soldaten rekrutiert. Der Betrieb der Eisenbahnen wurde überhaupt nach dem Muster einer Armee geführt und wie dort wurde auch hier eine Hierarchie von Dienstgraden geschaffen. Die Vielzahl von Dienstgraden erlaubte es der Bahnverwaltung, ein System daraus zu machen, die Interessen der einzelnen Gruppen gegeneinander auszuspielen. So ergibt sich das seltsame Bild, daß das moderne Kommunikationsmittel, das die industrielle Revolution hervorgebracht hatte, die Eisenbahnen, ausgerechnet in der Zeit des Hochliberalismus Lohn- und Arbeitsbedingungen schuf, die ausgesprochen patriarchalisch und in dieser Form nicht einmal in der Landwirtschaft, geschweige denn in anderen Industrien, zu finden waren.

Aus diesen Gründen war es nicht verwunderlich, daß eine gewerkschaftliche Betätigung mit dem Ziel, kollektive Lohnverhandlungen zu führen, auch in England von den Eisenbahnverwaltungen bis zum ersten Weltkrieg grundsätzlich abgelehnt wurde. Gelegentliche Streiks und Protestaktionen der Gewerkschaften, die dieses Ziel unterstützen sollten, hatten keinen entscheidenden Erfolg. Erst im Jahre 1920 konnten die englischen Eisenbahnergewerkschaften ihre Anerkennung als Verhandlungspartner durchsetzen. Die Verhandlungsfähigkeit verteilte sich auf drei Einzelgewerkschaften: eine Industrie-, eine Fach- und eine Angestelltengewerkschaft, die etwa den drei sozialen Hauptgruppen der Eisenbahn entsprachen, von denen oben die Rede war. Trotz der endlich erreichten Kollektivverhandlungen änderten sich die Lohn- und Arbeitsverhältnisse an den Eisenbahnen in der Folgezeit nur wenig. Wie in allen englischen Industrien wurden die Nominallöhne in der Krise der zwanziger Jahre auch bei den Eisenbahnen entscheidend gesenkt. Nur die Beschäftigung blieb konstanter als in anderen Industrien, weil die Eisenbahnen auch in Krisenzeiten immer einen bestimmten Dienst aufrechterhalten müssen.

Zusammenfassend kann für die gesamte Zeit, beginnend mit der industriellen Revolution, über die Periode des Hochliberalismus bis hin zum Spätkapitalismus der nach-zwanziger Jahre, mithin für einen Zeitraum von 80 Jahren der Existenz der Eisenbahn, festgestellt werden, daß alle wirtschaftstheoretischen Erklärungen und Ableitungen für die Lohnbildung an den Eisenbahnen und sonstigen Verkehrsbetrieben keinen aktuellen Aussagewert haben. Wenn die Vielfalt der soziologischen Faktoren ausgeschlossen wird, bleibt nur die relativ nichtssagende Feststellung, daß die durchschnittliche Lohnhöhe von Angebot und Nachfrage und ihrer jeweiligen Elastizität abhängig war. Ihre Konstellation dürfte in der gesamten Periode des laissez faire bis zum zweiten Weltkrieg der in der Figur III dargestellten Form entsprochen haben.

Die Nachfrage nach Arbeitskraft entsprechend der Nachfragekurve NN′ ist auf Grund der geringen Variabilität der technischen Daten des Eisenbahnbetriebes nicht sehr elastisch. Aber auch eine Nachfrageelastizität kleiner als 1 war in bezug auf die Lohnfixierung für die Eisenbahn keine Gefahrenquelle, weil das Angebot entsprechend der Angebotskurve AA′ fast völlig elastisch und weil zum geltenden Lohnsatz l_0 jede nachgefragte Menge an Arbeitskraft auf dem Arbeitsmarkt

Figur III

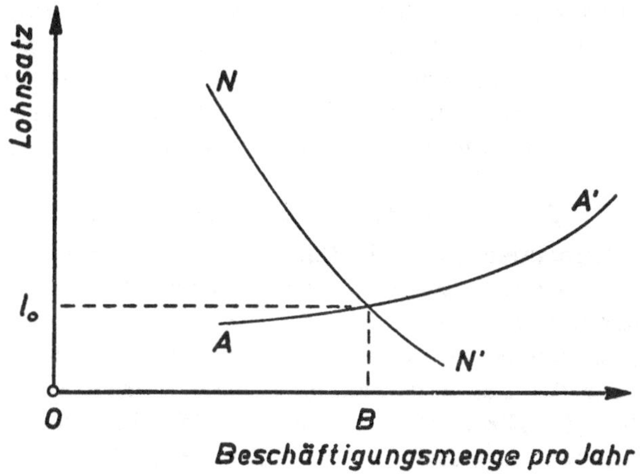

$$\eta_A > 1$$
$$|\eta_N| < 1$$

zu erhalten war. Das von Anbeginn gegebene Nachfragemonopol blieb bis zum Ausbruch des zweiten Weltkrieges unerschüttert, weil jeder Lohnsatz, der über dem der Landwirtschaft lag, von den Arbeitsuchenden angenommen worden wäre. Daran änderte sich auch nichts, als nach dem ersten Weltkrieg in England zweiseitige Lohnverhandlungen aufgenommen wurden. Obgleich in den ersten Nachkriegsjahren der Prozentsatz der gewerkschaftlich Organisierten an den Eisenbahnen recht hoch war, waren die Gewerkschaften weit davon entfernt, ihrerseits ein Angebotsmonopol begründen zu können. Nur die mehr dem Typ der Fachgewerkschaft entsprechende kleinere Gruppe der Lokomotivführer und Heizer konnte eine beschränkte Kontrolle auf den Zugang ausüben und sich im Aufschwung, vor allem aber in der Verteidigung ihres einmal erreichten Lohnsatzes in der Deflation der zwanziger Jahre besser behaupten.

Es ist für die gesamte Entwicklung der Eisenbahnen in England bezeichnend, daß sie bis zur Nationalisierung reine Privatunternehmen darstellen. Unter dem Zwang der wirtschaftlichen und technischen Entwicklung waren von der großen Zahl einzelner selbständiger Kompagnien, die vor der Jahrhundertwende Verkehrsleistungen angeboten hatten, im Zeitablauf zunächst elf und nach dem Jahre 1920 nur noch vier große Kompagnien übriggeblieben. Aber die größere Zahl konkurrierender Betriebe, die nach liberaler Theorie zu einem stärkeren Wettbewerb hätte anspornen sollen, hat weder in bezug auf den Betriebserfolg — der eher negativ beeinflußt wurde — noch auf die Lohnfixierung irgendeinen günstigen Einfluß ausgeübt. Das Gegenteil traf eher zu. Die Eisenbahnergewerkschaften sind daher von Anfang an für die Nationalisierung der Eisenbahnen eingetreten, die denn auch nach dem zweiten Weltkrieg in England durchgeführt wurde. Die deutschen Eisenbahnen sind dagegen bald nach ihrer Entstehung in den Besitz des Staates übernommen und uns nur in dieser Form bewußt geworden.

β) Die Periode der Vollbeschäftigung

Mit den Eisenbahnen wurde in England nach den zweiten Weltkrieg auch der Straßen- und Luftverkehr nationalisiert. Der Staat erhielt damit das fast vollständige Monopol für Verkehrsleistungen mit Ausnahme der Schiffahrt. Danach drängt sich die Frage auf, welche Änderungen sich daraus für die Lohnentwicklung bei den Verkehrsbetrieben, insbesondere bei der Eisenbahn, in einer gleichzeitig vollbeschäftigten Wirtschaft ergaben. Der Rahmen der Lohnverhandlungen war eindeutig von einem beiderseitigen Monopol bestimmt. Sowohl auf seiten der Nachfrage, die durch die organisatorische Zusammenfassung der Dienstleistungen des Verkehrs nach der Nationalisierung noch verstärkt wurde, wie auch auf seiten der Gewerkschaften, die in einigen Verkehrszweigen eine nahezu hundertprozentige Mitgliedschaft erreicht hatten, war das bilaterale Monopol formal nach den Begriffen der Marktformenlehre gegeben. Dieses bilaterale Monopol übte jedoch auf die Verhandlungsposition und -strategie der Kontrahenten in den Lohnbildungen relativ wenig Einfluß aus. Die Gründe dafür sind einfach genug. Einmal ist das Monopol der Eisenbahnen als Verkehrsträger relativ schwach. Diese Schwäche liegt in der Tarifpolitik gegenüber den Benutzern begründet. Mangelnde Flexibilität der Tarifpolitik in einer Periode steigender Preise ist ein Dilemma, das noch dadurch verstärkt wird, daß fast alle Eisenbahnen in Europa mit erheblichen Kriegsfolgeschäden zu kämpfen haben und zumeist ein umfangreiches Modernisierungsprogramm durchführen müssen. Die allgemeine Wirtschaftspolitik der Regierungen gestattet andererseits den Eisenbahnen zumeist nicht, von ihrer noch verbliebenen Monopolsituation den Gebrauch zu machen, den sie daraus ziehen könnten, weil die Tarifänderungen immer erst in einem langwierigen Verfahren von den Regierungen genehmigt werden müssen. Betriebsfremde Lasten der Eisenbahnen, der werkseigene Lastverkehr der Industriebetriebe und dergleichen, sind andere Gründe für ihre mangelnde Rentabilität.

Die Schwäche der Monopolstellung der Eisenbahn in der Tarifpolitik schwächt zugleich auch das Angebotsmonopol der Gewerkschaften in den Lohnverhandlungen. Gegenüber den ständigen finanziellen Verlusten in den Jahresbilanzen der Bahnverwaltungen hatten es alle drei Eisenbahnergewerkschaften in England schwer, den Anschluß an das steigende Preisniveau zu halten und den in den Jahren 1946/47 erreichten Reallohn zu behaupten. Der entscheidende Sprung auf ein höheres Lohnniveau war bei der Eisenbahn wie in der Landwirtschaft während des Arbeitskräftemangels im Kriege erfolgt. Hier wie dort stabilisierte die Vollbeschäftigungspolitik zunächst das erreichte Niveau. In den zehn Jahren der Vollbeschäftigung bis zum Jahre 1956 vermochten die Eisenbahnergewerkschaften aber nicht, ihren Standard weiter auszubauen. Vielmehr fielen ihre Lohnsätze im Verhältnis zu der Entwicklung der übrigen Industriearbeiterlöhne leicht zurück.

Die grundlegenden Änderungen des Lohnniveaus bei der Eisenbahn und den übrigen Verkehrsbetrieben waren also in erster Linie auf politische Faktoren zurückzuführen. An dieser Entwicklung haben die Eisenbahnergewerkschaften maßgebenden Anteil. Was die Relation der bei der Eisenbahn gezahlten Löhne zu den Industriearbeiterlöhnen angeht, so sind die Eisenbahnergewerkschaften trotz ihrer starken Position in der Vollbeschäftigung weniger erfolgreich gewesen. Diese Festellung läßt nur die Schlußfolgerung zu, daß das bilaterale Monopol und der Lohnsatz, der unter derartigen Verhandlungsformen fixiert wird, trotz allem von den Faktoren abhängig sind, die speziell in der Verkehrsindustrie wirksam sind und die dieser Industrie das Gepräge geben. Wie sich diese Faktoren in der Angebots- und Nachfragesituation ausdrücken und welchen Einfluß sie auf die Höhe des Lohnsatzes haben, wollen wir jetzt zu klären versuchen. Wenn wir die empirischen Fakten

Figur IV

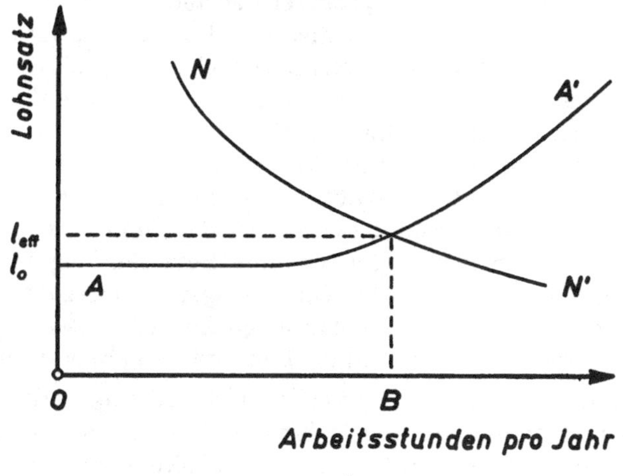

$$\eta_A \approx 1$$

$$|\eta_N| \approx 1$$

$$l_{eff} \approx 1{,}25 \cdot l_o$$

zugrunde legen, dürfen wir annehmen, daß die Angebots- und Nachfragekurven die in der Figur IV dargestellte Gestalt haben.

Die Angebots- und Nachfragesituation in der Periode der Vollbeschäftigung ist gegenüber der des laissez faire durch eine Umkehrung des Elastizitätsverhältnisses von Angebot und Nachfrage gekennzeichnet. Das langfristige Angebot wurde entsprechend der Angebotskurve AA′ relativ unelastisch, während die langfristige Nachfrage entsprechend der Nachfragekurve NN′ im relevanten Bereich relativ elastischer wurde. Begründet liegt diese Änderung beim Angebot einmal in einem gewissen Mangel an Arbeitskräften in der Periode der Vollbeschäftigung und zum anderen in der Verstärkung der gewerkschaftlichen Organisation, sowohl bei der Eisenbahn als auch in der Gesamtwirtschaft. Auf seiten der Eisenbahn ist die größere Elastizität der Nachfrage in der Vollbeschäftigung eine Folge der Änderungen in den Verkehrsrelationen. In fast allen Ländern haben die Eisenbahnen gegenüber anderen Verkehrsträgern einen schweren Stand und sind häufig gezwungen, eine Minderung ihres Anteils an der Gesamtverkehrsleistungen hinzunehmen. Aus dem Zwang zur schärferen wirtschaftlichen Kalkulation und aus dem technischen Modernisierungsprozeß resultiert eine Tendenz zur Freisetzung von Arbeitskräften gegenüber einem vormals hohen Personalbestand und daraus eine höhere Elastizität der Nachfrage in bezug auf den Lohnsatz. Kurzfristig ist dagegen die Nachfrage aus betriebstechnischen Gründen unelasticher und hält die größere langfristige Elastizität damit in gewissen Grenzen. Aus dieser geringeren Elastizität der kurzfristigen Nachfrage können aber die Gewerkschaften wiederum keine größeren Vorteile für sich herausholen, weil ihr kurzfristiges Angebot elastischer ist als das langfristige. Trotz der fast hundertprozentigen gewerkschaftlichen Organisation der Belegschaften ist die Gewerkschaft bei den einfachen Arbeiskräften nicht in der Lage, den Zugang völlig abzuriegeln, weil die Eisenbahnen im öffentlichen Eigentum stehen und Vereinbarungen über die Kontrolle des Zugangs, wie sie in der Privatindustrie geschlossen werden, auf den Widerspruch der Öffentlichkeit stoßen würden, und weil die Art der Tätigkeit andererseits keine berufsmäßige Beschränkung in der Form der non competing group zuläßt. Die geringere kurzfristige Elastizität der Nachfrage und die größere kurzfristige Elastizität des Angebots heben sich so in ihren Wirkungen auf die Lohnfixierung in etwa auf.

Aus dieser Konstellation von Angebot und Nachfrage ergibt sich, daß die Form des bilateralen Monopols für das Ergebnis der Lohnverhandlungen nicht entscheidend ist. In England und sicherlich auch in anderen Ländern, — die Bundesrepublik eingeschlossen, obgleich die anomale Situation bei der Bundesbahn nach dem Jahre 1945 besonders ausgeprägt war — sind die Löhne und Verdienste der Beschäftigten der Eisenbahnen hinter denen der übrigen Industrie zurückgeblieben. Diese Entwicklung verdeutlicht, daß das bestehende Elastizitätsverhältnis ein Faktor ist, auf den sie in den Verhandlungen Rücksicht nehmen müssen. Die Eisenbahnergewerkschaften sind sich dieser Tatsachen durchaus bewußt. Bezeichnend dafür ist, daß Streiks oder andere Kampfmaßnahmen bei den Eisenbahnen relativ selten sind. Als die englischen Eisenbahnergewerkschaften im Jahre 1951 das während des Krieges dispensierte Streikrecht zurückerhielten, drohten sie zwar häufiger mit der Anwendung dieser Waffe, aber es blieb mit der Ausnahme der kleineren Gruppe der Lokführer, für die jedoch besondere Gründe vorlagen, bei der Drohung. Die Nichtanwendung der Streikwaffe beruht, abgesehen von allgemeinen Ursachen, die mit der Wirtschaftspolitik und mit den Besonderheiten des Eisenbahnbetriebes zusammenhängen, vor allem auf der Einsicht der Gewerkschaften, daß das Mittel des Streiks zugunsten eines günstigeren Lohnsatzes auf die Dauer nicht zu den gewünschten Ergebnissen führen werde. Ein höherer Lohnsatz in Relation zu vergleichbaren Tätigkeiten würde auf die Dauer nur gehalten werden können, wenn innerhalb der Verkehrsindustrie der Prozeß der Umgestaltung im Hinblick auf die Tarifpolitik, die Erhöhung der technischen Effizienz und die Erreichung einer ausgeglichenen Jahresbilanz abgeschlossen wäre. Dies ist jedoch eine Aufgabe, die langfristig und nach Auffassung der Eisenbahnergewerkschaften in erster Linie im politischen Raum gelöst werden muß. Die eigentliche Lösung ihrer lohnpolitischen Probleme hängt deshalb mehr von der Wirtschaftspolitik als von ihrer eigenen unmittelbaren gewerkschaftlichen Aktivität als Unterhändler in den Lohnverhandlungen ab.

c) Der Kohlenbergbau

α) Die Periode des laissez faire

Obwohl Kohle und Eisen die Grundlagen der industriellen Revolution waren, wurde die Kohlenindustrie in England von dieser Revolution nur sehr wenig berührt. Noch hundert Jahre später, zu Beginn des zweiten Weltkrieges, hatten sich die allgemeinen Arbeits- und Lebensbedingungen in den Revieren nur wenig geändert, obgleich keine Industrie in England und wohl kaum eine in der Welt so häufige, so harte und so leidenschaftlich geführte Auseinandersetzungen gesehen hat wie die zwischen den Grubenbesitzern und den Bergarbeitern in der Kohlenindustrie. Die schroffen Gegensätze lagen in der Struktur dieser Industrie begründet und waren einerseits ethnologischer, soziologischer und menschlicher, andererseits geologischer, technischer und ökonomischer Art.

In einer Zeit rascher technischer Entwicklung fuhr der Kohlenbergbau fort, in althergebrachter Weise zu produzieren. Die vielen kleinen Grubenbesitzer, die der Besitzstruktur in England das Gesicht gaben, nahmen von der technischen Fortenwicklung keine Notiz und sahen insbesonders keinen Anlaß, sich ihrer zu bedienen, weil ihnen Arbeitskräfte in ihren Revieren genügend zur Verfügung standen. Es kam hinzu, daß die über ganz England verteilten Kohlenreviere von Gebiet zu Gebiet starke Unterschiede aufwiesen. Die Bergarbeiter wohnten nach alter Tradition abgesondert in den Bergarbeitersiedlungen in fast völliger Isolierung von der Umwelt. Selbst nach der großen Wahlreform vom Jahre 1867 blieben sie in überwiegendem Maße von der Wahl ausgeschlossen, weil nur wenige von ihnen über einen eigenen Haushalt in der Stadt als Voraussetzung für die Zulassung zur Wahl verfügten. Die Grube und der Gegensatz zum Grubenbesitzer erfüllten das Leben der Bergarbeiter. Dieser Gegensatz erhielt in der täglichen Arbeit stets neue Nahrung, weil die Kohle kein uniformes Gut ist, sondern eine breite Variationsskala von der wertvollen Anthrazit- bis zur stark schieferhaltigen Magerkohle aufweist und im Handel entsprechend bewertet wird. Auch die Kosten der Förderung weisen erhebliche Unterschiede auf. Im Durchschnitt betragen sie 60 vH des Preises der verkaufsfähigen Tonne Kohle, variieren im einzelnen aber zwischen 25 und 90 vH. Die Preise für Kohle hängen wiederum von der Lage der Reviere zu ihren Absatzmärkten und von der Frage ab, ob für den Inlandsmarkt oder vornehmlich für den Export produziert wird.

Zu diesen Strukturgegebenheiten kam in der Periode des laissez faire als weiteres für die Preisbildung und Beschäftigung wesentliches Moment der Umstand hinzu, daß die Kohlenproduktion der wirtschaftlichen Entwicklung und der Nachfrage gewissermaßen ständig vorauslief und zumeist keine Knappheitsrente abwarf. Obwohl die Besitzverteilung im Kohlenbergbau wegen der vielen kleinen Anbieter den Bedingungen der reinen Konkurrenz entsprach und daraus hätte folgen sollen, daß von ihnen kein Einfluß auf den Preis ausgeübt werden konnte, war die Preisbildung fortwährenden Erschütterungen ausgesetzt. Die Kohle war ein Spekulationsobjekt des Handels und der Lagerhaltung, die aus einer diskontinuierlichen Nachfrage Gewinn zogen und den Preis in ihrem Interesse manipulierten. Daraus resultierten Schwankungen in den Kohlenpreisen, die stärkere Ausschläge zeigten als die allgemeinen zyklischen Preisschwankungen und die dem Kohlenbergbau zusätzliche Belastungen brachten. Von diesen Faktoren hingen Angebot und Nachfrage von Arbeitsleistungen auf dem Arbeitsmarkt ab, den man bei korrekter Beurteilung in viele Einzelmärkte aufspalten und jeden nach seinen Besonderheiten behandeln müßte.

Auf der Angebotsseite stellten die Bergarbeiter in England wie auch andere alte Fachberufe schon vor mehr als hundert Jahren stets eine sogenannte non competing group dar. Das Angebot an Arbeitskräften kam immer nur aus den Bergarbeiterfamilien in den geschlossenen Bergarbeitersiedlungen, die im Bereich der Gruben lagen. Eine Freizügigkeit der Arbeitskräfte war nicht gegeben und kam nicht einmal im Raum der unmittelbaren Umgebung vor. Trotzdem war das jeweilige Angebot an Arbeitskraft, das aus den den Gruben gehörenden Siedlungen kam, stets groß genug, um die Nachfrage auch in Zeiten steigender Konjunktur zu befriedigen. In sozusagen normalen Zeiten bestand demzufolge immer eine gewisse Unterbeschäftigung. Lagen zuviel Kohlen auf der Halde, weil die Nachfrage nach Kohlen gesunken oder zuviel produziert worden war und drohte deshalb eine Lohnsenkung, dann wurde das Angebot an Arbeitsleistung von den Bergarbeitern beschränkt. Entweder wurde gestreikt oder es wurden weniger Schichten gefahren. Diese Auseinandersetzungen zogen sich zumeist solange hin, bis die Halden abgefahren waren und bis der Anschluß an den nächsten kurzen Aufschwung hergestellt war.

Mit dieser Taktik in der Auseinandersetzung über die Lohnregulierung vermochten die Bergarbeitergewerkschaften, die schon in den sechziger Jahren des vorigen Jahrhunderts das Prinzip der Kollektivverhandlungen allgemein durchgesetzt hatten, jedoch nur einen sehr begrenzten Einfluß auszuüben. Ihre Aktionen hatten zudem im allgemeinen nur lokalen Charakter. Während in einem Gebiet gestreikt wurde, konnte in einem anderen gerade eine gute Konjunktur bestehen. Die Beschränkungen des Angebots in einem Revier konnten in einem anderen durch ein erhöhtes Angebot ausgeglichen werden. Die Geschichte der englischen Kohlenindustrie ist voll von Beispielen dieser Art. Die bestehende Grundstruktur wurde aber durch die gewerkschaftlichen Aktionen nicht geändert. Zur Grundstruktur gehörte, daß der Preis und die Produktionskosten der Kohle in den einzelnen Revieren recht unterschiedlich waren und große Unterschiede in der Entlohnung für gleiche Arbeit nach sich zogen.

Obgleich die gewerkschaftliche Organisation der Bergarbeiter schon in den sechziger Jahren des vorigen Jahrhunderts relativ stark war und in einigen Distrikten bis zu 50 vH der Untertagearbeiter hinter sich hatte, war es den Gewerkschaften nicht möglich, eine Angleichung der unterschiedlichen Lohnsätze durchzusetzen. Sie vermochten auch nicht, diese Unterschiede durch eine einheitlichere Organisation und durch eine größere Mobilität der Arbeit auszugleichen. In den siebziger Jahren versuchten die Bergarbeitergewerkschaften der einzelnen Distrikte, ihre eigenen partiellen Interessen auf einen Nenner zu bringen und durch den organisatorischen Zusammenschluß zu einer Föderation allgemeineren Gesichtspunkten unterzuordnen. Aber auch nach diesem Organisationserfolg war es nicht möglich, die großen Unterschiede in der Entlohnung für gleiche Arbeitsleistungen zu verringern. Während die bestbezahlten Hauer in den Midlands einen Schichtlohn von sieben Schilling sechs Pence erhielten, erzielten Hauer in anderen Bezirken weniger als vier Schilling. Diese Unterschiede in der Entlohnung blieben noch Jahrzehnte bestehen und wurden durch die automatische Preis-Lohn-Regulierung, die die Grubenbesitzer in den achtziger Jahren durchsetzten, gewissermaßen konserviert.

Der Preis-Lohn-Regulierung, der sogenannten sliding scale, lag das Prinzip zugrunde, daß der Preis der Kohle den Lohn beherrschen und letzterer mit den Preisen schwanken solle. Die Eigenart dieser Regelung lag darin, daß ein bestimmter Profit als Standardprofit in ein festes Verhältnis zu den allgemeinen Lohnkosten gesetzt wurde. Stieg der Preis der Kohle über diese Vollkosten hinaus, dann sollten der Profit und die Löhne nach einem bestimmten Teilungsmodus erhöht werden. Umgekehrt sollten, wenn die Preise fielen, die Löhne entsprechend gesenkt werden. Es war eine Regelung, die in seltsamer Weise Elemente der Arbeitswerttheorie mit dem Vollkostenprinzip und mit liberalistischer Aufassung über den Preisbildungsprozeß verband. Die Unruhen und die ständigen Lohnkämpfe blieben in den Kohlenrevieren jedoch auch danach weiter bestehen.

Einen neuen Höhepunkt erreichte die Auseinandersetzung über den Lohn nach dem ersten Weltkrieg, als die Gruben wieder aus der während der Kriegszeit ausgeübten staatlichen Kontrolle entlassen wurden. Die Föderation der Bergarbeitergewerkschaften erhob die Forderung nach einem einheitlichen nationalen Minimumlohn und nach Lohnerhöhungen entsprechend den gestiegenen Kosten der Lebenshaltung. Sie verlangten ferner die Nationalisierung der Gruben, um die Schwankungen in der Beschäftigung und in der Entlohnung auszuschalten und einen Ausgleich jeweils durch die Verbindung von guten und schlechten Ertragsjahren zu erzielen. Die Grubenbesitzer lehnten diese Forderungen rundweg ab. Um größere Kämpfe zu vermeiden, mußte die Regierung, wie sie es schon vor dem Kriege häufiger getan hatte, erneut eingreifen. In ihren Vorschlägen zur Lösung des Preis-Lohnproblems kam der Versuch zum Ausdruck, wiederum eine modifizierte automatische Lohnfixierung mit einer Gewinnbeteiligung und außerdem mit einer Minimum-Lohnregulierung zu verbinden. Die Erwartungen, die zunächst an dieses Lohnsystem geknüpft wurden, schlugen schnell wieder in eine Enttäuschung um, als die Schichtlöhne der Bergarbeiter in der Krise der zwanziger Jahre auf weniger als die Hälfte ihres Standes vom Jahre 1920 fielen. Das Lohnproblem war ungelöst geblieben. Auch der große Streik der Bergarbeiter im Jahre 1926, der zuerst als Generalstreik und dann noch sieben Monate lang von ihnen allein geführt wurde, hat in ökonomischer Hinsicht nichts geändert. Vielmehr hat die Niederlage der Bergarbeitergewerkschaften die überalterte Wirtschaftsstruktur in der Kohlenindustrie solange stabilisiert, bis der zweite Weltkrieg eine grundlegende Änderung erzwang.

Die Angebots- und Nachfragekonstellation nach Arbeit als Ausdruck der Wirkung von einer Vielzahl von Faktoren hat nach den empirischen Erfahrungen offenbar die in der Figur V dargestellte Form gehabt.

Figur V

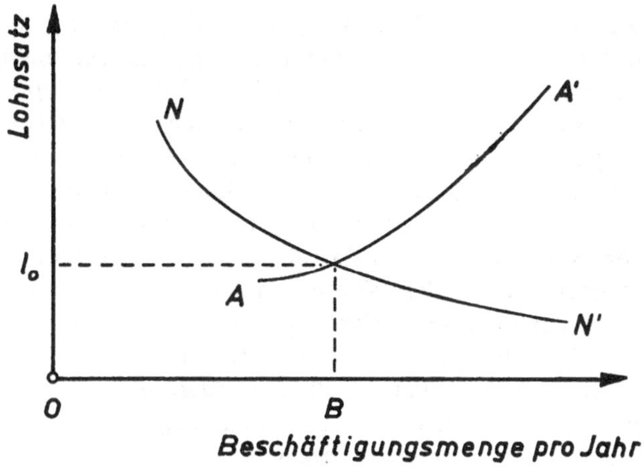

$$\eta_A \approx 1$$
$$|\eta_N| \approx 1$$

In gewisser Weise stellt die Angebots- und Nachfragesituation, wie sie unter Außerachtlassung vieler einzelner Besonderheiten in der englischen Kohlenindustrie generell bestand, den typischen Fall einer Angebots- und Nachfragesituation dar, wie sie unter Bedingungen des laissez faire erwartet wird. Die jeweilige Elastizität von Angebot und Nachfrage entsprach noch am ehesten den theoretischen Annahmen der Klassiker und war in bezug auf den Lohnsatz auf beiden Seiten gleich 1. Wie die Untersuchungen der zyklischen Schwankungen von Tinbergen[11] ergeben haben, bestand nicht nur eine stramme Korrelation zwischen den Kohlenpreisen und den Löhnen der Bergarbeiter derart, daß die Löhne von den Preisen determiniert wurden, sondern die Löhne der Bergarbeiter übten auch einen starken Einfluß auf alle übrigen Löhne aus. Obgleich sich also einerseits ergibt, daß die Lohnbildung in der englischen Kohlenindustrie sich modellgerecht im Sinne des laissez faire verhielt, ist andererseits in keiner Industrie in dem Maße am Lohnsystem laboriert worden wie im Bergbau und das seltsamerweise bereits in einer Zeit, als der Liberalismus noch in Hochform war.

[11] *Tinbergen*, J.: Business Cycles in the United Kingdom 1870 bis 1914, 2. Aufl., Amsterdam, 1956, S. 49 ff.

Mit guten Gründen darf angenommen werden, daß die Feststellungen von Tinbergen, die nur bis zum Jahre 1914 gehen, auch für die Zeit zwischen den beiden Weltkriegen uneingeschränkte Gültigkeit besitzen. Trotz heftigster sozialer Auseinandersetzungen, in denen die englischen Bergarbeitergewerkschaften in vorderster Front standen und trotz ihrer organisatorischen Stärke haben sie weder in den Tarifverhandlungen noch auf der politischen Ebene Einfluß auf die Lohnfixierung nehmen können. Die Erhöhung der Nominal- und Reallöhne in der langfristigen Entwicklung bis zum Jahre 1914 war ein Ergebnis, das ebenso auf die allgemeine wirtschaftliche Expansion wie auf den Rückgang des Geburtenüberschusses, die Auswanderung und das damit verbundene allgemein geringere Angebot von Arbeitskräften zurückzuführen war. Das offenbarte sich im englischen Bergbau jedoch erst im zweiten Weltkrieg in durchschlagender Weise. In der Krise der zwanziger Jahre und besonders nach dem Generalstreik im Jahre 1926 nahm das Angebot an Arbeitskraft in der Kohlenindustrie bereits stärker ab und führte während des zweiten Weltkrieges zu einer derartigen Verschärfung der Situation, daß grundlegende Reformen des Kohlenbergbaues und seiner Lohnfixierung erforderlich wurden. Die „modellgerechte" Lohnbildung des laissez faire war nicht mehr angemessen; sie hatte sich den Boden unter den Füßen selbst entzogen.

β) Die Periode der Vollbeschäftigung

Im Gegenstz zu der ständigen Überproduktion in der Periode des laissez faire führte der zweite Weltkrieg in England zu einer akuten Kohlenkrise. Der jahrzehntelang vernachlässigte Ausbau der technischen Anlagen und die Abbaumethoden im Kohlenbergbau waren die Ursache. Die Kohlenproduktion wurde zu einem Politikum ersten Ranges. Wie schon im ersten Weltkrieg nahm auch dieses Mal die Regierung die Kohlenindustrie unter ihre eigene Kontrolle. Die Gruben wurden jedoch nach der Beendigung des Krieges nicht wieder den privaten Grubenbesitzern zurückgegeben, sondern als nationalisierte Industrie weitergeführt und einer erheblichen Umorganisation unterworfen.

Der Mangel an Kohlen und Arbeitskräften während des Krieges hatte die Löhne der englischen Bergarbeiter beträchtlich steigen lassen. In dem mit der Politik der Vollbeschäftigung einhergehenden Wirtschaftsaufschwung blieben der Kohlenmangel und die Knappheit an Arbeitskräften im Bergbau bestehen. Zum ersten Male nach vielen Jahrzehnten war die Bergarbeitergewerkschaft in einer starken Verhandlungsposition. Ihr Einsatz in dem großen Streik vom Jahre 1926 trug jetzt seine späten Früchte. Die Nation war auf seiten der Bergarbeiter. An Stelle der Grubenbesitzer trat das National Coal Board als Verhandlungspartner in den zweiseitigen Verhandlungen auf. Der Form nach wurden die Lohnverhandlungen zur institutionellen Lohnregulierung und gleichzeitig zum ausgesprochenen bilateralen Monopol. Das National Coal Board vertrat als öffentliche Körperschaft die Gesamtnachfrage, während die Bergarbeitergewerkschaft das gesamte Angebot vertrat, weil die Mitgliedschaft zur Gewerkschaft Voraussetzung für die Arbeit in den Gruben geworden war. Der Facharbeitermangel und die Umgestaltung der Kohlenindustrie hatten die Löhne der Bergarbeiter an die Spitze der Lohnskala gebracht und diese Position entsprach fraglos auch der Angebots- und Nachfragesituation im ersten Jahrzehnt der Vollbeschäftigung, das eine völlige Umkehr der Verhältnisse der zwanziger Jahre brachte. Die Angebots- und Nachfragekonstellation in der Figur VI dürfte ein Modell für die Situation in der Vollbeschäftigung geben.

Figur VI

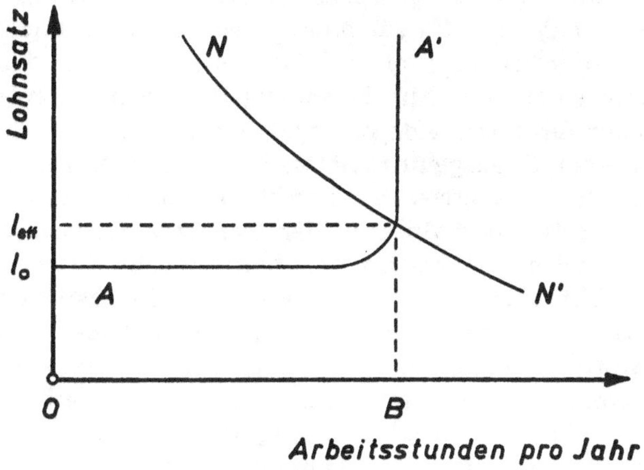

$$\eta_A \ll 1$$
$$|\eta_N| < 1$$
$$l_{eff} \approx 1{,}35 \cdot l_o$$

Der neue Minimallohn l_o ist der Lohnsatz, der sich auf Grund ökonomischer und politischer Fakten eingespielt hat. Der Lohnsatz l_{eff} ist der durchschnittlich erzielte, Akkord und Bonus mitumfassende tatsächliche Schichtlohn. Die Nachfrage ist entsprechend der Nachfragekurve NN′ ziemlich unelastisch. Langfristig hat sie die Tendenz, elastischer zu werden, weil langfristig die Modernisierung der Gruben zur Auswirkung kommt und zur geringeren Nachfrage nach Arbeitskraft führen wird. Aber auch nach Abschluß dieser Periode wird die Elastizität der Nachfrage kleiner als 1 sein, weil die hohen Kapitalinvestitionen eine gewisse Unelastizität der Nachfrage nach sich ziehen. (Auf die unter anderen Vorzeichen stehende Krise der Gegenwart kommen wir noch zurück). Das Angebot an Arbeitskraft ist entsprechend der Angebotskurve AA′ fast völlig unelastisch und hat keine Tendenz, langfristig elastischer zu werden. Im Gegenteil, langfristig wird das Angebot die Tendenz haben, sich nach links zu verschieben, weil das Angebot an geleisteten Wochenarbeitsstunden auf Grund der Bestrebungen zur Verkürzung der Arbeitszeit geringer wird. Bei der gegebenen Konstellation von Angebot und Nachfrage und ihrer jeweiligen Elastizität war es der englischen Bergarbeitergewerkschaft möglich, den gewissermaßen sozialpolitisch bestimmten Lohnsatz der Kriegszeit in der Vollbeschäftigung nicht nur zu behaupten, sondern auch weiterhin zu erhöhen. Die Bergarbeiter waren die einzige Gruppe in den drei Industrien Landwirtschaft, Verkehr und Bergbau, die in England nach dem Kriege einer Umgestaltung unterworfen waren, die diesen Erfolg erzielen konnte, obgleich ihre Lohnerhöhungen nicht durch eine entsprechende Steigerung der Produktivität kompensiert wurden. Dieser Erfolg war einzig und allein eine Folge der für sie günstigeren Angebots- und Nachfragesituation. Dabei konnte nicht einmal davon die Rede sein, daß die Bergarbeitergewerkschaft ihr Angebotsmonopol in den Lohnverhandlungen im Rahmen des bilateralen Monopols bis zum theoretisch möglichen „Ausbeutungspunkt“ ausgenutzt hätte. Sie nahm vielmehr auf die gesamtwirtschaftliche langfristige Entwicklung in der Kohlenindustrie Rücksicht und setzte deshalb nicht den Lohnsatz durch, den sie kurzfristig auf Grund der Marktsituation hätte erzielen können. Eine Erhöhung der Lohnsätze hätte beispielsweise im Bergbau in der vollbeschäftigten Wirtschaft nicht das Ergebnis gehabt, daß mehr Arbeitskräfte angezogen worden wären und zu einem größeren Angebot geführt hätten. Selbst wenn man annimmt, daß die Nachfrage nach Arbeitskraft auf Grund der stärkeren Mechanisierung des Kohlenbergbaues und der sinkenden Nachfrage nach Kohle abnimmt, was sich in einer Verschiebung der Nachfragekurve NN′ nach links ausdrücken würde, so würde der Lohnsatz nicht entscheidend davon berührt werden, weil sich sofort auch die Angebotskurve AA′ nach links verschieben würde. Die Bergarbeitergewerkschaft würde sofort das Angebot an Arbeitskraft dadurch herabsetzen, daß weniger Schichten verfahren würden, womit sich das Angebot auf der Basis der Arbeitsstunden verringern würde. Kurzfristig könnte dadurch der bestehende Lohnsatz stabilisiert werden, aber es wäre keine langfristige Lösung. Die Bergarbeitergewerkschaft müßte zwangsläufig nach einiger Zeit eine Kompensation für den entstehenden Verdienstausfall fordern, und der ehedem im wesentlichen auf Angebot und Nachfrage beruhende Lohnsatz würde erneut von sozialpolitischen Faktoren bestimmt werden.

Das ist im wesentlichen das Problem, das der Kohlenkrise heute das Gesicht gibt. Im diametralen Gegensatz zur Kriegszeit liegen heute überall Kohlen auf der Halde, weil trotz der vollbeschäftigten Wirtschaft sich der Absatz verminderte. Wir können hier jedoch nicht auf die Problematik der Kohlenkrise im einzelnen eingehen, weil sie eine Frage der Gesamtwirtschaftspolitik ist. Teil dieser Wirtschaftspolitik ist der Lohn und die Zahlung von Kompensationen für den durch zwangsweise Feierschichten hervorgerufenen Verdienstausfall. Teil der Wirtschaftspolitik ist weiter der Versuch, durch Umsiedlung und Umschulung der Bergarbeiter zu einer Schließung jener Gruben zu gelangen, die seit längerem unrentabel sind. Mangelnde Voraussicht in bezug auf die Absatzentwicklung in Konkurrenz mit anderen Heizstoffen, eine unangemessene Preispolitik sind die eine Ursache der Krise, die andere ist die mangelnde Mobilität der Bergarbeiter. In England hat das National Coal Board schon im Jahre 1955 mit Nachdruck und mit Zustimmung der Gewerkschaftsführung versucht, die Stillegung unrentabler Gruben durchzusetzen. Es stieß jedoch auf den geschlossenen Widerstand der Belegschaften der zu schließenden Gruben und mußte seinen Plan zurückstellen. Das gleiche wiederholte sich im Jahre 1959 in Belgien und in der Bundesrepublik. Dadurch ist die Bedeutung soziologischer Faktoren im Bergbau erneut offenbar geworden. Ökonomische Faktoren, Angebot und Nachfrage nach Arbeitskraft und dergleichen können im Bergbau nur in Verbindung mit den Imponderabilien des Bergbaues verstanden werden und müssen auch in der Lohnfixierung der Vertragsparteien berücksichtigt werden.

d) Die Metallindustrie (Facharbeiter)

α) Die Periode des laissez faire

Der Typ des heutigen Facharbeiters, auf dem die moderne industrielle Produktion noch immer basiert, ist für sich genommen kein Produkt der industriellen Revolution, er entstammt noch dem vorindustriellen traditionsgebundenen Zeitalter der Zünfte. Die industrielle Revolution hat ihn nur aus den Handwerksbetrieben herausgeholt und in die moderne industrielle Fertigung übernommen. Der Status des Facharbeiters war somit wohl einer Wandlung unterworfen, aber er hat bis auf den heutigen Tag die spezifischen Merkmale seiner vorindustriellen Zeit nicht verloren. Durch sie unterscheidet er sich von den übrigen Arbeitskräften, in welcher Form der Spezialisierung sie heute auch immer vorkommen mögen. Der Industriearbeiter, den die industrielle Entwicklung als die ihr gemäße typische Form der Arbeitskraft hervorgebracht hat, ist nach einer kurzen An- oder Umlernfrist für verschiedene Tätigkeiten geeignet. In gewissen Grenzen ist das jeweilige Angebot an derartigen Arbeitskräften in jedem Industriezweig im gewünschten Maße vermehrbar. Der Status des Facharbeiters beruht demgegenüber auf einer mehrjährigen Lehrzeit in einem bestimmten Fach, die in England bis zum zweiten Weltkrieg in der Regel sogar sieben und heute noch fünf bis sechs Jahre bis zum Gesellen dauert. Das Angebot seiner Fachkraft ist deshalb kurzfristig nicht vermehrbar. Auch langfristig bestehen in dieser Hinsicht immer gewisse Grenzen, weil eine gewisse Qualifikation bereits für die Lehrausbildung vorausgesetzt wird. Aus diesem Grunde erscheint es uns wichtig, die Unterschiede der Elastizität des Angebots an Arbeitskraft von Facharbeitern in bezug auf den Lohnsatz gegenüber anderen Gruppen von Arbeitern besonders zu betrachten. In der Landwirtschaft, in der Verkehrsindustrie und in allen jenen Industrien, deren Entwicklung nicht oder nicht in nennenswertem Umfange auf Facharbeitern beruht, war die Grundlage der Lohnfixierung naturgemäß eine ganz andere als in jenen Industrien, die gewissermaßen zunächst den Handwerksbetrieb fortsetzten, der sich erst später zur Industrie ausweitete. Die Bergarbeiter nahmen zwischen diesen beiden Positionen eine Zwischenstellung ein, und es mag aus diesem Grunde nicht zufällig sein, daß die Kohlenindustrie in der Periode des laissez faire noch am ehesten der erwarteten Gesetzmäßigkeit des Marktmechanismus entsprach. Die Lohnbildung für Facharbeiter hat sich demgegenüber von Anbeginn an nach anderen Prinzipien vollzogen und sie war aus diesem Grunde nicht so tiefgreifenden Wandlungen unterworfen wie die in der Kohlenindustrie und der Landwirtschaft.

Gewisse Ansätze zu kollektiven Lohnverhandlungen hat es in England im Anschluß an die alten Zunftregelungen in allen Facharbeiterberufen schon vor den eigentlichen Gewerkschaftsgründungen gegeben. Die industrielle Revolution brachte für diese Gruppen zunächst nichts anderes als eine erhebliche finanzielle Abwertung ihrer handwerklichen Facharbeit und eine einschneidende Senkung ihres bisher relativ hohen Lebensstandards, aber keine grundsätzlich neuen Formen der Lohnfixierung. Nach Jahrzehnten der Anpassung an die veränderten Produktionsmethoden setzten die Facharbeitergewerkschaften in den fünfziger Jahren des vorigen Jahrhunderts vielmehr genau die Linie der Lohnregulierung fort, die sie schon immer praktiziert hatten. Ihre Grundlage war die Aufrechterhaltung der Abgrenzung der Facharbeiter mit abgeschlossener Ausbildung gegenüber jeder Form von sogenannten illegalen Arbeitskräften, die keine reguläre Ausbildung nachweisen konnten. Die Kontrolle des Zugangs von Facharbeitern war der Schlüsselpunkt ihrer aus der Gesamtheit des Arbeitsangebots herausgehobenen Lohnfixierung. Die Begrenzung des Angebots durch eine Verkürzung der Arbeitszeit diente der weiteren Verstärkung dieser Position.

Auf die Fixierung der Lohnsätze selbst nahmen die zentralen Gewerkschaftsführungen, auch nachdem die Facharbeiterverbände schon Jahrzehnte bestanden, zumeist nur geringen Einfluß. Ihre Regulierung war eine Aufgabe, die den zahlreichen einzelnen Branchen überlassen war. Im Maschinenbau gab es in England bis zum ersten Weltkrieg beispielsweise etwa 300 Branchen, die selbständig verhandelten. Die Dezentralisierung der Kollektivverhandlungen war also sehr weitgehend. In den Lohnsätzen bestanden demzufolge erhebliche gebietliche Unterschiede, wenngleich auch die Streuung um einen mittleren Wert nicht so groß war wie bei den Bergarbeitern, weil die Produktionsmethoden gleichartiger waren. Die Lohnfixierung auf der Branchenebene, die sowohl gebietliche Unterschiede wie solche nach Produktionszweigen zuließ, war in bezug auf konjunkturelle Schwankungen in relativ hohem Maße flexibel. Allgemeine Richtschnur der Kollektivverhandlungen der Branchen war die Behauptung und schrittweise Verbesserung eines einmal erreichten Lebensstandards, der seinerseits auf ganz konkreten, aus der jeweiligen gesellschaftlichen Umgebung abgeleiteten Vorstellungen basierte. In quantitativer Beziehung läßt sich das Verhalten der Branchen am besten als eine Orientierung am Reallohn auffassen, obgleich damit ein nicht unbedeutender Rest unerklärt bleibt. Diese Lohnpolitik der Branchen war zugleich auch die Grundlage der Politik der zentralen Gewerkschaftsführung in der Zeit des Hochliberalismus und in weniger eindeutiger Form nach der Jahrhundertwende bis zum ersten Weltkrieg.

Ein gewisser zwangsläufiger Wandel in der Politik der Fachgewerkschaften trat in England schon vor der Jahrhundertwende ein. Er wurde von den ungelernten und bis dahin unorganisierten Industriearbeitern ausgelöst. Ihre Bedeutung im Arbeitsprozeß hatte so zugenommen, daß sie von den Fachgewerkschaften nicht länger ignoriert werden konnten. Sie mußten Mittel und Wege finden, um zu erreichen, daß auch die einfache Industriearbeiterschaft ihre Interessen in den Lohnverhandlungen vertreten konnte. Im Zuge ihrer Erfassung für die gewerkschaftliche Organisation sahen sich die bisher reinen Fachverbände gezwungen, ihre Reihen für den Eintritt von Un- und Angelernten zu öffnen. Der entscheidende Wandel im Charakter der Facharbeitergewerkschaften der Metallindustrie zur Industriegewerkschaft hin vollzog sich dann vor allem während des ersten Weltkrieges. Aber auch in dieser neuen Form der Organisation blieben die Facharbeiter das dominierende Element. Die Änderung der Organisationsform hatte jedoch andererseits zur Folge, daß die bisherige Form der dezentralisierten Lohnverhandlungen gleichfalls einer Änderung unterworfen werden mußte. Die sozialpolitischen Wandlungen während des Krieges lieferten hierfür den akuten Anlaß und führten dazu, daß erstmalig nationale Lohnverhandlungen für den gesamten Industriezweig an Stelle der dezentralisierten Verhandlungen in der vorhergehenden Epoche traten. Die Industriegewerkschaften verhandelten jetzt nicht mehr nur über die Facharbeiterlohnsätze sondern auf nationaler Ebene auch über die Lohnsätze der ungelernten Arbeiter. Das ist auch heute der Fall. Nur die Lohnregulierung für Angelernte wird auch weiterhin auf der Distriktsebene geführt. Aus diesen Überschneidungen resultiert eine komplizierte Lohnstruktur, zu deren Vereinfachung nach dem Jahre 1945 größere Anstrengungen gemacht wurden.

Für das Verhalten der englischen Fachgewerkschaften bis zur Jahrhundertwende ist der Hinweis ihrer Führung bezeichnend, sie hätten auf den Lohnsatz keinen Einfluß genommen, weil er sich gewissermaßen von selbst einspiele. Erst nach dem ersten Weltkrieg, zu Beginn der zwanziger Jahre, tritt das Bemühen der Gewerkschaften stärker in den Vordergrund, den einmal errungenen Lebensstandard unter allen Umständen in notfalls kämpferischen Auseinandersetzungen zu sichern. Trotzdem vermochten die Gewerkschaften nicht die Senkung ihrer Lohnsätze in der alsbald folgenden Depression zu verhindern. Für die gesamte Periode des laissez faire hat der Präsident der größten Metallarbeitergewerkschaft in England im Jahre 1944 die zutreffende Feststellung gemacht, daß die Gewerkschaften in der bisherigen Entwicklung nur defensiv gewesen seien.

Obgleich die Facharbeitergewerkschaften, jedenfalls solange sie noch reine Fachverbände waren, neben der Regulierung des Angebots an Arbeitskraft stets auch versucht hatten, sich einer gegen sie gerichteten Mechanisierung des Produktionsprozesses zu widersetzen und obwohl sie sehr lange dem Akkordsystem in der Industrie abgeneigt gewesen waren, vermochten sie die neuere Entwicklung und den ständig wachsenden Anteil der Akkordarbeit nicht aufzuhalten. Als größten Erfolg ihrer gewerkschaftlichen Anstrengungen bis zum Jahre 1945 betrachteten sie dagegen die Einführung der 47stündigen Standardarbeitswoche mit Lohnausgleich, die sie im Jahre 1944 durchgesetzt hatte.

Die Angebots- und Nachfragesituation auf dem Arbeitsmarkt für Facharbeiter in der metallverarbeitenden Industrie Englands dürfte unter Würdigung der dargelegten Faktoren in der Periode des laissez faire die in der Figur VII dargestellte Form gehabt haben.

Die Angebots- und Nachfragekurven für Facharbeiter sind dadurch gekennzeichnet, daß die Elastizitäten sowohl des Angebots AA′ wie auch der Nachfrage NN′ beide kleiner als 1 sind. Auf der Angebotsseite ist hierfür in erster Linie die Kontrolle des Zugangs die entscheidende Ursache. Sie wird verstärkt durch das ständige Bestreben, eine weitere Verminderung des Angebots durch eine Verkürzung der Arbeitszeit zu erzielen. Das kurzfristige Angebot ist demzufolge noch weniger elastisch als das langfristige. Auf der Nachfrageseite liegen die Dinge ähnlich. Besonders in Phasen konjunkturellen Aufschwungs ist auch die Nachfrage kurzfristig weniger elastisch als langfristig und dies nicht zuletzt deshalb, weil auch das Angebot weniger elastisch ist. Langfristig tendiert dagegen die Nachfrage in bezug auf den Lohnsatz dahin, elastischer zu werden, weil auf Grund der technischen Entwicklung durch den Übergang zu kapitalintensiveren Produktionsmethoden und demzufolge höherer Produktivität pro Beschäftigtem die mengenmäßige Nachfrage nach Facharbeitern abnimmt.

Figur VII

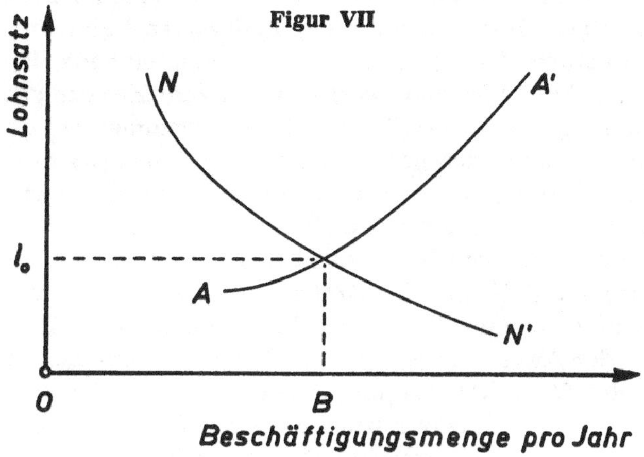

$$\eta_A < 1$$
$$|\eta_N| < 1$$

Der Lohnsatz l_0 ist einerseits von seiner ursprünglichen Ausgangsbasis her und andererseits aus der speziellen Angebots- und Nachfragesituation für Facharbeiter relativ und absolut höher als für einfache Industriearbeiter. Er schwankte in der Periode des laissez faire in der Breite, die erforderlich war, um eine relativ konstante Beschäftigung zu erhalten. So waren die Auswirkungen der konjunkturellen Schwankungen auf die Zahl der beschäftigten organisierten Facharbeiter relativ gering. Nur in ausgesprochenen Krisenzeiten überstiegen sie die Fünfprozentgrenze und erreichten acht bis neun Prozent. In der Depression der zwanziger Jahre betrug jedoch auch die Zahl der erwerbslosen Facharbeiter in der Metallindustrie trotz einer voraufgegangenen einschneidenden Lohnsenkung von mehr als 33 vH über 20 vH. Von einer mangelnden Elastizität des Angebots in bezug auf den Lohnsatz oder gar von einer Starrheit der Löhne als Ursache der Krise in den Zeiten zwischen den Kriegen kann somit nicht die Rede sein. Die auslösende Ursache der Depression zu Beginn der zwanziger Jahre war in England die Agrarkrise. Sie offenbarte zugleich eine mangelnde Anpassung an die veränderte Nachkriegssituation, die nicht zuletzt auf den in England bestehenden starken politischen Gegensätzen über die Prinzipien der Verteilung des Einkommens aus der gesellschaftlichen Produktion beruhte. Die eminent politischen Auseinandersetzungen der damaligen

Zeit wiesen bereits die Züge auf, die nach dem zweiten Weltkrieg der ökonomischen Auseinandersetzung das Gepräge gegeben haben.

β) Die Periode der Vollbeschäftigung

In England trat in der Periode der Vollbeschäftigung nach dem Jahre 1945 in der allgemeinen Situation der kollektiven Lohnverhandlungen in der metallverarbeitenden Industrie eine entscheidende Wendung dadurch ein, daß sich 39 Einzelgewerkschaften zum Zwecke gemeinsamer Lohnverhandlungen zu einer Konföderation zusammenschlossen. In diesen Verhandlungen werden heute die Lohnraten für etwa drei Millionen Arbeitnehmer fixiert. Allein diese Tatsache stellt ein Gewicht eigener Art in den kollektiven Lohnverhandlungen dar. Bei ihnen geht es der Natur der Sache nach langfristig nicht mehr nur um die Lohnfixierung an sich, sondern auf Grund der Größenordnung zugleich um eine Auseinandersetzung über die Frage der Wirtschaftspolitik unter Einschluß der Aspekte der Außenwirtschaft, des Währungsproblems und im weiteren Sinne der Wirtschaftsordnung. Ständig steht die Frage auf der Tagesordnung, wie die Löhne in Beziehung zu der Entwicklung der Lebenshaltungskosten betrachtet werden können, insbesondere aber, wie sie im richtigen Verhältnis zur Produktivität, zu den Profiten und zur Beschäftigung festzusetzen sind. Da in den Lohnverhandlungen jeweils der Gesamtkomplex der nationalen Wirtschaftspolitik in dem wirtschaftlich entscheidenden Kraftfeld zur Diskussion steht, ist es nicht verwunderlich, daß die zweiseitigen Verhandlungen in England häufig zu einem Stillstand führen und nur mühselig durch die Intervention des zuständigen Ministers oder eines angerufenen oder eingesetzten Schiedsgerichts zu überbrücken sind.

Gegenstand solcher Streitfälle sind natürlich in erster Linie kurzfristige Probleme. In ihnen ist aber zugleich das Problem der Verteilung des Einkommens in der langfristigen Entwicklung enthalten. Anlässe für derartige Streitfragen liegen in großer Zahl stets bereit. Einmal ist es die Komplexität der Lohnstruktur in der gesamten metallverarbeitenden Industrie, die durch die unterschiedlichen Interessen der einzelnen beteiligten Gewerkschaften noch verstärkt wird, zum andern in der Periode der Vollbeschäftigung vor allem die Diskrepanz zwischen den nationalen Minimumlohnsätzen, die Gegenstand der Kollektivverhandlungen sind, und den tatsächlich gezahlten wöchentlichen Verdiensten. Ein Untersuchungsausschuß (Court of Inquiry) empfahl im Jahre 1954, daß die Minimumlohnsätze als Bemessungsgrundlage bei den zweiseitigen Verhandlungen zugrunde gelegt werden sollten, weil eine größere Zahl von Beschäftigten nur diesen Lohnsatz erhielten. Der Untersuchungsausschuß entsprach damit der Ansicht der Gewerkschaft, während die Arbeitgeber diesem Punkt der Empfehlungen ihre Anerkennung versagten.

Die aktuelle Differenz, die sich in England zwischen den Reallöhnen auf der Basis der Lohnsätze und denen auf der Basis der Verdienste während der Vollbeschäftigung in der Zeit von 1947 bis 1956 herausgebildet hat, beträgt im Durchschnitt etwa 45 vH. In dieser Differenz offenbart sich zugleich ein wichtiges Problem der Lohnverhandlungen in der Vollbeschäftigung. Der vorerwähnte Untersuchungsausschuß machte darauf aufmerksam, daß es für die Erörterung der mit der Lohnfixierung verbundenen ökonomischen Probleme unbedingt notwendig sei, entweder von der Regierung Richtlinien über die Grundzüge ihrer Wirtschaftspolitik in bezug auf die Lohnregulierung zu erhalten oder Fachgutachter heranzuziehen, die dem Untersuchungsausschuß beratend zur Seite stehen sollen. Angesichts der Vielfalt der Probleme, die in der Vollbeschäftigung mit der Lohnfixierung verknüpft sind, wird es also zu einer kritischen Frage, welche Relevanz der Angebots- und Nachfragekonstellation noch zukommt. Modellmäßig dürften die Angebots- und Nachfragekurven in der Vollbeschäftigung die in der Figur VIII dargestellte Gestalt haben.

Figur VIII

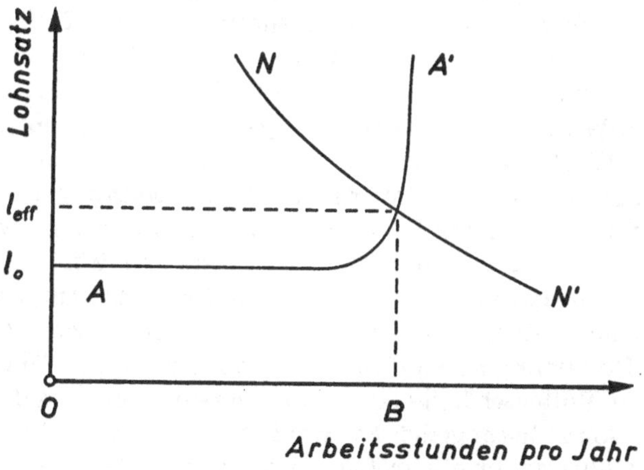

$$\eta_A \ll 1$$
$$|\eta_N| < 1$$
$$l_{eff} \approx 1{,}45 \cdot l_o$$

Die Elastizität des Angebots an Facharbeit, ausgedrückt in der AA'-Kurve, ist in der Vollbeschäftigung auf der Basis der Zahl der Beschäftigten relativ gering. Kurzfristig bleibt nur durch die Ausdehnung der Arbeitszeit in der Form von Überstunden eine gewisse Elastizität erhalten, die jedoch jederzeit durch die Erklärung eines Banns auf Überstunden von seiten der Gewerkschaften auf nahezu null heruntergesetzt werden kann. Die Tendenz der Arbeitszeitverkürzung wirkt langfristig in ähnlicher Weise. Etappenweise wird sich die Angebotskurve nach links verschieben. Welche Wirkungen auf den Lohnsatz von der Beschränkung des Angebots ausgehen werden, hängt naturgemäß in starkem Maße von der Elastizität der Nachfrage und ihrer tendenziellen Entwicklung ab. Normalerweise ist die Nachfrage nach Facharbeitern in bezug auf den Lohnsatz in der Vollbeschäftigung entsprechend der NN'-Kurve im relevanten Bereich kleiner als 1. Langfristig führt die fortschreitende Mechanisierung jedoch zu einer Abnahme der Nachfrage nach Arbeitskraft und bewirkt damit ihrerseits eine sukzessive Verschiebung der Nachfragekurve nach links. Die Wirkung der Verkürzung der Arbeitszeit in bezug auf den Lohnsatz löst somit eine gewisse Gegenwirkung aus, aber die Elastizität der Nachfrage wird mit den geringer werdenden Substitutionsmöglichkeiten gleichfalls erneut abnehmen. Prinzipiell bleibt allerdings die jeweilige Konjunkturlage entscheidend für die Elastizität der Nachfrage. Eine vorübergehende Abschwächung der Konjunktur und eine sinkende Nachfrage nach Arbeitskraft bei einer entsprechenden Verschiebung der Nachfragekurve NN' nach links bedeutet zwar noch nicht, daß der Minimallohn l_0 sinkt; sinken würde jedoch der Effektivlohn l_{eff}, der im Durchschnitt um 45 vH über dem Minimallohn liegt, weil Überstunden und andere Arten von Zuschlägen in Fortfall kommen würden. In dem für die Lohnfixierung relevanten Bereich würde bei einem gleichzeitig geringeren Angebot an Arbeitsstunden die Elastizität des Angebots zunehmen und gleich oder größer als 1 werden. Der damit einhergehenden Schwächung des Angebotsmonopols der Gewerkschaft könnte diese nur durch eine weitere Verkürzung der Arbeitszeit begegnen, wenn sie die Wirkungen der gesunkenen Nachfrage auf den Effektivlohn l_{eff} auffangen will. Die Gewerkschaft müßte dann allerdings bereit sein, eine gewisse Arbeitslosigkeit in der Erwartung in Kauf nehmen, daß der nächste Konjunkturaufschwung die Vollbeschäftigung wieder herstellt, ohne daß inzwischen der Effektivlohn herabgedrückt wird. Welche Entscheidung die Gewerkschaftsführung jeweils treffen wird, hängt in der Vollbeschäftigung von der gesamtwirtschaftlichen Situation, der Position, die die Gewerkschaft in der Wirtschaftspolitik einnimmt, der Höhe der Arbeitslosenunterstützung und entscheidend von der Frage ab, ob Maßnahmen zur Konjunkturstützung von der Regierung zu erwarten sind. Zu welchem Ergebnis die Überlegungen über diese Zusammenhänge auch immer führen mögen, auf jeden Fall wird die Gewerkschaft bemüht sein, ihr Angebot so wenig elastisch wie nur irgendmöglich zu halten, weil ein unelastisches Angebot die günstigsten Voraussetzungen für die Lohnfixierung entsprechend ihren Intentionen bietet. Im Falle einer überspitzten Konjunktur und steigender Nachfrage nach Arbeitsleistung wird umgekehrt bei dem bestehenden Elastizitätsverhältnis von Angebot und Nachfrage zuerst der Effektivlohn steigen, ohne daß die angebotenen Arbeitsstunden in gleichem Maße zunehmen, und nach einiger Zeit wird die Gewerkschaft auch eine Erhöhung des Minimallohnes durchsetzen, um die alte Differenz zwischen Effektivlohn und Minimallohn wieder herzustellen. In einer wohltemperierten Vollbeschäftigung läßt sich andererseits auch der Fall denken, daß der technische Fortschritt einerseits und die Tendenz zur Arbeitszeitverkürzung andererseits sich gerade in der Weise gegenseitig aufheben, daß der Lohnsatz ungeändert bleibt, wenn sich Angebot und Nachfrage im Zeitablauf gleichermaßen nach links verschieben. Ob eine derartige Stabilisierung des Lohnniveaus erreicht wird, hängt jedoch in der Vollbeschäftigung nicht nur von der jeweiligen Arbeitsmarktsituation, sondern außerdem von einer Vielzahl anderer Faktoren ab.

e) Das Druckgewerbe (Facharbeiter)

α) Die Periode des laissez faire

In England dürfte der typischste Fall eines speziellen Marktes für Facharbeiter, einer ausgesprochenen sogenannten non competing group, der der Schriftsetzer und Drucker im Druckgewerbe sein. Ihnen gelang es, ihre Sonderstellung, die sie vor und während der industriellen Revolution einnahmen, bis in die Gegenwart hinein zu behaupten. Diese Vorrangstellung beruhte und beruht vor allem darauf, daß dieser Industriezweig seinen Monopolcharakter im Zeitablauf stets aufrechterhalten konnte. Es war dieser Industrie möglich, sich von der allgemeinen Entwicklung zu isolieren und ohne scharfe Konkurrenz auf dem Inlandsmarkt ihre traditionelle Stellung zu bewahren. Entsprechend dem Monopolcharakter dieser Industrie war auch das Bestreben der gewerkschaftlichen Fachverbände darauf gerichtet, eine völlige Kontrolle über das Angebot an Fachkräften zu erlangen und alle Illegalen, die keine abgeschlossene Fachausbildung besaßen, auszumerzen. Trotzdem ging die industrielle Revolution auch an den Facharbeitern im Druckgewerbe nicht spurlos vorüber. In den ersten Jahrzehnten dieser neuen Ära sank der Wochenverdienst eines Schriftsetzers auf etwa die Hälfte seines früheren Standes. Erst die Ausweitung des Zeitungsdrucks in der Mitte des vorigen Jahrhunderts und die damit verbundene größere Nachfrage nach Facharbeitern verbesserte wieder die Basis für die gewerkschaftliche Tätigkeit. Die Fachgewerkschaften entwickelten dabei eine besondere Form der Kampfesführung, die in Anlehnung an ältere Formen darin bestand, Listen, sogenannte „fair lists“, jener Betriebe zu führen, deren Arbeitsbedingungen und Entlohnungen von der Gewerkschaft als gerecht anerkannt wurden. Das Bemühen der Fachgewerkschaft konzentrierte sich darauf, solche Musterkontrakte auch für alle anderen Betriebe als verbindlich durchzusetzen. Das mit gewerkschaftlichen Methoden zu lösende Problem bestand infolgedessen darin, das Angebot an Fachkräften völlig unter die gewerkschaftliche Kontrolle zu bringen und jene Betriebe zum „closed office“ zu erklären, in denen dieses bereits vollzogen war, so daß hinfort nur noch gewerkschaftlich organisierte Facharbeiter eingestellt werden konnten. Betrieben dagegen, die die gewerkschaftlichen Bedingungen nicht innezuhalten gesonnen waren, wurde die Zweckmäßigkeit der auf Gegenseitigkeit beruhenden Regelung dadurch vor Augen geführt, daß man von ihnen die Facharbeiter abzog.

Neben diesem System der „fair lists“ konzentrierte sich die gewerkschaftliche Tätigkeit vor allem darauf, eine sukzessive Verkürzung der Arbeitszeit zu erreichen, um dadurch das Angebot an Wochenarbeitstunden pro Facharbeiter zu verringern. Für dieses Ziel wurden selbst von den Schriftsetzern, die dem Streik im allgemeinen abhold waren, eine ganze Reihe von Streiks geführt. Früher als das in allen anderen Industrien der Fall war, konnten sie auf diesem Gebiet erhebliche Erfolge erzielen. Schon in den letzten Jahrzehnten vor der Jahrhundertwende war die wöchentliche Arbeitszeit in den größeren Verlagsorten im Druckgewerbe auf 56 Stunden und im Zeitungsdruck bereits auf 54 Stunden reduziert worden. Nur über diese Regelung des Angebots und der Arbeitszeit nahmen die gewerkschaftlichen Fachverbände in der Zeit vor und nach dem ersten Weltkrieg Einfluß auf die Lohnbildung. Die Überschaubarkeit der Industrie ermöglichte es, daß diese Regulierung ihre Wirkung nicht verfehlte und daß die Lohnsätze im Druckgewerbe im Konjunkturverlauf generell weniger schwankten als in anderen Industrien. Der traditionsgebundene, quasi stationäre Charakter des Gewerbes begünstigte die Verhaltensweisen der Fachverbände und führte auch in der Periode des laissez faire zu einer vom allgemeinen Arbeitsmarkt stark abweichenden Angebots- und Nachfragesituation. Schon in der Periode des laissez faire dürfte sie, wie in der Figur IX dargestellt, die Form gehabt haben, die allgemein erst im Übergang zur Vollbeschäftigung angenommen wird.

Auf der Seite des Angebots ist entsprechend der AA'-Kurve die Elastizität in der Nähe des geltenden Lohnsatzes l_0 kleiner als 1, aber eine gewisse Elastizität besteht immerhin fort. Das Spezifikum des Angebots der Facharbeiter im Druckgewerbe liegt gerade darin, daß die Ziele der Fachgewerkschaft fast ausschließlich darauf gerichtet sind, die Voraussetzungen ihrer Lohnfixierung, ihr Monopol, langfristig zu erhalten und selbst dann zu festigen, wenn damit kurzfristig Einbußen gegenüber einem sonst höheren Lohnsatz verbunden sind. Von der Nachfrage her wird diese Tendenz dadurch begünstigt, daß die Nachfrage nach Facharbeitern langfristig und kurzfristig entsprechend der NN'-

Kurve ziemlich unelastisch ist. Der Lohnsatz l_0 ist ebenso wie die Preise und die Beschäftigung im Druckgewerbe aus diesen Gründen über längere Zeiträume verhältnismäßig konstant und wenig von konjunkturellen Einflüssen berührt. Nur in der schweren Depression der zwanziger

Figur IX

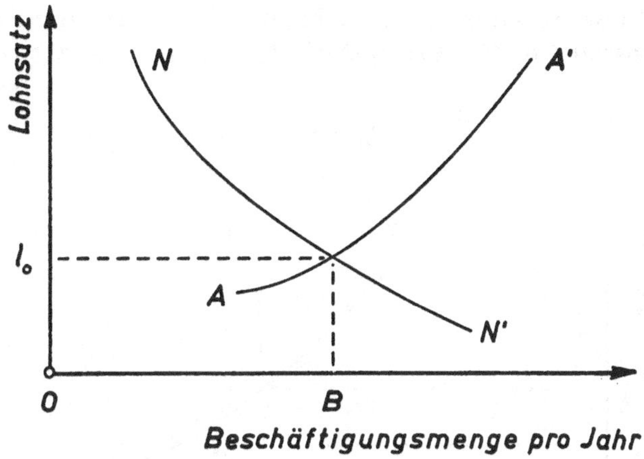

$$\eta_A < 1$$

$$|\eta_N| < 1$$

Jahre in England geriet auch das Druckgewerbe in den Strudel der Auseinandersetzung. Auch die Festigkeit ihrer Lohnsätze wurde einer Druckprobe unterzogen. Nach einem heftigen Abwehrkampf wurden die Löhne gesenkt und blieben bis zum Ausbruch des zweiten Weltkrieges auf diesem niedrigen Niveau. Eine gewisse Starrheit der Nominallöhne, die in diesem Musterfall fraglos gegeben war, verhinderte die Senkung der Nominallöhne in der Depression nicht.

β) Die Periode der Vollbeschäftigung

In der Periode der Vollbeschäftigung glichen die Fachgewerkschaften im Druckgewerbe nicht nur die Schwächung ihrer Position in der Zeit zwischen den Kriegen wieder aus, sondern zementierten sie fester als zuvor. Eine fast hundertprozentige Kontrolle des Angebots an Facharbeit wurde in fast allen Zweigen der Industrie erreicht und diente wiederum dazu, den Charakter der Fachgewerkschaft zu festigen. So vermochten die Facharbeiter im Druckgewerbe als eine der wenigen reinen Fachgewerkschaften sowohl in England als auch in anderen europäischen Ländern und in den USA, auch in der Vollbeschäftigung ihren ursprünglichen Charakter zu bewahren. Nur für sie und für einige andere kleine Gruppen ist im Grunde genommen das reine bilaterale Monopol, von dem in der ökonomischen Theorie in der Erklärung der

Lohnfixierung so häufig ausgegangen wird, tatsächlich gegeben. So forderten beispielsweise die Facharbeitergewerkschaften in England in den Lohnverhandlungen im Druckgewerbe im Jahre 1955/56 gegenüber Zugeständnissen, die sie bereit waren, gegenüber Neueinstellungen zu machen, ganz eindeutig, daß für jeden der bereits in Beschäftigung Stehenden dem Lohnsatz eine Entschädigung (new money) hinzugerechnet werde. Diese Situation dürfte modellmäßig in der Angebots- und Nachfragekonstellation für ihre Fachkraft in der Figur X zum Ausdruck kommen.

Figur X

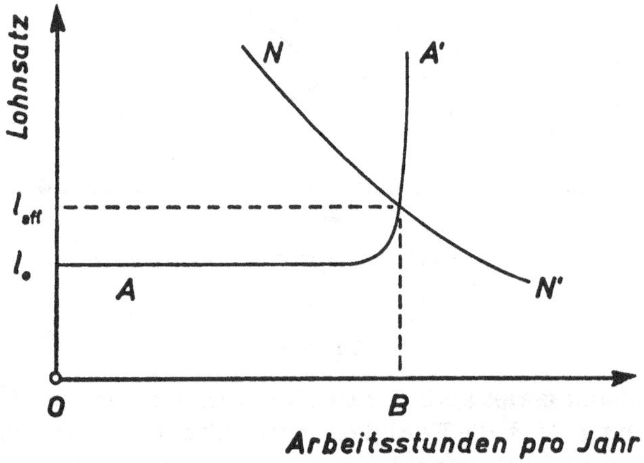

$$\eta_A \ll 1$$
$$|\eta_N| < 1$$
$$l_{eff} \approx 1{,}45 \cdot l_o$$

Das Angebot ist der AA′-Kurve entsprechend langfristig und kurzfristig auf der Basis der Zahl der Beschäftigten nahezu völlig unelastisch und kann kurzfristig nur durch Überstundenleistung ausgeweitet werden. Durch die fast vollständige Kontrolle des Zugangs wird das Angebot ständig in solchen Grenzen gehalten, daß eine unelastische Nachfrage in gewisser Weise die zwangsläufige Folge ist. In dieser Konstellation von Angebot und Nachfrage liegt jener Fall beschlossen, der simplifizierend in der Vollbeschäftigung häufig dahin verallgemeinert wird, daß die Nominallöhne nicht mehr fallen könnten, weil ein Sperriegel sie nach unten absichere. Diese Ansicht trifft jedoch, sofern die Höhe des Lohnsatzes als ein Ergebnis von Angebot und Nachfrage betrachtet wird, tatsächlich nur auf jene Gruppen von Facharbeitern zu, die mit der Regulierung ihres Angebots zugleich auch die Expansion ihrer Industrie kontrollieren. Bei den Druckern und Schriftsetzern ist das auf Grund der Besonderheiten ihres Faches der Fall. Selbst der Effektivlohn l_{eff}, der im Durchschnitt um 45 vH über dem Minimallohn l_0 liegt, wird deshalb in der Vollbeschäftigung nicht sinken, wenn eine leichte Abschwächung der Nachfrage eintreten sollte. Eine weitere Beschränkung des Angebots im Zuge von Arbeitszeitverkürzungen, durch die die Angebotskurve weiter nach links verschoben würde, könnte dagegen bei der gleichfalls nahezu völlig unelastischen Nachfrage theoretisch eine Lohnerhöhung jederzeit erzwingen. Tatsächlich kann die Fachgewerkschaft jedoch ihr Angebotsmonopol nur soweit ausnutzen, wie es den Unternehmern möglich ist, die höheren Kosten auf den Käufer abzuwälzen. Da hierfür auch bei einem ausgesprochenen Verkäufermarkt bestimmte Grenzen gesetzt sind, kann die Lohnregulierung nur innerhalb dieser Grenzen auf die Dauer bestehen. Da das Druckgewerbe kein sehr dynamischer Industriezweig ist, hängt die Höhe des Lohnsatzes letzten Endes von der allgemeinen Steigerung der Produktivität und von der Einkommensentwicklung ab, der sich das Druckgewerbe nur anzupassen vermag, ohne daß von ihm Impulse auf die Gesamtwirtschaft ausgehen. Völlig anders läge der Fall, wenn eine andere Gruppe von Facharbeitern, die im Brennpunkt des wirtschaftlichen Geschehens stehen, etwa die Bauhandwerker, im Konjunkturablauf eine Lohnpolitik praktizieren würden, wie wir sie am Modell des Druckgewerbes demonstriert haben. Dann könnten sehr wohl bei einer völligen Verriegelung des Zugangs überproportionale Gewinne und Löhne erzielt werden, die gesamtwirtschaftlich von großer Bedeutung sein könnten. Auf Probleme dieser Art kommen wir in unseren späteren Ausführungen zurück.

3. Das Gesamtangebot und die Gesamtnachfrage

Die klassische theoretische Behandlung der Lohnprobleme erfolgte zumeist im Rahmen einer Totalanalyse, die von gewissen Annahmen über das zur Verfügung stehende Gesamtangebot an Arbeitskraft ausging. Unglücklicherweise ist jedoch das Gesamtangebot keine Größe, die unverrückbar feststeht. Schon die Unbestimmtheit der Menge der angebotenen Arbeitskraft und der dem vermuteten Angebot zugeschriebenen Elastizität sind die Ursache mancher Mängel der theoretischen Erklärungen. Wie wir bereits dargelegt haben, haben in der industriellen Entwicklung zu allen Zeiten erhebliche Unterschiede im Angebot an Arbeitskraft für verchiedene Verwendung bestanden, und es zeigt sich auch, daß die Elastizität der jeweiligen Angebote nicht gleich war. Weder die erwartete Elastizität des Angebots noch der einheitliche Lohnsatz noch die volle Beschäftigung, von denen die klassische Totalanalyse ausging, waren in der empirischen Wirklichkeit gegeben. Aber auch über die Zusammensetzung und die Größe des Gesamtangebots an Arbeitskraft bestehen — über die von uns schon getroffene Feststellung in bezug auf das Verhältnis von Facharbeitern zu ungelernten Arbeitern in den verschiedenen Industriezweigen hinaus — eine Reihe von Unklarheiten, die wir zunächst genauer betrachten müssen.

In jeder gegebenen Nationalwirtschaft hängt das potentielle Gesamtangebot an Arbeitskraft natürlich in erster Linie von dem Anteil der arbeitenden Bevölkerung an der Gesamtbevölkerung ab. In den älteren Industrieländern ist diese Größe statistisch zumeist hinreichend bekannt und bereitet ökonomischen Erörterungen keine besonderen Schwierigkeiten. In den Entwicklungsländern liegen die Dinge jedoch völlig anders. Häufig sind weder die absolute Bevölkerungszahl und deren Wachstumsrate noch der Anteil der eigentlichen arbeitenden Bevölkerung genau bekannt. Ein Ausgleich zwischen bevölkerungspolitischen Überdruckgebieten und Ländern mit einer unbefriedigten Nachfrage nach Arbeitskraft ist indessen nur in begrenztem Ausmaße möglich. Einwanderungsrestriktionen in den alten Industrieländern sorgen dafür, daß der Zustrom fremder Arbeitskräfte sich nicht zu einem unkontrollierbaren Faktor im Gesamtangebot an Arbeitskräften auswächst. Für die alten Industrieländer liegt das Problem der Quantifizierung des Gesamtangebots also nicht so sehr in der Schwierigkeit seiner statistischen Erfassung, als in soziologischen Ursachen begründet. Ein wesentliches Problem in dieser Reihe ist das Angebot an Frauenarbeit.

In Zeiten niedrigen Arbeitseinkommens der männlichen Arbeitsbevölkerung war regelmäßig die Mitarbeit der Frau erforderlich, um ein einigermaßen ausreichendes Familieneinkommen zu sichern. In der Landwirtschaft war dieser Zustand bis zum zweiten Weltkrieg auch in den europäischen Ländern der Normalzustand. Aber auch in der Industrie ist die Arbeit von verheirateten Frauen eine bekannte Erscheinung. Bei den unverheirateten Frauen und Mädchen ist die Berufsarbeit ein bereits bekannter Faktor, der statistisch leicht zu erfassen ist, wenn das durchschnittliche Heiratsalter bekannt ist. Erst nach der Eheschließung wird das Arbeitsangebot der Frauen problematischer, weil ihr Angebot in den Zeitläufen schwankt. Diese Schwankungen hängen mit konjunkturellen Schwankungen im Wirtschaftsablauf und mit soziologischen Faktoren zusammen. Nach einer Depression in einer Zeit leichten wirtschaftlichen Aufschwungs und der damit einhergehenden Verbesserung der Einkommensverhältnisse für die männlichen Arbeitnehmer nimmt die Frauenarbeit allgemein zunächst ab. Die verheirateten Frauen scheiden mit der Verbesserung der Familieneinkommen aus der Produktion aus, das Gesamtangebot an Arbeitskraft sinkt und verstärkt damit zugleich die Möglichkeit zu weiterer Einkommenssteigerung der männlichen Arbeitnehmer. Erst wenn die Beschäftigungslage die Vollbeschäftigung annähernd erreicht hat und auf dieser Höhe längere Zeit verbleibt und wenn es verhältnismäßig leicht ist, eine gut bezahlte und angenehme Tätigkeit zu finden, nimmt auch die Arbeit der verheirateten Frauen wieder zu. Das Gesamtangebot an Arbeitskraft bleibt auch in der Vollbeschäftigung aus diesem Grunde noch eine längere Zeit elastischer als es ohne das Angebot an Frauenarbeit gewesen wäre. Die zusätzliche Erwerbstätigkeit der verheirateten Frauen dient in diesem Falle wiederum der Vermehrung des Familieneinkommens, aber nicht mehr ausschließlich unter dem Aspekt der Sicherung der Existenz, sondern überwiegend der Ausweitung des Erwerbs dauerhafter Konsumgüter der modernen Zivilisation. Wenn die Bedürfnisse und Wünsche dieser Art, die in den Begehrkreis der Haushalte fallen, befriedigt sind und wenn das Einkommen des Familienernährers ausreicht, den Etat des Haushaltes im Rahmen des erreichten Lebensstandards allein zu bestreiten, nimmt auch die Mitarbeit der Frauen wieder ab. Mit dieser Darstellung der temporären Schwankungen des Angebots an Frauenarbeit soll die Besonderheit dieses Angebots nur angedeutet werden. In Wirklichkeit sind die Dinge bedeutend komplizierter. Wenn, wie beispielsweise in Deutschland, ein großer Teil der männlichen Ernährer nicht wieder aus dem Kriege zurückgekehrt ist, dann verschiebt sich die Hauptlast der Ernährung der Familie auf die Frau, die dann häufig zu einer ständigen Erwerbstätigkeit gezwungen ist. Die Verhältnisse sind jedoch von Land zu Land sehr verschieden und hängen in starkem Maße auch von dem jeweils erstrebten Lebensstandard ab. In Zahlen drückt sich die Bedeutung dieser Zusammenhänge dahin aus, daß der Anteil der Frauenarbeit in Deutschland etwa 35 vH, in Frankreich 29 vH, in Italien knapp 20 vH, in Belgien 19 vH, in Luxemburg 26 vH, in den Niederlanden knapp 20 vH und in Amerika 22 vH der gesamten erwerbstätigen Personen ausmacht. Hinter diesen unterschiedlichen Quoten verbergen sich jeweils völlig verschiedene Beziehungszusammenhänge, die besonders bei den annähernd gleichen Anteilen in Italien und Amerika ins Auge fallen. Welche Faktoren im einzelnen für ein bestimmtes Land ausschlaggebend sind, kann hier nicht erörtert werden, weil es uns nur auf die Feststellung ankommt, daß das Angebot an Frauenarbeit ein bedeutsamer Faktor ist und daß in diesem Angebot größere Schwankungen auftreten können. Wann die jeweils kritischen Punkte im Angebot der Frauenarbeit erreicht werden, ist schwer zu bestimmen. Die Untersuchungen über diese Frage sind recht spärlich, so daß für theoretische Erörterungen auf Schätzungen zurückgegriffen werden muß. Für den Wirtschaftsablauf ist es jedoch eminent wichtig, zu wissen, welche Elastizität das gesamte Angebot an Arbeitskraft hat und mit welcher Stabilität gerechnet werden kann.

Eine weitere Schwierigkeit für die Bestimmung der Elastizität des totalen Angebots liegt, wie wir gesehen haben, in den Unterschieden zwischen den Märkten für Ungelernte und für Facharbeiter. Auf Grund der unterschiedlichen Elastizität des Angebots auf den einzelnen Märkten können im Konjunkturaufschwung im Angebot an Facharbeitern bereits Engpässe auftreten, die den Aufschwung abbremsen, bevor die Vollbeschäftigung erreicht ist. Aus diesem Grunde ist auch das übliche Verfahren, sich das Gesamtangebot und seine Elastizität als Ergebnis einer Addition dieser Größen von sämtlichen Einzelmärkten vorzustellen, nicht ohne Bedenken. Natürlich besteht die Möglichkeit, ein knappes Angebot, speziell an Facharbeit, durch Überstunden und Einlegung eines Mehrschichtensystems, sowie durch eine stärkere Intensivierung der Arbeitsleistung, durch Akkordsysteme, auszugleichen. Dann tritt an Stelle der ursprünglichen Meßbasis, die auf dem zahlenmäßigen Angebot beruht, die Bemessung des Angebots an Arbeitskraft auf der Meßbasis der angebotenen Stundenleistungen. Der Bemessung der Intensität der Arbeitsleistung stellen sich aber schon deshalb erhebliche Schwierigkeiten in den Weg, weil es sich in diesem Fall bereits um die Messung der Produktivität der Arbeit handelt. Auf die Ungenauigkeit der Angaben darüber, welche Meßbasis zugrunde gelegt wurde, sind manche Mißverständnisse in der theoretischen Erörterung zurückzuführen. Für die Periode des laissez faire war die mangelnde Unterscheidung nicht allzu schwerwiegend. Im großen und ganzen war für die Erörterung der Probleme der damaligen Zeit nur das zahlenmäßige Angebot relevant. Aus diesem Grunde haben wir auch in unseren graphischen Darstellungen für die Periode des laissez faire die Beschäftigungsmenge als die relevante Größe angesehen und erst für die Periode der Vollbeschäftigung die angebotenen Arbeitsstunden pro Jahr als Meßbasis zugrunde gelegt. Obwohl die in der Theorie vorausgesetzte Homogenität des Angebots — wie wir gezeigt haben — auch in der Periode des laissez faire empirisch nicht gegeben war, sehen wir auch diese mangelnde Wirklichkeitsnähe schon deshalb nicht als allzu schwerwiegend an, weil der Nachfrage die dominierende Rolle in der Lohnregulierung zukam.

Für die makroökonomische Analyse der Angebots- und Nachfrageprobleme der Gegenwart erscheint es uns allerdings notwendig, den empirischen Gegebenheiten in weiterem Maße Rechnung zu tragen. Abweichend von der üblichen Darstellung des Gesamtangebots in einer Kurve, deren Verlauf oberhalb des geltenden Lohnsatzes zumeist als völlig unelastisch und im oberen Kurventeil wieder als elastisch angenommen wird, halten wir es für zweckmäßiger, die mit einer solchen Darstellung verbundene statistische Betrachtungsweise — bei der inkorrekterweise in eine nur zweidimensionale Darstellung ein zeitlicher Ablauf hineinzubringen versucht wird — fallen zu lassen und die Probleme von Angebot und Nachfrage in der Form einer Verlaufsanalyse zu behandeln. Es erscheint uns deshalb angemessener, von vornherein mit zwei Angebots- und Nachfragekurven zu arbeiten, weil in dieser Form der Darstellung die Änderungen der Elastizitätsverhältnisse im Zeitablauf berücksichtigt werden können, die, wenn sie nur von einer Angebots- und Nachfragekurve ausgedrückt werden, verhältnismäßig spekulativ bleiben. Im Modell läßt sich eine Verlaufsanalyse, die für England etwa den Zeitraum vom Jahre 1920 bis 1947, für Deutschland und USA vom Jahre 1928/29 bis zur Vollbeschäftigung deckt, vielleicht am zutreffendsten in der Form der Figur XI darstellen.

Figur XI

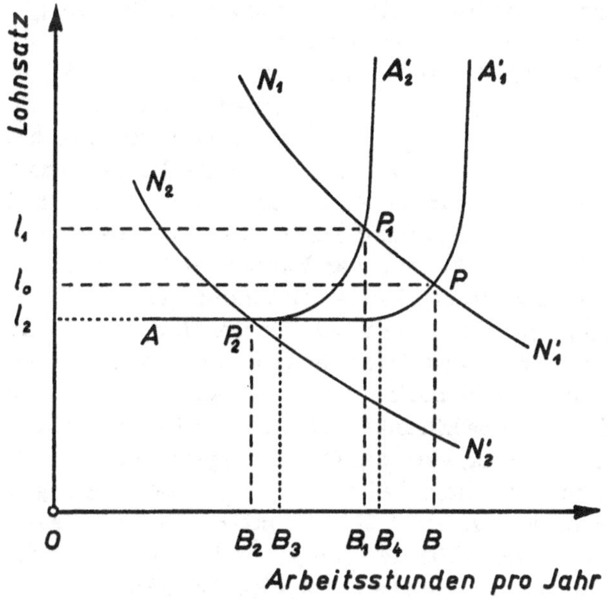

für den Punkt P:	für den Punkt P_1:	für den Punkt P_2:
$\eta_A \approx 1$	$\eta_A \ll 1$	$\eta_A = \infty$
$\lvert\eta_N\rvert \approx 1$	$\lvert\eta_N\rvert \approx 1$	$\lvert\eta_N\rvert < 1$

Die Angebotskurve AA_1' repräsentiert das gesamte potentielle Angebot an Arbeitsleistung einige Zeit vor der Überschreitung des Kulminationspunktes einer konjunkturellen Aufschwungphase. Die angebotenen Arbeitsleistungen sind nicht homogen, sondern als ein zusammengesetztes, auf verschiedenen Leistungsangeboten beruhendes Angebot zu betrachten. Im aktuellen Bereich der AA_1'-Kurve in der Nähe des geltenden Lohnsatzes l_0 ist die Elastizität des Angebots gleich 1. Der Lohnsatz l_0 ist im wesentlichen von der Menge der nachgefragten Arbeitsleistungen abhängig. Die Elastizität der Nachfragekurve N_1N_1' ist im gleichen Bereich ebenfalls gleich 1 und wird von den Erwartungen der Unternehmer bestimmt. Der Lohnsatz l_0 kann annäherungsweise als Gleichgewichtslohn und die Beschäftigungsmenge OB entsprechend als Vollbeschäftigung gelten. In gewisser Weise entspricht diese Angebots- und Nachfragekonstellation der klassischen Vorstellung, die bei einem Gleichgewichtslohn stets auch Vollbeschäftigung erwartet. Eine Erhöhung des Reallohnes würde unter diesen Voraussetzungen zu einer entsprechenden Erhöhung des Angebots an Arbeitsleistungen führen. Steigt jedoch die Nachfrage über den Punkt P hinaus und verschiebt sich die Nachfragekurve N_1N_1' weiter nach rechts oben, dann würde das Angebot bereits unelastisch und eine Erhöhung des Lohnsatzes l_0 würde keine entsprechende Erhöhung des Angebots mehr hervorrufen. Bevor jedoch diese Situation eintritt, wird das Angebot an Facharbeit bereits völlig erschöpft sein, und die besser bezahlten und besser organisierten Facharbeiter werden durch eine Verkürzung ihrer Arbeitszeit ihr Angebot weiter beschränken. Die Angebotskurve der Facharbeiter würde demzufolge die Tendenz haben, sich nach links in Richtung auf die AA_2'-Kurve verschieben. In diesem Bereich wird jedoch die Nachfragekurve N_1N_1' bereits unelastisch, und eine Beschränkung des Angebots an Facharbeit in Richtung auf P_2 wird folglich zu einer überproportionalen Erhöhung des Lohnsatzes für Facharbeiter und letztlich zum Lohnsatz l_1 führen. Hält der Aufschwung weiter an, dann wird auch das Gesamtangebot in diese Richtung tendieren. Das Angebot an Frauenarbeit wird abnehmen und das Gesamtangebot wird dadurch weiter beschränkt werden. Wenn diese Entwicklung zum Abschluß gekommen ist, wird das Gesamtangebot durch die AA_2'-Kurve repräsentiert und bei dem Lohnsatz l_1 die Beschäftigungsmenge OB_1 betragen. Bevor jedoch der Schnittpunkt P_1, der ein neuer Gleichgewichtszustand werden könnte, völlig erreicht wird, werden auf der Nachfrageseite auf Grund der steigenden Lohnkosten die Tendenzen zur Substitution von Arbeitskraft durch Maschinenkraft verstärkt, und die Nachfrage N_1N_1' wird dazu tendieren, nach links in Richtung auf N_2N_2' zu fallen. Damit wird zugleich die Nachfrage mit zunehmender Substitutionselastizität auch in bezug auf den Lohnsatz elastischer, und ein relativ hohes Lohnniveau wird zu einer stärkeren Abnahme der Nachfrage nach Arbeitsleistung führen. Wenn die Nachfrage am Ende dieser Entwicklungsphase auf N_2N_2' gefallen ist, werden bei einer unveränderten Angebotskurve AA_2' nur noch Arbeitsleistungen in Höhe von OB_2 zum Lohnsatz l_2 nachgefragt werden. Bei dem Lohnsatz l_2 ist jedoch die Angebotskurve AA'_2 schon vor dem Schnittpunkt P_2 völlig elastisch, und das Gesamtangebot beträgt bei diesem Lohnsatz OB_3, so daß beim Lohnsatz l_2 eine Unterbeschäftigung von B_2B_3 entsteht. Hält diese Unterbeschäftigung an, dann wird das Angebot an

Frauenarbeit erneut zunehmen, um das gesunkene Familieneinkommen wieder auf seine vorherige Höhe zu bringen. Auch im bisherigen Gesamtangebot werden sich die Tendenzen verstärken, mehr Arbeitsstunden anzubieten, um den vorherigen Wochenlohn wieder zu erreichen. Das Angebot wird in der Folge wieder ausgeweitet und die alte Angebotskurve AA_1' wieder hergestellt. Entsprechend dieser Angebotskurve werden bei Lohnsatz l_2 aber nicht nur Arbeitsleistungen in der Größenordnung von OB_3, sondern von OB_4 angeboten und die Unterbeschäftigung wächst dementsprechend um B_3B_4 auf B_2B_4.

Empirisch betrachtet entsprach eigentlich nur diese letzte Situation dem sogenannten Gleichgewicht bei Unterbeschäftigung. Im Konjunkturrückgang war das Lohnniveau bereits je nach der Elastizität von Angebot und Nachfrage auf den einzelnen Märkten für die jeweiligen Arbeitsleistungen um 20 bis 35 vH gesunken, ohne daß bei diesem neuen Lohnniveau, dem in unserer Figur XI der Lohnsatz l_2 entspricht, die angebotenen Arbeitsleistungen entsprechend OB_4 aufgenommen wurden. Eine weitere Senkung der Löhne, der Nachfragekurve N_2N_2' und dem Angebot OB_4 entsprechend, war unter den gegebenen Umständen nicht möglich, weil die wöchentlichen Arbeitseinkommen dann unter das Niveau der Arbeitslosenunterstützung oder Fürsorgerichtsätze gefallen wären. Ein derartiges Gleichgewicht lag folglich außerhalb der realen Möglichkeit. Aus diesen Gründen wurde nach Jahren verbreiteter Arbeitslosigkeit die staatliche Aktivität erforderlich, um einem unerträglichen sozialen Zustand durch Arbeitsbeschaffungsmaßnahmen ein Ende zu bereiten und die Wirtschaft wieder aus der Krise herauszubringen. Als Folge dieser Maßnahmen stieg in der zweiten Phase auch wieder die Nachfrage der Unternehmer und mit ihren steigenden Erwartungen wurde Schritt für Schritt die Beschäftigung ausgedehnt, ohne daß sich der Lohnsatz l_2 änderte. Erst nachdem die Vollbeschäftigung annähernd wieder erreicht und nachdem ein gewisser Mangel an Facharbeitern eingetreten war, stiegen zuerst wieder ihre Effektivlöhne und danach auch ihr Lohnsatz. In gleicher Weise vollzog sich anschließend an die Entwicklung der Facharbeiterlöhne die Lohnentwicklung des Gesamtangebots, und mit einer gewissen zeitlichen Verzögerung wurde der Lohnsatz l_0 und die Beschäftigung OB wieder hergestellt. Im weiteren konjunkturellen Aufschwung verstärkte sich erneut die Nachfrage und verschob sich schrittweise von N_2N_2' auf N_1N_1', die Angebotskurve entgegengesetzt von AA'_1 auf AA'_2, so daß wieder der Lohnsatz l_1 wie zur Zeit des vorhergehenden konjunkturellen Höhepunktes erreicht wurde. In groben Zügen unter Außerachtlassung aller jener Komplikationen, die durch andere Faktoren auf das Lohn- und Beschäftigungsniveau ausgeübt werden, mag der skizzierte Verlauf eine erste Annäherung an die Wirklichkeit darstellen.

Blicken wir noch einmal auf die Periode des laissez faire zurück, dann wird deutlich, daß der wirtschaftliche Expansions- und der gesellschaftliche Emanzipationsprozeß beide gleichermaßen dazu beigetragen haben, daß die Angebotskurven an Arbeitsleistungen im Zeitablauf bei steigendem Lohnsatz unelastischer geworden sind. Im Rahmen des Gesamtangebots waren die partiellen Angebotskurven für Facharbeiter unelastischer als die des übrigen Angebots und von ihnen ging die Tendenz aus, auch das Gesamtangebot in ihren Sog hineinzuziehen und durch die Verkürzung der Arbeitszeit die angebotenen Arbeitsleistungen so zu beschränken, daß bei einer unveränderten Nachfrage ein höherer Lohnsatz durchgesetzt werden konnte. Trotz dieser Bestrebungen blieb jedoch in der Periode des laissez faire und auch in der Zeit zwischen den Kriegen die Nachfrage nach Arbeitskraft die eigentliche Dominante in dem Angebots-Nachfrage-Verhältnis. Eine Erhöhung der Lohnsätze war deshalb nur in Zeiten eines konjunkturellen Aufschwungs bei einer unelastischen Nachfrage möglich. In sogenannten normalen Zeiten lag die effektiv nachgefragte Beschäftigungsmenge zumeist unter der bei einem gegebenen Lohnsatz angebotenen Arbeitsleistung. Es bedurfte für die Richtigkeit des Keynes'schen Ausspruchs, daß die Arbeiter selten so viel arbeiten, wie sie zu den geltenden Lohnsätzen gern arbeiten möchten, eigentlich gar nicht der besonderen Konstruktion, daß die Geldillusion auf seiten der Arbeiter und die daraus folgende Starrheit der Nominallöhne die Erreichung des Gleichgewichtslohnes verhindern und daß folglich eine Unterbeschäftigung entsteht, weil diese normalerweise immer vorhanden war. So verhinderten auch nicht die Verhaltensweisen der Gewerkschaften die Erreichung des Gleichgewichtslohnes im Sinne der klassischen Theorie, sondern die mit den konjunkturellen Schwankungen verbundenen Preisbewegungen, insbesondere auf den Rohstoffmärkten, die wiederum die Erwartung der Unternehmer und ihre Nachfrage nach Arbeit in erster Linie bestimmten. Das Gesamtangebot an Arbeit konnte demgegenüber gar nicht so flexibel sein, und selbst die Fachgewerkschaften konnten ihr Angebot nicht in dem Maße variieren, daß ein einmal erreichter Lohnsatz bei einer unstetigen Nachfrage stabilisiert wurde. Aus diesen Gründen haben die Lohnsätze und die Beschäftigungsmenge auch in der Periode des laissez faire etwa in der Weise, wenn auch nicht immer in gleichem Ausmaße geschwankt, wie wir es an Hand unseres Modells erörtert haben. In langfristigem Trend haben sich in dem zyklischen Ablauf dabei sowohl das durchschnittliche Reallohnniveau als auch die absolute Beschäftigungsmenge erhöht. Es liegt jedoch kein Anlaß vor, den Lohnsatz in dieser Zeit bereits als ein durch Kollektivverhandlungen gegebenes Datum zu betrachten und ihn aus diesem Grunde in der ökonomischen Theorie als indeterminiert zu behandeln. Lohnsatz und Beschäftigung standen vielmehr trotz erheblicher gewerkschaftlicher Anstrengungen zu jener Zeit noch eindeutig unter der Dominanz der Nachfrage nach Arbeit und waren insoweit durch das ökonomische System determiniert. Die in der quantitativen Analyse von Tinbergen[12] gefundene stramme Korrelation zwischen Preis- und Lohnbewegungen in der untersuchten Periode der Jahre von 1874 bis 1914 dürfte auch für die Zeit zwischen den Kriegen eine gültige Aussage darstellen, obgleich in dieser letzten Phase die Erwartungen in bezug auf die Wirksamkeit des Ausgleichsmechanismus im klassischen Sinne schon erheblich gedämpft waren. Unser Rückblick führt somit zu dem Ergebnis, daß in der Periode des laissez faire weder die Lohnfixierung im ökonomischen Sinne indeterminiert war, noch vom Lohn Einflüsse auf die Preisbewegungen ausgingen. Vielmehr hat der Mechanismus, den die klassische Theorie vorsah, zu keiner Zeit wirklich funktioniert, weil er fortwährend durch andere Faktoren endogener und exogener Art gestört wurde.

Wir kommen somit zu einem ähnlichen Resultat wie Sidney Weintraub in seiner Studie: „A Macroeconomic Approach to the Theory of Wages"[13], die zeigt, wie eine Annäherung der unterschiedlichen oder gar gegensätzlichen Ansichten in bezug auf die angenommenen Angebots- und Nachfragekurven zwischen den Klassikern, der Auffassung von Keynes und der der Unterkonsumtions-Theoretiker möglich ist, wenn eine modifizierte klassische Nachfragekurve und eine modifizierte Nachfragekurve, wie sie die Unterkonsumtions-Theoretiker annehmen, einander gegenüber gestellt werden. Im aktuellen Bereich des Lohnsatzes und der ihm entsprechenden Beschäftigungsmenge bleibt bei Weintraub eine Zone der Ungewißheit und Unstetigkeit — in unserer Figur XI der Bereich P P_1P_2 —, die auf seiten der Nachfrage von den Erwartungen der Unternehmer, auf seiten des Angebots durch die Gewerkschaften bestimmt wird. Mit der Frage nach der Beherrschung des Angebots durch die Gewerkschaften befinden wir uns allerdings nunmehr in der Periode der Vollbeschäftigung, die sich von der Zufallsvollbeschäftigung in der Periode des laissez faire dadurch unterscheidet, daß sie zur Maxime der Wirtschaftspolitik geworden ist.

In unserem Modell der Figur XI repräsentiert in der Periode der Vollbeschäftigung die AA_2'-Kurve das gesamte Angebot an Arbeitsleistung und die Nachfrage N_1N_1' die gesamte effektive Nachfrage, l_1 den Lohnsatz und B_1 die Beschäftigungsmenge. Nach Erreichung dieses Stadiums beginnt die eigentliche Problematik der Vollbeschäftigung. Beherrschen die Gewerkschaften effektiv das schon nahezu völlig unelastische Gesamtangebot, dann können sie theoretisch auch

[12] *Tinbergen,* J.: a. a. O., S. 51 ff.

[13] *Weintraub,* Sidney: A Macroeconomic Approach to the Theory of Wages, American Economic Review, Dezember 1956, Vol. 46, Nr. 5.

eine weitere Verkürzung der Arbeitszeit ohne Lohnausfall oder eine Erhöhung der Löhne oder beides durchsetzen. Ob die Erhöhung des Nominallohnes zu einer gleichen Steigerung des Reallohnes führt, hängt jedoch einmal von den Preisen und dem Spielraum ab, der zwischen den Preisen und den Produktionskosten besteht und davon, ob Kostenerhöhungen in den Preisen aufgefangen oder durch eine entsprechende Steigerung der Produktivität ausgeglichen werden. Zum anderen ist die Steigerung des Reallohnes von der Struktur der Warenmärkte im In- und Ausland und von der Elastizität der Nachfrage auf den Warenmärkten abhängig. Ihre jeweilige Elastizität ist entscheidend für die Frage, ob höhere Produktionskosten in höheren Preisen auf den Käufer überwälzt werden können und ob demzufolge den Arbeitnehmern als Konsumenten die Lohnerhöhung in höheren Preisen ganz oder zum Teil wieder abgenommen wird oder nicht. Natürlich sind noch eine ganze Reihe anderer Faktoren für diese Frage relevant, zu denen in erster Linie auch die Geldpolitik des Staates und die Ausgabenpolitik der öffentlichen Haushalte gehören. Letztlich geht es dabei um die Frage, ob die Gewerkschaften im Zuge ihrer Lohnpolitik ihre wirtschaftspolitischen Zielsetzungen in Richtung auf eine andere Verteilung der Einkommen aus dem Produktionsprozeß zwischen Lohneinkommen, Gewinnen und anderen Kapitaleinkommen durchsetzen können. Gelingt es ihnen nicht, ihre Wirtschaftskonzeption nach und nach an die Stelle der Konzeption der Unternehmer zu setzen und ihre vorteilhafte Angebotssituation in diesem Spiel als Trumpfkarte richtig auszuspielen, dann werden die Nachfrage und mithin die Intentionen der Unternehmer weiterhin dominieren. Daraus folgt, daß die Unternehmer bei einem steigenden Sozialprodukt Lohnerhöhungen nur in dem Ausmaße zugestehen werden, wie es ihnen im Verhältnis zu den Gewinnen, zur Produktionssteigerung, zur Investitionsrate, zur Kosten- und Preisentwicklung als angemessen erscheint. Der in den Kollektivverhandlungen ausgehandelte Lohnsatz wird somit zum Gradmesser, der anzeigt, wie stark die Positionen, die die Verhandlungspartner innehaben, jeweils sind. Das Gesamtangebot und die Gesamtnachfrage sind in diesem Sinne keine objektiven Faktoren mehr, die unabhängig vom menschlichen Wollen wirken. Sowohl das Lohnniveau als auch die Beschäftigung sind weitgehend manipulierbar und in gewisser Weise nur ein Spiegelbild der wirtschaftspolitischen Verhältnisse, die zu einem guten Teil in den Kollektivverhandlungen selbst gestaltet werden.

III. Spezielle Lohnprobleme

1. Lohndifferentiale und Lohnstrukturen

Unsere vorhergehende Betrachtung über das Verhältnis von Angebot und Nachfrage und ihre Elastizität auf bestimmten Märkten und auf dem Gesamtarbeitsmarkt verfolgte den Zweck, die Komplexität des Problems der Lohnbildung ein wenig besser zu durchleuchten und ein wenig mehr der Wirklichkeit anzunähern. Würden wir jedoch gleichzeitig versucht haben, die empirisch vorgefundenen Lohnsätze in jedem einzelnen Fall aus dem Verhältnis von Angebot und Nachfrage zu erklären, dann hätten wir die Aufspaltung des Arbeitsmarktes noch viel weiter treiben und zum Beispiel im Kohlenbergbau für jedes Revier einen speziellen Markt bilden müssen. Nur mit Hilfe dieses Verfahrens wären wir in der Lage gewesen, zu erklären, warum beispielsweise in der Zeit des Hochliberalismus in den achtziger Jahren des vorigen Jahrhunderts ein Hauer für eine gleiche Leistung in den Revieren in Südost-England weniger als vier Schilling pro Schicht verdiente, während ein Hauer in den Midlands siebeneinhalb Schilling erzielte. Würden wir jedoch so verfahren und Punktmärkte gebildet haben, dann würden wir zugleich auch die Markttheorie ad absurdum geführt haben. Unter Zugrundelegung des vorgestellten Ausgleichsmechanismus der Markttheorie wäre es unmöglich gewesen, Differentiale von fast hundert Prozent für eine gleiche Leistung ökonomisch zu erklären. Selbst die Berufung auf die mangelnde Mobilität der Arbeit könnte nicht als Argument dafür gelten, weil ihr sofort der Einwand entgegenzuhalten wäre, daß eine Theorie, die eine empirisch unmögliche Mobilität voraussetzt, nur einen geringen Erklärungswert besitzen kann. Zur Stützung dieser Argumentation lassen sich Beispiele auch in anderen Berufen und nicht nur für die Vergangenheit, sondern auch in der Gegenwart vortragen. So berichtet Dunlop[1] über Lohndifferentiale von beinahe hundert Prozent für eine gleiche Leistung in der gleichen Stadt, nämlich in Boston. Im Juli 1953 betrugen dort die gewerkschaftlich vereinbarten Lohnsätze pro Stunde für einen Kraftfahrer in verschiedenen Sektoren: — um nur die wichtigsten von insgesamt 22 Positionen zu nennen —

---

[1] *Dunlop*, J. T.: The Task of Contemporary Wage Theory, in: New Concepts in Wage Determination, S. 135.

Transportdienste	Stundenlohn in Dollar
Magazine	2,494
Zeitungen täglich	2,393
Öl	2,215
Baumaterial	2,00
Brauereifahrer	1,905
Eisenbahn, Expreß 1 1/2 bis 5 to	1,869
Fleischtransport 3 bis 5 to	1,83
Allgemeiner Straßentransport 3 bis 5 to	1,685
Kohlentransport	1,65
Schrott, Eisen, Metall	1,27

Wie sofort erkennbar, hängen die unterschiedlichen Lohnsätze von dem unterschiedlichen Lohnniveau und den unterschiedlichen Lohnkostenanteilen an den Produktionskosten der Industriegruppen ab, denen die Kraftfahrer jeweils zugehören. Die Lohnunterschiede in verwandten Branchen sind dagegen bedeutend geringer.

Diese empirisch gegebenen Lohndifferentiale konfrontieren uns erneut mit der Frage, inwieweit die Marktkräfte wirksam sind und an welchem Punkt die organisierte Macht in der Ökonomie die Marktkräfte außer Funktion setzt. Für die liberalistische Auffassung gilt es dabei als ausgemacht, daß die Marktkräfte ein System unpersönlicher, objektiv wirkender Faktoren repräsentieren, während in der organisierten Macht subjektive, willkürliche Beweggründe maßgebend sind. Bei unvoreingenommener Betrachtung zeigt sich jedoch schnell, daß „Macht- und Marktkräfte" keineswegs polare Begriffe sind. Macht kann über den Markt ausgeübt werden und andererseits kann auf einer besonderen Marktposition eine Machtposition begründet werden. Die einfache Kontrolle über den Zugang an Arbeitskräften zu einer Industrie, die ja nur eine passive Form der Ausübung der Macht darstellt, kann, wie wir bei den Gewerkschaften im Druckgewerbe gesehen haben, die Angebots- und Nachfragekonstellation so verschieben, daß die Marktkräfte zu ihren Gunsten wirken. Genau das Gleiche ist gegeben, wenn auf Grund einer bewußten lahmen Konkurrenz stillschweigende Preisabsprachen oder durch die Preisbindung der zweiten Hand Warenmärkte auf Kosten der Konsumenten als Verkäufermärkte organisiert werden. Die ganz anders gearteten und viel weittragenderen Kräfte, die nach dem zweiten Weltkrieg auf institutionellem Wege in verschiedenen Ländern einer Politik der Vollbeschäftigung zum Durchbruch verhalfen, bewirkten im Endeffekt gleichfalls eine völlige Veränderung der Marktsituation. Das ist besonders in England und in Schweden klar erkennbar. Diese Kräfte führten zu einem Lohnniveau auf einer weitaus höheren Ebene, das fortan in der neugeschaffenen Marktsituation fortbesteht. Macht- und Marktkräfte sind demnach Kräfte, die sich nicht gegenseitig ausschließen, sich eher wechselseitig Anstöße erteilen. In der Ökonomie kann eine nicht ohne die andere gedacht werden. Dieses Verhältnis von Macht und Markt schließt jedoch nicht aus, daß in gewissen Zeiten die Macht- und zu anderen Zeiten die Marktkräfte wirksamer sind. Den Machtkräften kommt immer dann eine größere Bedeutung zu, wenn überholte gesellschaftliche und ökonomische Zustände eine gründlichere Veränderung nötig machen, als sie sich im normalen Ablauf unter der Herrschaft der Marktkräfte durchsetzen würde, während die Marktkräfte immer wieder dann stärker in den Vordergrund treten, wenn nach einer durch die Machtkräfte herbeigeführten Zäsur wieder „normale" Verhältnisse Platz gegriffen haben. Die Frage, die uns in diesem Zusammenhang besonders interessiert, geht dahin, welchen Einfluß die gewerkschaftliche Aktivität sowohl auf den Ablauf einer normalen Periode als auch auf den Ablauf in Zeiten einer durchgreifenderen Änderung genommen haben.

Das konkrete Problem lautet dann: Welchen Einfluß übten und üben die Gewerkschaften in der Vergangenheit und in der Gegenwart auf die Lohnbildung aus und zu welchen Ergebnissen hat er geführt? Im einzelnen gliedert sich diese Frage in die Teilfragen auf:

1. Wie beeinflußten die Gewerkschaften die Lohndifferentiale
   a) zwischen verschiedenen Berufsgruppen
   b) zwischen Facharbeitern und An- und Ungelernten
   c) zwischen Männern und Frauen
   d) zwischen Handarbeitern und Angestellten?
2. Welchen Einfluß nahmen die Gewerkschaften auf
   a) die Differentiale von Industrie zu Industrie
   b) die Differentiale zwischen geographischen Gebieten?

Hinter diesen Fragen steht die mehr theoretische Frage, welche weiteren speziellen Einflüsse auf die Lohnbildung über die partiellen Marktsituationen hinaus im Zusammenhang mit der Behandlung dieser Fragen mikroökonomisch und in weiterem Zusammenhange makroökonomisch zu beachten sind. Die traditionelle theoretische Konzeption in bezug auf Lohnänderungen im Betriebe hält R. A. Lester[2] im Hinblick auf das Problem der Lohndifferentiale für nicht adäquat, wenn und sofern sie auf dem alleinigen Ziel der Maximierung des Profits basiert. Für die Probleme der Lohnänderungen sind zudem die Voraussetzungen der reinen Konkurrenz- oder Monopoltheorie und die Methode der Grenzkalkulation zu eng und zu unrealistisch. In der Wirklichkeit besteht eine weite Spanne von imperfekten Marktformen und Variationen von institutionellen Einflüssen, die dazu führen können, daß Lohnerhöhungen abge-

---

[2] *Lester*, R. A.: Economic Adjustments to Changes in Wage Differentials, in: New Concepts in Wage Determination, S. 206 ff.

wälzt oder durch andere Änderungen völlig oder teilweise absorbiert werden. Für Entscheidungen im konkreten Fall ist dafür allein die Grundkonzeption einer Firma wichtig. Sie ist von Alter und Größe, Marktposition, finanzieller Liquidität der Firma, von der Zeitspanne ihrer Planungen, ihren eigenen Produktionskosten im Verhältnis zu denen ihrer Konkurrenz, dem Renommee der Firma, ihrem Fortbestand und ihrer weiteren Ausdehnung abhängig. Ähnliche Konzeptionen haben auch die einzelnen Gewerkschaften und deshalb können zwischen einer Firma und ihnen gewisse Gemeinsamkeiten bestehen. Gewerkschaften können demzufolge dazu dienen, den Arbeitgeber zu neuen Produktionsformen und -programmen, zur Kostensenkung und zur Produktionsausweitung zu veranlassen. Zugeständnisse der einen Seite können durch Zugeständnisse der anderen Seite zu beider Vorteil eingehandelt werden.

Was für das Verhältnis der Gewerkschaften zum Betriebe gilt, das gilt im weiteren Sinne auch für das Verhältnis der Gewerkschaften zum ganzen jeweiligen Industriezweig, zumal wenn eine bestimmte berufliche Ausbildung von altersher diesem Industriezweig das Gepräge gibt. Ein Ausdruck dieser traditionellen Kräfte ist die Stabilität der Relation der Lohnsätze der Facharbeiter zueinander.

So bestand schon in der Mitte des vorigen Jahrhunderts in England eine bestimmte Skala für Facharbeiterlöhne am gleichen Ort, die sich im Zeitablauf trotz mancher Störung im wesentlichen immer wieder auf die alte Rangordnung einpendelte. Relativ groß waren dagegen die Differentiale zwischen typischen Industriebezirken und dem übrigen Land, im Druckgewerbe zwischen den Verlagsorten und anderen Städten. Im Durchschnitt erhielten die Facharbeiter in der Provinz vor dem ersten Weltkrieg etwa 35 vH weniger als ihre Berufskollegen in den jeweiligen Zentren. Erst nach dem ersten Weltkrieg verengte sich diese Differenz auf Grund der gewerkschaftlichen Aktivität auf etwa 20 vH. Bezeichnend für die Zeit vor 1914 und bis 1939 waren die Lohndifferentiale zwischen den Facharbeitern und den einfachen Arbeitern. Soweit es sich um Industriezweige handelte, die sich vornehmlich auf einfache schlechtbezahlte Arbeitskräfte stützten, hatten die Fachgewerkschaften vor dem Jahre 1914 im allgemeinen nur die Möglichkeit, auf der politischen Ebene für sie einzutreten und die Regierung zu veranlassen, auf institutionellem Wege eine Änderung herbeizuführen. Die gesetzliche Minimumregelung in einigen besonders schlecht entlohnten Industriezweigen, den „Sweated Trades", in den Jahren von 1909 bis 1912 war ein Ergebnis dieser Bestrebungen. In der Landwirtschaft wurde diese Form der Lohnregulierung erst im Jahre 1917 aufgenommen. Die Emanzipationsbewegung der Gesamtgewerkschaften war die Grundlage für die Änderung der staatlichen Auffassung in bezug auf die Lohnbildung.

Anders lag der Fall bei den ungelernten Arbeitern in den englischen Industrien, in denen Fachgewerkschaften bestanden. Auf Grund des Industrialisierungsprozesses waren fast alle Fachgewerkschaften schon vor der Jahrhundertwende mehr oder weniger gezwungen, ihre Reihen auch den ungelernten Arbeitern zu öffnen. Das Recht, für sie auch Lohnverhandlungen zu führen, gestanden ihnen die Arbeitgeberorganisationen generell jedoch erst nach dem Jahre 1920 zu. Zu diesem Zeitpunkt war die Einebnung der Differentiale zwischen den Facharbeitern und Ungelernten vor allem als Ergebnis der Kriegswirtschaft bereits erheblich fortgeschritten. Der ungelernte Arbeiter, der vor dem Kriege durchschnittlich 60 vH des Facharbeiterlohnes erhalten hatte, bekam im Jahre 1920 etwa 80 vH dieses Satzes. In der Zeit bis zum zweiten Weltkriege fiel dieser Anteil zunächst wieder auf knapp 72 vH zurück und stieg später wieder auf 75 vH an. Die Kriegswirtschaft nach dem Jahre 1939 verengte dann erneut die Differenz auf 85 vH und auf diesem Stand stabilisierte sie sich in der Vollbeschäftigung. Die Nivellierung der Differentiale war also ein Ergebnis der Kriegszeit und zugleich ein Erfolg der unteren gewerkschaftlichen Organe auf der Betriebsebene, der shop stewards, die in England in mancher Beziehung auf die Politik der Gewerkschaftsführung einen bemerkenswerten Einfluß ausüben. Eine zweite Tendenz zum Ausgleich der Differentiale ging von dem Zusammenschluß von 39, damit fast allen Gewerkschaften der Metallindustrie, zum Zwecke der Lohnverhandlungen aus, weil diese Verhandlungen alle Stufen der Qualifikation der Arbeit umfassen. Andererseits trägt auch das flat-rate System, das auf bestehende Minimallohnsätze die absoluten Erhöhungen aufstockt, dazu bei, daß sich die absolute Differenz ständig verringert, ohne daß das Grundverhältnis geändert wird. Prinzipiell gilt das Gesagte auch für die Differentiale zwischen Facharbeitern und Angelernten. Die Lohnsätze der letzteren werden jedoch in der Metallindustrie nicht in den nationalen Lohnverhandlungen verbindlich fixiert, sondern nur als ein allgemeiner Anhaltspunkt gegeben. In gewisser Weise wird damit den Industrien Rechnung getragen, die in großem Maße Angelernte beschäftigen, wie beispielsweise die Automobilindustrie, die nicht aus dem Handwerk herausgewachsen sind und für die es eine Vergleichsbasis deshalb auch nicht gibt.

Ähnliche Tendenzen lassen sich auch in bezug auf die Frauenarbeit feststellen. Im Prinzip fordern die englischen Gewerkschaften die gleiche Bezahlung für gleiche Leistung. Dieses Prinzip ist aber nur im öffentlichen Dienst und in anderen Angestelltenberufen verwirklicht. In der Industrie erhalten die Frauen im Durchschnitt 75 vH der flat-rate Lohnsätze der Männer. Ein Vergleich mit den Leistungen der Männer ist in diesem Fall jedoch kaum möglich, weil die Arbeiten in den Industrien, mit denen hauptsächlich Frauen beschäftigt werden, von Anbeginn an von Frauen und nicht von Männern gemacht wurden. Auf die Einebnung der Differentiale zwischen Männer- und Frauenlöhnen und in noch stärkerem Maße auf die für jugendliche Arbeitnehmer haben die Gewerkschaften unfraglich einen starken Einfluß ausgeübt. Die Differentiale zwischen Angestellten und Handarbeitern sind demgegenüber ein viel unübersichtlicheres Gebiet, weil die Unterschiede in der Bezahlung der Angestellten selbst beträchtlich sind. Gegenüber den höheren Angestelltengruppen haben die manuellen Arbeiter infolge der allgemeinen wirtschaftlichen Entwicklung wie überall eine Aufwertung erfahren. Unter den Angestellten selbst sind es wiederum die einfachen Tätigkeitsbereiche und die weiblichen Angestellten, deren Differentiale sich am meisten zu ihren Gunsten verschoben. Die einfachen technischen Angestellten übertreffen wiederum alle anderen Gruppen. Wie sich die Differentiale dieser letzten Gruppen zu den vergleichsweisen Gruppen in der Industrie verhalten, läßt sich deshalb schwer ermitteln, weil viele Umstände, beispielsweise Anstellungsbedingungen, Aufstiegsmöglichkeiten, nicht im Lohnsatz zum Ausdruck kommen, in einem Vergleich aber berücksichtigt werden müßten.

Wenig erkennbar ist, welchen Einfluß die englischen Gewerkschaften auf die Differentiale von Industrie zu Industrie genommen haben. In England wird häufig von einem offenbaren Chaos der Lohnstruktur gesprochen. Soweit es sich um die Spanne zwischen den Facharbeiterlohnsätzen handelt, bestanden natürlich immer bestimmte traditionelle Maßstäbe. In der neueren Entwicklung war aber nicht immer klar erkennbar, wie sie sich gegeneinander verschoben. Im großen und ganzen wirkten jedoch in der Lohnstruktur die alten Differentiale fort, die sich auf Grund historischer Arbeitsmarktsituationen herausgebildet haben. In der jüngsten Vergangenheit nach dem Jahre 1946 haben die institutionell begründeten Schiedsgerichte und Untersuchungsausschüsse einen nicht zu unterschätzenden Einfluß auf den Ausgleich der Differentiale genommen. In ihren Untersuchungen über die Ursachen von Auseinandersetzungen in den verschiedenen Industriezweigen und in den Empfehlungen oder Schiedssprüchen, mit denen sie Lohnkonflikte beizulegen suchen, sind diese Untersuchungsausschüsse und Schiedsgerichte in Ermangelung eines besseren Maßstabes immer wieder gezwungen, Lohnvergleiche zwischen den einzelnen Industrien anzustellen und aus eigener Erfahrung und „Philosophie“ vernünftige und von ihnen auch in ökonomischer Beziehung für vertretbar gehaltene Differentiale zu empfehlen oder festzusetzen. Soweit also die besser bezahlten Industriegruppen in Frage kommen, ist der Ausgleich der Differentiale nicht unmittelbar ein Ergebnis der gewerkschaftlichen Lohnpolitik. Dies gilt jedoch nicht für die schlechter bezahlten Industrien, zum Beispiel die Verkehrsindustrie und die Landwirtschaft, denn hier war es ausschließlich auf die gesamtgewerkschaftliche Aktivität zurückzuführen, daß diese Industrien mit dem Beginn der Vollbeschäftigung im Jahre 1946 auf einen mit anderen Industrien vergleichbaren Lohnsatz gehoben wurden. Die speziell beteiligten Gewerkschaften drängen natürlich stark darauf, den damals erreichten Ausgleich der Differentiale zu behaupten. Was die allgemeine Entwicklung der Lohndifferentiale angeht, so hat der Ausbau der institutionellen Lohnregulierungen nach dem Jahre 1945/46 in starkem Maße dazu beigetragen, die gesamte Lohnskala enger zusammenzuziehen. Nach den gesetzgeberischen Maßnahmen in dieser Zeit haben die Labour Regierung und der Generalrat der Gewerkschaften noch einmal für eine kurze Zeit während der „Wages restrain policy“ im Rahmen der Stabilisierungspolitik auf einen Ausgleich der Differentiale hinzuwirken versucht, ohne allerdings einen nachhaltigen Erfolg verbuchen zu können. Aber gerade in dieser Periode hat sich mit besonderer Deutlichkeit die Notwendigkeit einer rationalen Lohnstruktur als Voraussetzung für den Erfolg einer Politik der Stabilisierung gezeigt.

Bei allen englischen Gewerkschaften bestand immer Einmütigkeit darüber, daß die unterschiedlichen Lohnsätze von Gebiet zu Gebiet einander angeglichen werden müßten. Wo vor dem ersten Weltkrieg, wie beispielsweise bei den Schriftsetzern, noch sechs verschiedene Ortsklassen bestanden hatten, wurden sie bis zum Jahre 1955 auf zwei reduziert. In der Metallindustrie sind die Unterschiede zwischen den Distriktsraten weniger deutlich erkennbar, weil in den nationalen Verhandlungen nur Lohnerhöhungen auf der Basis der flat-rates fixiert werden, die bereits nach Distrikten abgestuft sind und die in den einzelnen Industrien variieren. Bei den Bergarbeitern, bei denen vor dem Jahre 1945 besonders extreme gebietliche Differentiale von fast hundert Prozent bestanden hatten, ist die Spanne nach der Nationalisierung des Bergbaues bei den Hauern auf 25 vH, bezogen auf die effektiven Verdienste, zusammengeschrumpft. Die Differenzen zwischen den Distriktsraten sind fast vollständig eingeebnet. Ebenso ist die interne Lohnstruktur im gesamten Bergbau einer gründlichen Überholung unterzogen und nach zweijähriger Studienarbeit im Jahre 1955 für alle 400 000 im Tagelohn arbeitenden Arbeiter abgeschlossen worden. Im Zuge der Rationalisierung der Lohnstruktur wurden dabei 6500 verschiedene Tätigkeitsbezeichnungen auf 13 echte unterschiedliche Tätigkeiten zurückgeführt. In der gleichfalls nationalisierten Eisenbahn ist es noch nicht zu einer Bereinigung der internen Lohnstruktur gekommen, obgleich sie bereits seit dem Jahre 1946 zur Diskussion steht. Eine Rationalisierung ihrer Lohnstruktur war bisher deshalb nicht zu erzielen, weil eine gerechtere Abstufung der Grade zueinander verständlicherweise nur im Zuge einer allgemeinen abgestuften Lohnerhöhung für alle Grade durchzuführen ist. Die Eisenbahnergewerkschaften haben bisher keine für die Begradigung der Lohnstruktur ausreichende Lohnerhöhung durchsetzen können. Bei den Landarbeitern liegt das Problem der internen Lohnstruktur im Gegensatz zur übrigen Industrie darin, daß es innerhalb der vom „Wages Board“ festgesetzten Minimallöhne keine detailliertere Lohnstruktur gibt. Die Gewerkschaftsführung hatte deshalb eine Studienkommission eingesetzt, die einen Plan für die Bewertung der einzelnen Arbeitsleistungen aufstellen sollte, um eine differenziertere Bezahlung der Landarbeiter durchsetzen zu können. Nach dem Abschluß einer zweijährigen Studienarbeit gab die Jahresdelegiertenversammlung jedoch im Jahre 1956 der Landarbeitergewerkschaft diese Vorlage mit der Begründung zurück, daß erst einmal generell höhere Lohnsätze durchgesetzt werden müßten, ehe eine Differenzierung sinnvoll sei. Der Gewerkschaftsführung wurde ferner aufgetragen, ihr Bestreben darauf zu richten, einen gerechten Ausgleich der Differentiale zu denen der Industriearbeiter wieder herzustellen. Im Gegensatz zu der Einstellung der Landarbeitergewerkschaft erhielten andererseits die gewerkschaftlichen Unterhändler in den Gewerkschaften mit stärkerem Facharbeiteranteil, beispielsweise der Maschinenbauergewerkschaft, zur gleichen Zeit von ihren Mitgliedern den Auftrag, nach der vorangegangenen Angleichung der Lohnsätze der An- und Ungelernten an die der Facharbeiter nun wieder stärker für angemessene Differentiale einzutreten.

Einen Überblick über die Entwicklung der absoluten Differentiale zwischen den verschiedenen Industriegruppen und zwischen den Facharbeitern und Ungelernten gibt unsere Tabelle 5. Die Tabelle 6, in der die prozentualen Änderungen noch einmal besonders ausgewiesen werden, verdeutlicht gleichzeitig, welche Einflüsse von der Landwirtschaft, dem Bergbau und der Eisenbahn aus der nicht primär ökonomischen Sphäre auf die Differentiale und auf das Gesamtlohnniveau ausgegangen sind

Tabelle 5: **Entwicklung der maximalen wöchentlichen Lohnraten von 1914 bis 1956 in Schilling**

Industriegruppen	In den Jahren				
	1914	1920	1934	1947	1956
Landarbeiter	18,0	46,10	35,0	83,3	141,0
Eisenbahnarbeiter	23,0	71,6	46,0	96,6	145,0
Metallindustrie (Arbeiter im Zeitlohn)	24,0	70,4	42,0	87,0	142,0
Metallindustrie (Monteure im Zeitlohn)	40,0	88,4	58,0	102,0	168,4
Eisenbahn-Lokomotivführer	36,0	106,0	90,0	137,0	200,0
Schriftsetzer (niedr. Ortskl.)	27,0	82,6	62,6	106,0	200,0
Schriftsetzer (Ortsklasse I)	40,0	97,6	77,6	113,6	205,6
Bergarbeiter (Hauer p. Schicht) (effektive Verdienste)	8,10	23,2	9,2	36,10	69,0

Tabelle 6: **Prozentuale Änderungen der Lohnsätze gegenüber der vorhergehenden Basis und 1947 gegenüber 1914 einschließlich der Änderung der Lebenshaltungskosten und der durchschnittlichen Änderung der Reallöhne**

Industriegruppen	1920 gegenüber 1914	1934 gegenüber 1920	1947 gegenüber 1934	1947 gegenüber 1914	1956 gegenüber 1947
Landarbeiter	+ 160	− 25	+ 188	+ 363	+ 70
Eisenbahnarbeiter	+ 211	− 35	+ 110	+ 320	+ 50
Metallindustrie (Arbeiter im Zeitlohn)	+ 193	− 40	+ 107	+ 262	+ 63
Metallindustrie (Monteure im Zeitlohn)	+ 120	− 34	+ 76	+ 155	+ 65
Eisenbahn-Lokomotivführer	+ 195	− 15	+ 52	+ 280	+ 46
Schriftsetzer (niedr. Ortskl.)	+ 205	− 24	+ 70	+ 292	+ 89
Schriftsetzer (Ortsklasse I)	+ 144	− 21	+ 46	+ 181	+ 81
Bergarbeiter (Hauer p. Schicht) (effektive Verdienste)	+ 158	− 60	+ 303	+ 310	+ 87
Änderung der Retail Prices	+ 149	− 46	+ 82	+ 153	+ 57
Durchschnittliche Änderung der Reallöhne ohne Bergarbeiter und ohne Landarbeiter	+ 0,5	+ 31,6	− 8,5	+ 36,0	+ 5,8

und in welche neuen Relationen sie sich nach Ablauf von zehn Jahren wieder eingependelt haben.

Die deutsche Gewerkschaftsbewegung, die etwa 30 Jahre später als die englische einsetzte, hat organisatorisch eine ähnliche historische Entwicklung wie diese genommen. Es ist daher für die Frage nach dem gewerkschaftlichen Einfluß auf die Lohndifferentiale aufschlußreich, welche Entwicklungslinien sich hier gegenüber den englischen ergeben. Eine solche Gegenüberstellung wird durch die relativ ähnliche wirtschaftliche Struktur in diesen beiden Ländern und dadurch begünstigt, daß sich auch die Mitgliederbewegung der beiden Organisationen nahezu übereinstimmend vollzogen hat. Die englische Gewerkschaftsbewegung erreichte ihren ersten Höchststand im Jahre 1920 mit acht Millionen Mitgliedern. In Deutschland wurde dieser Stand im Jahre 1922 erreicht. Trotz des Rückganges der Mitgliederzahlen in den folgenden Jahren blieb der maßgebliche Einfluß der gewerkschaftlichen Organisationen auf die Regulierung der Löhne in beiden Ländern bestehen.

Bezeichnend für die Verhältnisse in Deutschland vor dem ersten Weltkrieg, besonders in dem stark organisierten Norddeutschland, war die verhältnismäßig geringe Differenz von nur etwa 15 bis 20 vH zwischen den Lohnsätzen der Facharbeiter und denen der Ungelernten. Soweit die wenigen Zahlen aus dieser Zeit eine Schlußfolgerung zulassen, darf angenommen werden, daß die geringen Unterschiede in der Bezahlung einen Ausfluß des gewerkschaftlichen Solidaritätsprinzips darstellen,

Tabelle 7: Stundenlöhne (ohne Akkordzuschläge) für verschiedene Industrie- und Leistungsgruppen 1914 und 1924 bis 1932 (Ende des Jahres) in Norddeutschland in Pfg.

Industrie- und Leistungsgruppen	In den Jahren									
	1914	1924	1925	1926	1927	1928	1929	1930	1931	1932
Werftbetriebe (im Durchschnitt)										
Facharbeiter	51	49–53	61–65	—	67–71	76–80	84	84	—	65
Angelernte	—	46–50	55–59	—	60–64	69–73	—	—	—	—
Ungelernte	44	41–44	48–51	—	52–56	62–65	—	—	—	—
Gewerbebetriebe (im Durchschnitt)										
Facharbeiter	52	51–55	65–69	—	71–75	83	89	89	—	69
Angelernte	—	47–51	58–62	—	64–68	76	—	—	—	—
Ungelernte	45	41–45	50–54	—	56–60	68	—	—	—	—
Frauen Angelernte	—	31–39	39–42	—	40–44	51	—	—	—	—
Frauen Ungelernte	—	29–30	34–36	—	35–38	46	—	—	—	—
Straßenbahner	—	61	71	—	77	83	96	89	—	75
Schlosser (Facharbeiter)	55	66	81	—	87	101	110	110	—	85
Tischler (Facharbeiter)	55	70	93	—	97	109	115	115	—	93
Heizungsmonteure	61	84	104	118	122	132	132	142	—	112
Buchdrucker	77	82	98	—	105	114	120	120	—	98
Landarbeiter	—	—	—	—	—	41	—	—	—	38

Quelle: Geschäftsberichte der Gewerkschaften in Schleswig-Holstein.

das aufs engste mit den politischen Idealen der Arbeiterbewegung der damaligen Zeit verbunden war. Nach dem verlorenen Kriege und den Ereignissen, die ihm folgten, vor allem aber in der anschließenden Inflation bis zum Jahre 1923, hatten diese Ideale allerdings schon viel von ihrer ursprünglichen Durchschlagskraft eingebüßt. Die Löhne schlossen im großen und ganzen danach wieder an die Lohnsätze an, die vor dem Jahre 1914 bestanden hatten. Unsere Tabelle 7 für die Zeit von 1924 bis 1932 gibt einen Überblick über die Entwicklung der tariflichen Lohnsätze in der Periode zwischen den Kriegen.

Als nach der Inflation zum ersten Mal wieder Löhne ausgehandelt werden konnten, lagen die Lohnsätze der Facharbeiter in den verschiedenen Industriezweigen, wie unsere Tabelle 7 zeigt, unter Wahrung ihres traditionellen Zusammenhanges relativ eng beieinander. Auch zwischen den Lohnsätzen der Facharbeiter und denen der An- und Ungelernten waren keine entscheidenden Verschiebungen eingetreten. Ihre Relation war im Jahre 1924 gegenüber dem Jahre 1914 allerdings insoweit verändert, als die Differenzen zwischen den Löhnen der Facharbeiter und denen der Ungelernten sich von früher etwa zehn Prozent jetzt auf zwanzig Prozent erweitert hatten. Die Lohnsätze der Angelernten lagen zehn Prozent unter dem Facharbeiterlohn und die Frauen erhielten etwa 30 bis 35 vH weniger als die Männer der gleichen Leistungsstufe. Diese Relationen haben sich bis zum Jahre 1939 nur unwesentlich verändert.

Die Differentiale von Industrie zu Industrie verhielten sich im großen und ganzen wie die Facharbeiterlöhne der verschiedenen Berufsgruppen zueinander. Das stärkere Ansteigen der Lohnsätze der kleineren Gruppe von qualifizierten Facharbeitern, zum Beispiel der Heizungsmonteure, gegenüber den Facharbeitern der Werftindustrie, war ein Ergebnis, das vor allem in der schlechten Konjunkturlage der Werften begründet war, die selbst in der kurzen Boomperiode bis zum Jahre 1929 schwer um ihre Existenz zu kämpfen hatten. Die Krise der dreißiger Jahre preßte aber die auseinanderstrebenden Lohnsätze erneut zusammen, und dies Verhältnis blieb danach weitgehend erhalten. Da im übrigen in der Weimarer Republik vorwiegend großflächige und häufig allgemeinverbindliche Tarife abgeschlossen wurden, blieb das Grundverhältnis der Industrien zueinander auch aus diesem Grunde relativ unverändert, während gebietliche Differentiale bis zu einem gewissen Grade eingeebnet wurden. Die langfristige Entwicklung der Nominallöhne und ihre Streuung in den einzelnen Industriegruppen auf der Basis von 1913 = 100 verdeutlicht die Tabelle 8. In der anschließenden Tabelle 9 tritt die der deutschen Industrie zugrunde liegende Lohnstruktur noch anschaulicher hervor und offenbart zugleich, wie selbst über längere Zeiträume hinweg gewisse eingefahrene Relationen erhalten

Tabelle 8: Streuung der Nominallöhne in den Industriegruppen
(Basis 1913 = 100)

Industriegruppen	1890	1900	1912	1924	1930	1939	1950	1954
Bergbau, Hütten, Salinen	60,4	74,2	94,8	98,0	155,3	150,0	241,0	320,9
Steine, Erden	60,4	71,0	97,3	108,4	187,8	169,6	276,5	384,1
Metallverarbeitung	62,1	71,3	98,3	104,3	177,8	170,2	241,6	319,3
Chemie, Gas, Wasser	67,5	75,4	96,6	115,0	197,8	181,5	284,5	383,3
Bau	62,2	74,1	97,7	110,0	179,7	148,1	226,7	302,5
Textil	64,7	75,6	96,6	129,7	203,0	172,6	263,9	322,0
Bekleidung	61,7	72,0	97,1	115,9	182,2	155,3		
Ledererzeugung	59,0	69,6	98,1	132,7	215,2	181,0	216,1	259,2
Nahrungs- u. Genußmittel	65,6	77,4	95,3	116,9	195,1	174,3	257,9	342,4
Holz	65,8	75,7	99,4	98,0	160,0	150,4	241,5	295,1
Papiererzeugung und -verarbeitung	65,7	75,4	97,7	123,5	223,5	196,6	269,3	353,7
Druck	93,9	88,2	99,8	123,5	199,3	174,8		
Eisenbahnen	68,1	75,1	99,8	122,2	190,0	163,9	226,0	279,2
Schiffahrt	60,3	67,0	92,9	134,8	227,6	177,3	238,5	318,9
Insgesamt	61,5	72,0	97,0	111,9	182,1	166,0	248,0	324,0

Quelle: Grumbach, Fr., und *König*, H: Beschäftigung und Löhne in der deutschen Industriewirtschaft 1888—1954, Weltwirtsch. Archiv (WWA) Bd. 79 (1957), S. 138.

bleiben. Betrachten wir nur die Zeit bis zum Jahre 1939, so zeigen sich kaum nennenswerte Änderungen in der Lohnstruktur, obgleich die Periode von 1890 bis 1939 reich an wirtschaftlichen und politischen Ereignissen war.

Tabelle 9: **Lohnstruktur der Industrie in Deutschland von 1890 bis 1954** (Durchschnittslohn = 100)

Industriegruppen	1890	1913	1925	1939	1950	1954
Bergbau, Hütten, Salinen	125	127	108	115	123	126
Steine, Erden	89	90	94	92	101	107
Metallverarbeitung	111	110	104	113	107	108
Chemie, Gas, Wasser	117	107	110	117	123	127
Bau	108	106	109	95	97	99
Textil	76	72	80	75	82	76
Bekleidung	83	82	81	75		
Ledererzeugung	96	100	119	110	88	80
Nahrungs- u. Genußmittel	82	77	79	81	80	81
Holz	93	87	80	79	85	80
Papiererzeugung und -verarbeitung	84	79	89	93	96	96
Druck	149	98	117	103		
Eisenbahnen	152	138	151	136	125	118
Schiffahrt	91	93	104	100	80	92

Quelle: Grumbach, Fr., und *König*, H., a. a. O., S. 141.

Der politische Umsturz im Jahre 1933 führte zum Verbot der Gewerkschaften. Bis zum Jahre 1945 hörte infolgedessen jeder gewerkschaftliche Einfluß auf die Lohnfixierung auf. Praktisch war jedoch die gewerkschaftliche Lohnpolitik schon seit dem Jahre 1930 durch die staatlich verordneten Lohnsenkungen arg beschränkt worden. Im Verfolg der Deflationspolitik wurden die Lohnsätze in den Jahren von 1930 bis 1932 durch Notverordnungen zweimal um insgesamt etwa 20 bis 23 vH gesenkt. In der Periode der Arbeitsbeschaffung nach dem Jahre 1934 und in der anschließenden Phase der Rüstungsproduktion erholten sich die Lohnsätze langsam, erreichten wieder den Stand vom Jahre 1929 und wurden dann in den Jahren von 1936 bis 1938 durch einen allgemeinen Preis- und Lohnstop auf diesem Niveau eingefroren. Erst nach dem verlorenen Kriege und nach der Wiederzulassung der Gewerkschaften trat das gewerkschaftliche Leben auch auf lohnpolitischem Gebiet wieder in Funktion. Die gewerkschaftliche Tätigkeit konnte sich in bezug auf die Lohnsätze jedoch erst nach der Währungsreform des Jahres 1948 auswirken. Die Lohnsätze knüpften ganz allgemein wieder an das Niveau an, das sie etwa im Jahre 1938 gehabt hatten. Betrachten wir vergleichend die englische und die deutsche Lohnentwicklung in der Zeit zwischen den beiden Weltkriegen, dann lassen sich gewisse Gleichläufigkeiten aufzeigen. In England führte die Krise im Anfang der zwanziger Jahre trotz heftigster Gegenwehr der Gewerkschaften zu einer erheblichen, im einzelnen aber unterschiedlichen Senkung der Lohnsätze und änderte folglich in gewissem Ausmaße die Lohnstruktur. In Deutschland vollzog sich dieser Prozeß gleichermaßen für alle in der Inflation, ohne daß eine nennenswerte gewerkschaftliche Aktivität möglich war. Nach dem Jahre 1924 blieben bis zur Weltwirtschaftskrise im Jahre 1929 nur noch wenige Jahre, so daß die Zeitspanne für einen Vergleich unter ökonomischen Gesichtspunkten zu gering ist. Danach ist bis zum Jahre 1948 überhaupt keine Gegenüberstellung mehr möglich.

Interessant in bezug auf die Frage nach der Entwicklung der Lohndifferentiale in England und der Bundesrepublik ist dagegen die Zeit nach dem Jahre 1948 besonders deshalb, weil England in den ersten Jahren nach dem Kriege bewußt eine Politik der Wohlstandsplanung verfolgte, während in der Bundesrepublik die Grundsätze einer liberalistischen Marktwirtschaft proklamiert wurden. Entsprechend der herrschenden wirtschaftspolitischen Auffassung in England wurde dort in der ersten Zeit nach dem Kriege, wie schon erörtert, die Lohnstruktur entscheidend geändert. Die Lohnsätze in der Landwirtschaft, dem Kohlenbergbau, der Eisenbahn und in einer Reihe bestimmter anderer Industriezweige wurden gegenüber dem Vorkriegsstand kräftig erhöht. In der Bundesrepublik schlossen demgegenüber die Lohnsätze nach der Währungsreform wie auch nach dem ersten Kriege wieder an ihren früheren Stand an. Die anschließenden Tabellen geben die Entwicklung der tariflichen Stundenlöhne nach Industriezweigen und Qualifikation für die ersten zehn Jahre nach der Währungsreform wieder.

Betrachten wir zunächst die Veränderungen in der Lohnstruktur zwischen den Industriegruppen, wie sie sich nach der Tabelle 11[3] in der Bundesrepublik im Ablauf des ersten Jahrzehntes auf der Basis der tariflichen Stundenlöhne ergeben haben, dann fällt besonders auf, daß die Sonderstellung, die der Kohlenbergbau und die Kunststoffindustrie im Jahre 1950 einnahmen, eingeebnet, wieder auf die früheren Relationen heruntertransferiert wurde. Was den Kohlenbergbau angeht, so handelt es sich, wie allgemein bekannt ist, um ein Strukturproblem der moder-

---

[3] Aus statistischen Gründen kann unsere Tabelle 11 nicht ohne weiteres mit der vorhergehenden Tabelle 9 über die langfristige Entwicklung der Lohnstruktur von 1890 bis 1954 verglichen werden, weil für die letztere in Ermangelung anderer statistischer Unterlagen für die früheren Perioden die Unfallstatistik als Berechnungsunterlage benutzt werden mußte, während unsere Tabelle 11, direkt von den tariflich vereinbarten Stundenlöhnen ausgeht, wie sie in der Tabelle 10 ausgewiesen sind. Die unterschiedliche statistische Basis ist jedoch für unser Problem nicht sehr erheblich, weil die externe Lohnstruktur der Industrien zueinander in jedem Fall nur ein Gerüst für die eigentlichen Strukturprobleme darstellt.

Tabelle 10: Tarifliche Stundenlöhne für die verschiedenen Industrie- und Leistungsgruppen im Zeitlohn ohne Zuschläge von 1949 bis 1959 in Pfg.

Industrie- und Gewerbegruppen \ Leistungsgruppen	1949			1950			1951			1952		
	Fach-arb.	Ange-lernt	Hilfs-arb.	Fach-arb.	Ange-lernt	Hilfs-arb.	Fach-arb.	Ange-lernt	Hilfs-arb.	Fach-arb.	Ange-lernt	Hilfs-arb.
Steinkohlenbergbau				180	141	131	207	158	147	207	158	147
Elektrizitäts- und Versorgungsunternehmen				109	95	90	132	116	111	139	124	118
Ziegelindustrie					129	123	169	148	142	176	154	148
Metall- und Elektroindustrie	104	87	83	115	106	98	135	125	115	141	131	121
Chemische Industrie	109	99	90	122	112	102	142	130	118	149	136	124
Kunststoffverarb. Industrie				150	130	120	169	145	135	169	145	135
Baugewerbe	139	127	114	151	136	128	174	157	148	183	165	156
Textilindustrie	108	97	94	108	97	94	135	108	103	145	119	114
Schuhindustrie	117	—	101	117	—	101	128	—	110	140	—	121
Nahrungs- u. Genußmittelindustrie	99	93	86	105	98	94	120	116	113	130	122	120
Holzverarb. Industrie				127	114	102	140	126	112	144	130	115
Bau- und Möbeltischlerei	105	92	84	130	117	104	151	136	121	156	141	126
Papiererzeugung				115	100	95	146	128	123	146	128	123
Graphisches Gewerbe	129		96	134	107	102	161	130	124	166	134	128
Alle Gewerbegruppen	114	99	97	121	104	102	146	127	123	152	131	128
Landarbeiter		60			70			82			89	

Quelle: Statistisches Bundesamt: Preise, Löhne, Wirtschaftsrechnung, Reihe 11. (1959 vom Verfasser ergänzt).
Anm.: Dem Facharbeiterlohn wurde, soweit als möglich, der Ecklohn der Ortsklasse I zugrunde gelegt.

Tabelle 10 (Fortsetzung)

Industrie- und Gewerbegruppen / Leistungsgruppen	1953			1954			1955			1956		
	Fach-arb.	Ange-lernt	Hilfs-arb.	Fach-arb.	Ange-lernt	Hilfs-arb.	Fach-arb.	Ange-lernt	Hilfs-arb.	Fach-arb.	Ange-lernt	Hilfs-arb.
Steinkohlenbergbau	218	169	156	218	177	164	242	192	177	250	204	187
Elektrizitäts- und Versorgungsunternehmen	158	142	136	158	142	136	168	151	143	172	155	147
Ziegelindustrie	176	154	148	182	160	154	190	168	162	202	180	174
Metall- und Elektroindustrie	145	135	125	160	142	130	166	154	174	179	166	152
Chemische Industrie	149	136	124	156	143	130	170	156	142	175	161	146
Kunststoffverarb. Industrie	169	145	135	178	150	140	192	161	150	192	161	150
Baugewerbe	190	171	162	194	175	166	213	193	184	221	201	192
Textilindustrie	152	126	120	152	126	120	167	149	127	169	149	138
Schuhindustrie	147	—	127	147	—	127	151	—	129	162	—	141
Nahrungs- u. Genußmittelindustrie	134	125	124	140	129	127	147	136	134	162	150	148
Holzverarb. Industrie	153	138	127	156	140	130	164	148	140	181	165	156
Bau- und Möbeltischlerei	162	147	135	171	155	145	190	171	162	208	187	177
Papiererzeugung	152	133	128	158	138	138	168	148	143	175	154	149
Graphisches Gewerbe	174	143	137	180	148	142	187	155	148	211	179	177
Alle Gewerbegruppen	159	137	134	162	140	137	172	149	146	186	163	160
Landarbeiter		102			107			112			124	

Quelle: Statistisches Bundesamt: Preise, Löhne, Wirtschaftsrechnung, Reihe 11.
(1959 vom Verfasser ergänzt).
Anm.: Dem Facharbeiterlohn wurde, soweit als möglich, der Ecklohn der Ortsklasse I zugrunde gelegt.

Tabelle 10 (Fortsetzung)

Industrie- und Gewerbegruppen \ Leistungsgruppen	1957			1958			1959		
	Fach-arb.	Ange-lernt	Hilfs-arb.	Fach-arb.	Ange-lernt	Hilfs-arb.	Fach-arb.	Ange-lernt	Hilfs-arb.
Steinkohlenbergbau	250	204	187	250	204	187			
Elektrizitäts- und Versorgungsunternehmen	188	169	162	216	194	186			
Ziegelindustrie	227	204	197	238	214	207	248	224	217
Metall- und Elektroindustrie	179	166	152	190	176	161	194	180	165
Chemische Industrie	186	171	155	200	192	167	214	205	178
Kunststoffverarb. Industrie	209	175	162	221	186	172			
Baugewerbe	246	224	215	255	233	214	273	239	220
Textilindustrie	176	165	148	188	180	162			
Schuhindustrie	170	—	152	179	—	166			
Nahrungs- u. Genußmittelindustrie	186	185	171	186	185	171	199	194	180
Holzverarb. Industrie	200	184	172	211	194	181	220	202	189
Bau- und Möbeltischlerei	222	200	189	231	208	196	247	220	207
Papiererzeugung	187	164	159	198	182	174			
Graphisches Gewerbe	224	191	182	239	203	196			
Alle Gewerbegruppen	201			220					
Landarbeiter		136			144				

Quelle: Statistisches Bundesamt: Preise, Löhne, Wirtschaftsrechnung, Reihe 11. (1959 vom Verfasser ergänzt).
Anm.: Dem Facharbeiterlohn wurde, soweit als möglich, der Ecklohn der Ortsklasse I zugrunde gelegt.

Tabelle 11 a: **Entwicklung der Lohnstruktur von 1950 bis 1959 auf der Basis der tarifl. Stundenlöhne der Facharbeiter**
(Durchschnittslohn für 1950 = 100)

Industriegruppen	1950	1951	1952	1953	1954	1955	1956	1957	1958	1959
Steinkohlenbergbau	149	178	178	180	180	200	204	204	204	204
Elektrizitäts- und Versorgungsunternehmen	90	109	115	131	131	139	142	150	177	205
Ziegelindustrie		140	145	145	150	157	168	185	197	205
Metall- und Elektroindustrie	95	112	117	120	132	137	148	148	157	160
Chemische Industrie	100	118	123	123	129	141	144	154	165	177
Kunststoffverarb. Industrie	124	140	140	140	142	159	159	173	183	
Baugewerbe	125	144	151	157	160	176	183	202	205	226
Textilindustrie	89	111	120	126	126	138	139	145	155	
Schuhindustrie	97	106	116	121	121	125	134	140	148	
Nahrungs- u. Genußmittelindustrie	87	100	107	111	115	121	134	153	168	168
Holzverarb. Industrie	105	116	119	126	129	135	150	165	174	182
Bau- und Möbeltischlerei	107	125	129	135	141	157	172	183	191	201
Papiererzeugung	95	121	121	126	132	140	145	155	164	
Graphisches Gewerbe	111	134	137	144	149	155	175	185	198	
Durchschnittslohn in der Industrie	100	120	126	131	134	142	154	162	182	
Landarbeiter	58	68	74	85	88	92	102	112	119	

Tabelle 11 b: **Entwicklung der Lohnstruktur von 1950 bis 1958 auf der Basis der tarifl. Stundenlöhne der Facharbeiter**
(Durchschnittslohn des jeweiligen Jahres = 100)

Industriegruppen	1950	1951	1952	1953	1954	1955	1956	1957	1958
Steinkohlenbergbau	149	148	141	137	134	141	135	128	114
Elektrizitäts- und Versorgungsunternehmen	90	91	91	100	97	98	92	96	97
Ziegelindustrie		116	115	110	112	110	109	114	109
Metall- und Elektroindustrie	95	93	93	92	99	96	96	92	86
Chemische Industrie	100	99	98	94	96	100	94	95	91
Kunststoffverarb. Industrie	124	116	111	107	116	112	103	106	100
Baugewerbe	125	120	120	120	119	124	119	124	113
Textilindustrie	89	92	95	96	94	97	90	90	85
Schuhindustrie	97	88	92	92	90	88	87	87	82
Nahrungs- u. Genußmittelindustrie	87	83	85	85	86	85	87	94	92
Holzverarb. Industrie	105	97	94	96	96	95	97	102	96
Bau- und Möbeltischlerei	107	104	102	103	105	110	111	112	105
Papiererzeugung	95	100	96	96	98	99	94	96	90
Graphisches Gewerbe	111	111	109	110	111	109	113	114	109
Durchschnittslohn in der Industrie	100	100	100	100	100	100	100	100	100
Landarbeiter	58	86	70	78	80	79	80	84	79

nen Entwicklung. Bei der Kunststoffindustrie dürfte es sich in erster Linie darum handeln, daß eine neue Industrie, die vor allem infolge des Rohstoffmangels während des Krieges eine führende Position eingenommen hatte, wieder auf eine normale Relation zu anderen Industrien entsprechend der fachlichen Qualifikation der Beschäftigten zurückfiel. Das eigentlich Bemerkenswerte an der Lohnstruktur ist dagegen unfraglich die Konstanz der Grundrelationen von Industrie zu Industrie über einen langen Zeitraum. Die leichten Veränderungen in den einzelnen Industrien in den Jahren von 1950 bis 1959 gegenüber den Änderungen des Durchschnittslohnes sind einerseits eine Folge der zeitlichen Terminierung der Tarifverhandlungen, andererseits aber auch auf Änderungen des Schemas der Leistungsgrupepn innerhalb der einzelnen Industrien zurückzuführen, die nicht zuletzt mit der Gleichstellung der Frauen im Arbeitsprozeß verbunden waren. Aus diesem Grunde wäre es voreilig, wenn wir bereits an Hand der Tabelle 11 Schlüsse auf die trendmäßige Entwicklung der einzelnen Industrien ziehen würden, obgleich sich einige konjunkturelle Einflüsse, zum Beispiel in der Bauindustrie, ohne weiteres ablesen lassen und obwohl sich auch bereits Anzeichen dafür bieten, daß sich der Tariflohn des Landarbeiters auf etwa 80 vH des Durchschnittslohnes des Industriearbeiters stabilisiert hat.

Die bedeutendste Änderung, die sich in der externen Lohnstruktur in der Bundesrepublik nach dem Jahre 1950 gegenüber den Verhältnissen in der Weimarer Republik ergeben hat, ist die fast völlige Einebnung des früheren gebietlichen Lohngefälles. Die in unseren Tabellen 10 und 11 zugrunde gelegten Tariflöhne aus dem Raume Schleswig-Holstein/Hamburg lagen vor dem letzten Kriege stets etwa um 10 vH über dem Reichsdurchschnitt. Nach Schlesien und Nordbayern bestand ein ausgesprochenes Lohngefälle von mehr als 20 vH unter dem Reichsdurchschnitt. Dieses Gefälle ist fast völlig verschwunden. Schleswig-Holstein repräsentiert heute den ausgesprochenen Bundesdurchschnitt, und die absoluten Differentiale in den gebietlichen Lohntarifen betragen in allen Industriezweigen im Durchschnitt weniger als 10 vH, im Baugewerbe sogar weniger als 5 vH. Das graphische Gewerbe besitzt überhaupt nur einen zentralen Tarif für das ganze Bundesgebiet. In den einzelnen Lohntarifen sind darüber hinaus auch die Abstufungen der Ortsklassen im letzten Jahrzehnt stark verkleinert worden, so daß der Unterschied zwischen der Ortsklasse I und der Ortsklasse III, die im allgemeinen die niedrigste Ortsklasse darstellt, kaum 5 vH und nur in Ausnahmefällen, wie in der Textilindustrie, 7 vH erreicht. Diese Einebnung der gebietlichen Differentiale in dem verengten Raume der Bundesrepublik ist auf lohnpolitischem Gebiet fraglos das wichtigste Ergebnis der lohnpolitischen Aktivität der Gewerkschaften, die im übrigen darauf gerichtet war, den Anschluß an die konjunkturelle Entwicklung des jeweiligen Industriezweiges zu halten. In dieser Hinsicht dient als Hauptargument für gewerkschaftliche Lohnforderungen stets der Hinweis darauf, daß in einem anderen Gebiet bereits höhere Lohnsätze gezahlt werden. Die gewerkschaftlichen Unterhändler des benachteiligten Gebiets sind immer nachdrücklich bemüht, den Ausgleich wieder herzustellen oder eine innegehabte Vorrangstellung zu behaupten. Hier kennen sie sich wirklich aus, und indem sie so verfahren, erreichen sie sowohl einen gemäßigten Anschluß an die allgemeine konjunkturelle Entwicklung, ohne daß ihr Verhalten konjunkturpolitische Probleme aufwirft, als auch die stetig weitere Verengung der gebietlichen Differentiale. Das noch bestehende geringe Lohngefälle kann aber auch nicht mehr wie in früheren Zeiten als ein Ausdruck der jeweiligen Standortsbedingung angesehen werden, sondern ist heute in viel stärkerem Maße ein Ergebnis der zufälligen Lokalisierung der Fachkräfte im Zuge der Umsiedlung. Die der Verstärkung der Mobilität der Fachkräfte dienenden Anreizlöhne, die in bestimmten Industriebezirken bezahlt werden, haben zu dem gebietlichen Ausgleich beigetragen und in den Abwanderungsgebieten die betroffenen Industrien auf den Plan gerufen, die zu gleichen Angeboten gezwungen waren, um ihre Fachkräfte zu halten. Es sind also die Bestrebungen der Gewerkschaften und die Kräfte des Arbeitsmarktes, die speziell für die Facharbeiter, in deren Sog auch die An- und Ungelernten mitgezogen wurden, gemeinsam den Ausgleich der gebietlichen Lohnunterschiede bewirkt haben. Die gegenwärtige Situation bietet den Vorteil, daß eine zentrale Lohnregulierung im Ganzen oder für einzelne Industriezweige, sofern sie aus Gründen der Stabilisierung erwünscht sein sollte, ohne größere Schwierigkeiten zu verwirklichen ist, weil die noch bestehenden gebietlichen Unterschiede in der Lohnstruktur kein unüberwindliches Hindernis darstellen.

Die Verengung der gebietlichen Lohnunterschiede in den einzelnen Industrien erfährt eine weitere Verstärkung, wenn wir die Lohnstruktur in den einzelnen Industrien dazu in Beziehung setzen. Es zeigt sich dann zunächst, daß auch Industrien, die unter dem Durchschnittslohn liegen, wie zum Beispiel die Nahrungs- und Genußmittelindustrie und die Textilindustrie, durchaus nicht in allen Bereichen die niedrigsten Lohnsätze zu haben brauchen. In der Nahrungs- und Genußmittelindustrie liegt von vornherein eine grundsätzliche Schwierigkeit in der Entscheidung, welcher Facharbeiter für das Gewerbe als repräsentativ oder als guter Durchschnitt angesehen werden soll. In Schleswig-Holstein bestehen beispielsweise allein in der Nahrungs- und Genußmittelindustrie 30 und mehr einzelne tarifliche Vereinbarungen, Haustarife eingeschlossen, mit den verschiedenen Branchen und Betrieben. Danach liegt der Lohnsatz im Mühlengewerbe für einen Müller um 15 vH über dem des gelernten Maurers, der sogar von dem Mühlenarbeiter übertroffen wird. Weitere Beispiele dieser Art lassen sich auf Grund der Haustarife mit den Großbäckereien, der Fleischwarenindustrie und auch noch in anderen Industrien in größerer Zahl bilden. Relativ hohe Lohnsätze weist auch die Zigarettenindustrie auf, und selbst in der Fischindustrie, die mit der Obst- und Gemüseverarbeitung bei den Frauen die absolut niedrigsten Lohnsätze aufweist, erhält ein ungelernter Arbeiter für schwere körperliche Arbeiten einen Stundenlohn, der dem eines gelernten Schlossers entspricht. In der Nahrungs- und Genußmittelindustrie erhalten die qualifizierten Facharbeiter, wie auch die an- und ungelernten männlichen Arbeiter, wenn entsprechende körperliche Leistungen verlangt werden, einen der Bauindustrie vergleichbaren Tariflohn. Bei den Frauen liegen dagegen die Tariflöhne je nach der Art des Betriebes und nach dem Lohnsatz der Männer relativ niedrig, wenngleich auch durch Akkordzulagen ein gewisser Ausgleich herbeigeführt werden kann. Ähnlich liegen die Dinge in der Textilindustrie. Auch hier ist eine eindeutige Abgrenzung, wer als durchschnittlicher Facharbeiter angesehen werden soll, nicht möglich. Facharbeiter der Spitzenklasse erhalten auch in der Textilindustrie einen Lohnsatz, der dem des Handsetzers im Druckgewerbe gleichsteht. Betrachtet man so die Tariflöhne in den einzelnen Industrien genauer, dann stellt man fest, daß allein der Lohntarif im Baugewerbe 28 verschiedene Berufsgruppen umfaßt, die jede für sich und gegeneinander in bestimmter Weise abgestuft sind und daß in der vergleichbaren Gruppe der Facharbeiter Lohnunterschiede von über 20 vH gegenüber dem niedrigsten Facharbeiterlohnsatz ihrer Branche bestehen. Die Lohnskala auf der Basis der Industriezweige ergibt infolgedessen ein anderes Bild als die nach Berufsgruppen geordnete Skala. Heute dürften der Schornsteinmaurer, der Fliesenleger und der Maschinensetzer vor dem Hauer im Steinkohlenbergbau die Spitze in der Lohnskala halten, während die Lohnsätze für das Gros der qualifizierten Facharbeiter unterhalb dieser Spitze in allen Industriezweigen enger zusammenliegen als es nach dem Industriegruppenindex der Fall zu sein scheint. Auf Grund dieser Tatsache und der Erkenntnis, daß die wirklichen Zusammenhänge in der Lohnstruktur komplexer sind als es beispielsweise unsere Tabelle 11 aufweist, möchten wir auch diese Tabelle nur als ein Gerüst betrachtet wissen, das den ersten Anhalt gibt.

Als Beispiele für die Abstufung der Lohnsätze auf Grund der unterschiedlichen Qualifikation der Arbeitskräfte innerhalb der einzelnen Industriezweige, Branchen und Betriebe, haben wir in unserer Tabelle 10 nur drei Gruppen angegeben, den Facharbeiter, den Angelernten und den Hilfsarbeiter. Auf den ersten Blick ist ersichtlich, daß zwischen diesen Gruppen in allen Industrien eine bestimmte, im letzten Jahrzehnt nahezu unveränderte, Relation besteht. Angelernte erhalten 90 bis 95 vH des Facharbeiterlohnes, Hilfsarbeiter 85 vH. Den Lohnsatz für weibliche Arbeitskräfte, der vor dem Kriege etwa 30 bis 35 vH unter dem des Facharbeiters lag, haben wir in unserer Tabelle 10 nicht mehr aufgeführt, weil in der Bundesrepublik nach dem Jahre 1957, in einigen Industrien bereits früher, allgemein die Gleichstellung von Mann und Frau und die gleiche Entlohnung für die gleiche Leistung verwirklicht worden und insoweit eine entscheidende Änderung in der internen Lohnstruktur eingetreten ist. In der tatsächlichen Entlohnung der Frauenarbeit braucht sich damit allerdings nicht sehr viel geändert zu haben, weil sie von der Einstufung in die Lohngruppe abhängig ist. Die Gliederung unserer Lohntabelle 10 nach Facharbeitern, Angelernten und Hilfsarbeitern ist in bezug auf die Lohngruppen der internen Lohnstruktur insofern ebenfalls nur ein Gerüst, weil Leistungen in den Industriebetrieben im allgemeinen nach acht, in der Textilindustrie sogar nach dreizehn Leistungsgruppen (= Lohngruppen) gegliedert sind. Nur für die Gewerbebetriebe besteht die alte Form der Abstufung nach Altersgruppen untergliedert fort.

In den Lohntarifen der Industriebetriebe erfolgt die Lohnfixierung nach sogenannten Tätigkeits- oder Lohngruppen. Sie enthalten keine spezielle Unterscheidung nach Alter und Geschlecht, schließen jedoch die Arbeitsplatzbewertung ein. Für die Eingruppierung in die Tätigkeitsgruppen gilt generell der Grundsatz, daß nur die Anforderungen, die an die Arbeitnehmer gestellt werden, entscheidend sein sollen. Detaillierte Angaben über die Anforderungen, die für die einzelne Tätigkeitsgruppe erfüllt werden müssen, sind häufig in speziellen Lohnrahmentarifverträgen niedergelegt oder mit einer entsprechenden Gliederung den Lohntarifen beigefügt. Das Schema der Lohntarife ist durch diese Einbringung der Tätigkeitsgruppen in die innerbetriebliche Lohnstruktur in den letzten Jahren erheblichen Änderungen unterworfen worden. So ist die Eingruppierung in die Tätigkeitsgruppen in den umfassenden Verträgen der Metall-, Elektro-, Textil- und chemischen Industrie nicht nur von der geforderten Leistung abhängig, sondern auch von äußeren Einflüssen, wie der physischen und der psychischen Belastung, deren Bemessung zum Gebiet der Arbeitsstudien, speziell im Rahmen des Refasystems, gehört. In den Verträgen der chemischen Industrie sind zum Beispiel präzise Belastungskurven für verschiedene Arbeitserschwernisse errechnet, die, verbunden mit Bewertungspunkten des Arbeitsplatzes, die Zuordnung zu einer entsprechenden Tätigkeitsgruppe ermöglichen. Das Volkswagenwerk und andere Großbetriebe verwenden ähnliche Schemata. Auf die Einzelheiten dieser Vereinbarungen, zu denen natürlich auch spezifizierte Angaben über die Ermittlung der Akkordsätze gehören, müssen wir hier verzichten, weil sie in unserem Zusammenhang zu weit führen würden. Wichtig ist aber, daß diese Einbeziehung der Bewertung des Arbeitsplatzes in die Lohnfixierung von den Gewerkschaften grundsätzlich bejaht wird, daß die Abgrenzung der Tätigkeitsgruppen auf Vereinbarungen zwischen den Gewerkschaften und den Arbeitgeberorganisationen beruht und daß durch die Gliederung der Qualifikation nach Tätigkeitsgruppen die frühere Lohnstruktur erheblich modifiziert wird. Ausgehend von dem Facharbeiter, dem sogenannten Ecklohnarbeiter = 100, wie in unserer Tabelle 10, bleibt zwar das Grundverhältnis zu den An- und Ungelernten in den Lohnsätzen bestehen. Die interne Lohnstruktur weitet sich jedoch in der Weise aus, daß sich die Lohnskala sowohl nach oben als nach unten fortsetzt. Besonders qualifizierte Facharbeiter sind zumeist in zwei besondere Tätigkeitsgruppen eingeteilt, deren höchste einen etwa 25 bis 30 vH über dem Ecklohn liegenden Lohn erhält. Die übrigen sind in fünf bis acht Tätigkeitsgruppen unterteilt, deren unterste etwa 30 vH unter dem Ecklohn entlohnt wird. Die heute zwischen den Frauen- und den Männerlöhnen bestehenden Differentiale hängen im Rahmen dieser neuen Lohnstruktur natürlich in erster Linie von dem jeweiligen Charakter der Industrie und der Eingruppierung des Gros der Frauen in die veschiedenen Tätigkeitsguppen ab. In manchen Industrien werden es sicherlich die untersten Gruppen sein, die hauptsächlich aus Frauen und Jugendlichen bestehen. Das würde bedeuten, daß sich die frühere Grundrelation zwischen Männer- und Frauenlöhnen nicht wesentlich geändert hat. In einem größeren Teil der Industrie sind jedoch die Löhne für weibliche Arbeitnehmer schon deshalb in den letzten Jahren relativ stärker gestiegen als die der Männer, weil eine gleiche absolute Lohnerhöhung gegenüber dem früheren niedrigen Lohnsatz relativ stärker wirkt. Wenn eine Angleichung der Lohnsätze in dieser Weise stattgefunden hat, dann läßt sich aber immerhin noch nicht mit Sicherheit sagen, ob dies auch bei den effektiven Stundenlöhnen der Fall ist. In der internen Lohnstruktur, wie wir sie bisher behandelt haben, fehlen nämlich unter anderem noch die Leistungszuschläge und andere Arten von Zuschlägen zum Zeitlohn für die Dauer der Betriebszugehörigkeit, die tariflich vereinbart sind. Diese Zuschläge, die Zuschläge zum Zeitlohn und die Akkordberechnungen sind jedoch in allen Tarifverträgen unterschiedlich geregelt, so daß generell gültige Angaben kaum möglich sind. Im Endergebnis wird die effektive Lohnskala durch diese Zuschläge weiter ausgedehnt und die Abstufung der Leistungsgruppen zugleich komplexer.

Zusammenfassend ergibt sich, daß die externe und die interne Lohnstruktur auf der Basis der Lohnsätze für die manuellen Tätigkeiten in Industrie und Gewerbe verhältnismäßig rational sind. Ausgesprochen schwierig wird das Problem der Lohnstruktur allerdings, wenn die Angestellten mit in die Betrachtung einbezogen werden. Soweit es sich dabei um die in der Industrie tätigen Angestellten handelt, bleibt dieses Problem noch übersehbar, weil der größte Teil von ihnen von den entsprechenden Industriegewerkschaften mit vertreten wird, so daß von daher schon ein bestimmtes Verhältnis der Gehälter zu den Löhnen festgelegt ist. So entspricht zum Beispiel das Gehalt eines Angestellten von 21 bis 22 Jahren mit einer abgeschlossenen Ausbildung ziemlich genau dem Monatseinkommen eines entsprechenden Facharbeiters. In einer Gesamtskala mit etwa 12 Tätigkeitsgruppen erhält die niedrigste Gruppe der Angestellten, wie auch bei den Arbeitern, etwa 35 vH weniger als eine ausgebildete Fachkraft. Nach oben ist jedoch die Skala der Angestelltengehälter bedeutend weiter als die der Arbeiter. Bei den tariflich vereinbarten Gehältern wird die oberste Grenze bei ungefähr 135 vH gegenüber dem Gehalt der mittleren Gruppe erreicht. Auf Grund dieser größeren Aufbesserung nach oben haben die qualifizierten Angestellten und vor allem die Meister und technischen Angestellten bei gleichen prozentualen Erhöhungen der Gehälter für alle Gruppen bedeutend höhere absolute Gehaltserhöhungen erhalten als die der unteren Gruppen. Diese Erhöhungen können für sich genommen höher sein als die Gehälter in den niedrigsten Gruppen. Die Ursache für diese unterschiedliche Behandlung nach der Qualifikation der Angestellten liegt einmal in der besseren gewerkschaftlichen Organisation der Meister und technischen Angestellten gegenüber den übrigen Angestellten und zum anderen darin, daß die Arbeitgeber in erster Linie sowohl bei den Arbeitern als auch bei den Angestellten vor allem an qualifizierten Kräften interessiert sind. Das Fußvolk, wie es gelegentlich in den Lohnverhandlungen genannt wird, interessiert nicht so sehr. Bei den manuellen Arbeiten ziehen die Facharbeiter auch die Ungelernten mit; bei den Angestellten geschieht dies bei weitem nicht in dem gleichen Maße. Was innerhalb der Industrie für das Verhältnis der Angestellten unter sich gilt, das gilt in noch stärkerem Maße für die Gehaltsentwicklung in der Industrie im Verhältnis zu den öffentlichen Bediensteten und anderen Angestelltengruppen. Darin liegt ein besonderes Problem der Gesamtlohn- und Gehaltsstruktur in der Bundesrepublik, das jedoch ohne spezielle Studien auf dem Sektor der Angestelltengehälter nicht zu klären ist und mit dessen Andeutung wir uns demzufolge bescheiden. Innerhalb der Industrie, so können wir zusammenfassend sagen, ist die Lohn- und Gehaltsstruktur auf der Basis der Lohn- und Gehaltstarife in der Bundesrepublik im Verhältnis zu anderen Ländern relativ rational gegliedert. Offensichtlich weist diese Struktur auch keinerlei Tendenz zur Nivellierung in irgendeiner Weise auf. Diese Tatsache darf sicherlich vor allem auf das in Deutschland besonders stark ausgeprägte System der Fachberufe in allen Zweigen der Wirtschaft zurückgeführt werden, das bis heute das traditionelle Gerüst der Lohnstruktur bildet. Von dem

Prinzip der Leistung aus, das diese Struktur beherrscht, erscheinen der niedrige Lohnsatz in der Landwirtschaft und die Benachteiligung der öffentlichen Bediensteten nicht vertretbar, um nur die Hauptgruppen zu nennen, die am augenfälligsten aus einer rationalen Lohn- und Gehaltsstruktur herausfallen. Das Herausfallen dieser Gruppen aus der allgemeinen konjunkturellen Entwicklung ist jedoch in gewisser Weise typisch für die allgemeine Einstellung zur Lohnpolitik in der Bundesrepublik, die geradezu gekennzeichnet ist durch die völlige Abwesenheit einer dezidierten Lohnpolitik unter dem Aspekt der Gesamtwirtschaft und in bezug auf konjunkturelle Probleme.

Die in Schweden praktizierte Lohnpolitik dürfte im ausgesprochenen Gegensatz zur bundesdeutschen stehen. Eine solidarische Lohnpolitik der Gewerkschaften kam dort erstmalig während der Krise im Jahre 1930 zustande. Schon vor dem Kriege unternahmen die schwedischen Gewerkschaften und die Arbeitgeberorganisationen große Anstrengungen, um zu nationalen Vereinbarungen für die ganze Industrie zu gelangen. Sie führten im Jahre 1938 zu einer grundlegenden Einigung. Als erste konkrete Lösung wurde für verschiedene Lohngebiete mit gleichen Lebenshaltungskosten ein System von Standardlohnsätzen geschaffen, das während und nach dem Kriege durch einen weiteren übergebietlichen Ausgleich und vor allem durch die Erhöhung der Landarbeiterlöhne ergänzt wurde. Die Zonenabweichungen von 30 bis 40 vH in der ersten Phase wurden in ihrer Folge auf 15 bis 25 vH reduziert. Der weitere Ausgleich der Differentiale zwischen der Land- und Forstwirtschaft und der Industrie vollzog sich in Schweden wie auch in England dann hauptsächlich während des Krieges, als nur die niedrigen Löhne von dem allgemeinen Lohnstop ausgenommen waren, so daß sie den Anschluß an das allgemeine Lohnniveau herstellen konnten. Die hohe Mobilität der Arbeitskräfte während und nach dem Kriege hat in Schweden nach Gösta Rehn[4] weiterhin beträchtlich zum Ausgleich der Differentiale von Industrie zu Industrie und zwischen den Betrieben beigetragen. Auf der Struktur, die sich so herausgebildet hat, basieren die nationalen Lohnvereinbarungen, die zwischen der Landesorganisation der Gewerkschaften und dem Zentralverband der Arbeitgeber seit dem Kriege abgeschlossen werden. Diese nationalen Lohnabkommen sind die Grundlage für die Detailabkommen in den Betrieben, die durch das Abkommen der Regierung mit der Organisation der Landwirte über die Einkommen in der Landwirtschaft auch mit den Preisen für die landwirtschaftlichen Erzeugnisse verbunden sind. Gegenüber diesem komplexen System der Lohnfixierung, das de facto zu einer jeweiligen Entscheidung über die nationale Wirtschaftspolitik geworden ist, sind in

[4] *Rehn*, Gösta: Unionism and the Wage Structure in Sweden, in: The Theory of Wage Determination, S. 224ff.

bezug auf die Lohndifferentiale besonders von der Angestelltenorganisation wegen der als zu weitgehend empfundenen Nivellierung in den letzten Jahren Widersprüche angemeldet.

Für Frankreich und Italien läßt sich nur wenig über die dort bestehenden Lohndifferentiale aussagen. Im Nachkriegsfrankreich sind nach Sellier[5] die Facharbeiterlöhne in der Metallindustrie stärker gestiegen als die der Un- und Angelernten. Dies dürfte nach der offiziellen Statistik auch für die anderen Industriezweige zutreffen, sofern die benutzte Gliederung, die vom hochqualifizierten Facharbeiter gleich zum Angelernten überspringt, ein korrektes Bild ergibt[6]. Trotzdem hat auch in Frankreich in den vorhergehenden Jahren eine Angleichung der Lohnsätze stattgefunden. Die Differenz zwischen den Facharbeiterlöhnen und denen der Ungelernten, die in den Jahren von 1937 bis 1940 54 vH betrug, verengte sich im Jahre 1950 auf etwa 25 vH und beträgt heute im Durchschnitt etwa 35 vH. Auf nähere Einzelheiten einzugehen, wird jedoch dadurch erschwert, daß durch die inflationäre Entwicklung in Frankreich bis zum Jahre 1959 anomale Verhältnisse entstanden sind. Sie offenbaren sich in den letzten Jahrzehnten in einem besonders komplizierten System der zentralen Lohnfixierung, das stark von institutionellen Einflüssen bestimmt wird. Besonders kompliziert ist die Minimumregulierung, die mit verschiedenen Indexberechnungen für den Lebensstandard und mit dem Index für die Lebenshaltungskosten gekoppelt ist. Hinzu kommt, daß nicht der eigentliche Lohnsatz für das Einkommen bedeutungsvoll ist, sondern der von Familienumständen abhängige Soziallohn, auf den von Arbeitgeberseite noch Zuschläge für bestimmte Qualifikationen als Bonus gezahlt werden.

In den Vereinigten Staaten war der Unterschied zwischen den Facharbeiterraten und denen der Ungelernten vor dem zweiten Weltkrieg besonders ausgeprägt. Nach Rothbaum[7] lag die Facharbeiterrate in den Jahren von 1937 bis 1940 65 vH über der der Ungelernten. In den Jahren 1952/53 betrug diese Differenz nur noch 37 vH. Die Erklärung für die frühere ungewöhnlich weite Spanne dürfte darin zu sehen sein, daß es bis zum Jahre 1936 in den Vereinigten Staaten keine zahlenmäßig ins Gewicht fallende Gewerkschaftsbewegung, aber exklusive Fachgewerkschaften gab. Die starke Position, die die Gewerkschaften heute in den Vereinigten Staaten einnehmen, haben sie erst in den letzten zwanzig Jahren erobert. In den letzten Jahren haben aus diesen und aus ande-

---

[5] *Sellier*, F.: The Effects of Inflation on Wage Structure in France, in: The Theory of Wage Determination, S. 271.

[6] Siehe Veröffentlichung des Statistischen Bundesamtes: Preise, Löhne, Wirtschaftsrechnung, Reihe 12: Tariflöhne und Lohnindices in ausgewählten Ländern, 1950—1959.

[7] *Rothbaum*, M.: National Wage-structure Comparisons, in: New Concepts in Wage Determination, S. 308.

ren Gründen in den USA die Differentiale in jeder Form offenbar in besonders starkem Maße abgenommen. Clark Kerr[8] weist darauf hin, daß die personellen Differentiale größtenteils ausgeschaltet oder unter formale Kontrolle der Gewerkschaften gebracht worden seien. Die Differentiale zwischen Firmen, die ein gleiches Produkt herstellen und gleiche Arbeitskräfte benötigen, sind gleichfalls stark reduziert worden. Gebietsdifferentiale sind gelegentlich ausgerottet, häufiger verringert worden, besonders wenn gebietliche Produktionskonkurrenz bestand. Die beruflichen Differentiale sind ebenfalls stark reduziert worden. Es ist jedoch wenig wahrscheinlich, daß dies ein Ergebnis der Gewerkschaftspolitik war. Das gilt auch für die Differentiale der Industrien untereinander. Hinsichtlich der Nivellierung der Differentiale ist bezeichnenderweise nicht die Form der Gewerkschaftsorganisationen, ob Facharbeiter- oder Industriegewerkschaften, ausschlaggebend. So sind in den USA nach Clark Kerr in der gegenwärtigen Dekade die Differentiale zwischen den Facharbeitern und Ungelernten in der Bauindustrie, die auf der Basis der Fachgewerkschaften organisiert sind, viel stärker eingeengt worden als in der Stahl- und Automobilindustrie, die auf der Industriebasis organisiert sind.

Das Ergebnis der Nivellierung der Lohn- und Gehaltseinkommen in den letzten fünfzig Jahren faßt Phelps Brown[9] dahin zusammen, daß die Bezahlung der Handarbeiter sich relativ stärker verbessert habe, als die der administrativen und anderen Angestelltenberufe. Die Bezahlung der An- und Ungelernten habe sich stärker erhöht als die der Facharbeiter. Der Abstand der Löhne für Frauen und Jugendliche zu denen der erwachsenen Männer habe sich verringert.

Fragen wir nach den Ursachen dieser Entwicklung und ihrer jeweiligen Intensität, dann gelangen wir zu dem Schluß, daß der technischindustriellen und gesellschaftlichen Entwicklung die Tendenz innewohnt, zu einer größeren Gleichheit der Einkommensverhältnisse zu führen. Insbesondere haben gesellschaftspolitische Kulminationspunkte, wie Zeiten der Kriegswirtschaft, stärker auf die Einebnung der Differentiale eingewirkt. In diesen Zeiten konnten die Gewerkschaftsbewegungen vielfach ihre allgemeinen Ziele, insbesondere eine gerechtere Einkommensverteilung, in stärkerem Maße durchsetzen, zumal rein ökonomische Kräfte, zum Beispiel die Konkurrenz des Auslandes, in solchen Zeiten weitgehend ausgeschaltet waren. In der Regel hat sich die Umgestaltung in der Weise vollzogen, daß die schlechtbezahlten Gruppen von Industrie- und Landarbeitern zunächst dem Niveau der besserbezahl-

---

[8] *Kerr,* Clark: Wage Relationships — The Comparative Impact of Market and Power Forces, in: The Theory of Wage Determination, S. 181.

[9] *Phelps Brown:* Wage Policy and Wage Differences, Economica, November 1955.

ten angeglichen wurden. Dieses Ergebnis ist in den verschiedensten Formen erzielt worden, in den meisten Fällen mit staatlicher Hilfe, indem Minimumlöhne als eine untere Grenze gesetzt wurden. Diese Form der institutionellen Lohnfixierung als Basis für die Lohnregulierung hat in vielen Ländern, die USA eingeschlossen, Verbreitung gefunden. Andere institutionelle Einrichtungen zur Fixierung von Lohnsätzen in bestimmten Industrien und Schiedsgerichte haben zu einer weiteren Verengung der Differentiale beigetragen. Der Einfluß der Gewerkschaften auf diese Entwicklung ist hingegen unterschiedlich und im einzelnen von dem jeweils erreichten Lohnniveau und dem Grad der Nivellierung abhängig gewesen. In den einzelnen Ländern und zwischen den einzelnen Gewerkschaften können über die Frage, welcher Zustand jeweils wünschenswert ist, durchaus voneinander abweichende Meinungen bestehen. So stellt sich in jedem Land die Frage nach den Faktoren, die auf eine Änderung oder Beibehaltung bestehender Differentiale drängen, anders. Generell darf festgestellt werden, daß die allgemeine Tendenz immer dahin geht, zuerst eine größere Gleichheit der Einkommen zu erreichen und wenn dieses Ziel erreicht ist, wieder angemessene Differentiale herzustellen.

2. Tarifliche Lohnsätze und effektive Verdienste

In dem Verhältnis von Lohnsätzen zu den effektiven Verdiensten stellt sich das Problem der Einkommensverteilung in einer anderen Form dar, weil die effektiven Verdienste die Einkommensverhältnisse der Arbeitnehmer untereinander und die Teilung des Produktionserfolges zwischen Arbeitseinkommen und Gewinnen in gewisser Weise konkreter berühren als die tariflichen Lohnsätze es für sich allein tun. Das ist subjektiv für die Empfänger der verschiedenen Einkommensarten und objektiv für die Gesamtwirtschaft der Fall. Subjektiv bedeuten die effektiven Verdienste für die Arbeitnehmer zumeist eine begrüßenswerte Mehreinnahme über den Lohnsatz hinaus, sie können aber auch einen Einkommensverlust ergeben, wenn die effektiven Verdienste auf Grund von Kurzarbeit — wie es in der Textilindustrie häufiger vorkommt — unter dem wöchentlichen Lohneinkommen auf der Basis der normalen wöchentlichen Arbeitszeit bleiben. Objektiv bestimmen in einem Betrieb letzlich die effektiven Verdienste und nicht der tarifliche Lohnsatz die Lohnkosten, die in den hergestellten Gütern eingehen. Sowohl im Betrieb wie in der Gesamtwirtschaft determiniert die Teilung zwischen Lohneinkommen und Gewinnen in erster Linie die Investitionsquote und dies in besonderem Maße dann, wenn die Eigenfinanzierung der Betriebe zum System geworden ist. Für ökonomische Fragen ist es deshalb von großer Wichtigkeit, zu wissen, wie groß die Spanne zwischen den Lohnsätzen und den effektiven Verdiensten ist, in welcher Weise sie durch die Lohnpolitik beeinflußt wird und welche Unterschiede in den einzelnen Ländern bestehen. Die statistischen Unterlagen für diesen Fragenkomplex sind recht spärlich und beruhen im allgemeinen auf Durchschnittsberechnungen, die aber nur etwas über die durchschnittliche Differenz von Lohnsätzen und Verdiensten aussagen, zur Aufhellung des eigentlichen Problems aber nur wenig beitragen können. Wir müssen uns deshalb darauf beschränken, einige der wesentlichsten Merkmale in dieser Hinsicht aufzudecken.

In England — um unsere Reihenfolge beizubehalten — werden die Lohnverhandlungen in fast allen wichtigen Industriezweigen auf nationaler Ebene häufig für die gesamte Industrie geführt. Für größere Betriebseinheiten, zum Beispiel in der Automobilindustrie, bestehen auch spezielle Betriebsvereinbarungen. Die in den Lohnverhandlungen zu fixierenden absoluten Lohnveränderungen werden gesondert für Facharbeiter und einfache Arbeiter auf die bestehende flat-rate bezogen und sind von vornherein als Minimumlöhne gedacht. Von dieser Basis aus werden die Zuschläge für Akkord- und Zeitlohn, Überstunden, Schichtarbeit, für besondere Leistungen und für Verantwortung, sowie die sogenannten „Hausraten" berechnet, um nur die wichtigsten Formen von Zuschlägen zu nennen. Die dem Minimallohn zuzurechnenden Akkordsätze, Überstundenprozente und dergleichen sind wie überall Gegenstand der Lohnverhandlungen und werden normalerweise nur in größeren Zeitabständen geändert. Die anderen Arten von Zuschlägen werden dagegen auf der Betriebs- oder Branchenebene ausgehandelt. Auf Grund dieser Zweigleisigkeit können die effektiven Verdienste je nach Art des Industriezweiges in manchen Fällen bis zu 70 vH über dem Minimallohn liegen. Den gewerkschaftlichen Unterhändlern in England ist das Ausmaß und der numerische Wert dieser Unterschiede in den einzelnen Industriezweigen und Betrieben genau bekannt und sie erwarten von vornherein, daß nach einer neuen nationalen Lohnfestsetzung die auf der Ebene der Betriebe und Branchen wirkenden Gewerkschaftsvertreter sofort daran gehen, die speziellen Zuschläge neu auszuhandeln. Eine Änderung der nationalen Lohnsätze pflegt also anschließend auf der lokalen Ebene und im Betrieb zu längeren Auseinandersetzungen zu führen, deren Grundthema die Frage ist, ob und inwieweit bestimmte Zuschläge bereits im neuen Lohnsatz aufgegangen sind. Das allgemeine Ergebnis ist zumeist, daß die bestehenden Zuschläge wieder dem nationalen Lohnsatz zugerechnet werden, weil sie auf Vereinbarungen beruhen, die von der nationalen Lohnverhandlung auch dann nicht tangiert werden, wenn Zugeständnisse in dieser Richtung auf nationaler Ebene gemacht wurden. Die effektiven Verdienste wachsen somit wieder erneut über die Lohnsätze hinaus und geben den Gewerkschaften bei der nächsten Lohnauseinandersetzung Anlaß, die Lohnsätze wieder an die Verdienste heranzubringen mit dem Ergebnis, daß sich der Vorgang wiederholt. In der Periode der Vollbeschäftigung hat sich so in England gewissermaßen das Prinzip entwickelt, daß die Gewerkschaften in den nationalen Lohnvereinbarungen die bereits erreichten effektiven Verdienste durch ein jeweiliges Nachziehen der Minimallöhne durch einen Damm nach unten absichern, eine einmal erreichte Position einzementieren. In dieser Weise nehmen die Gewerkschaften die Grenzleistungsfähigkeit der Betriebe, die sich in den effektiven Verdiensten ausdrückt, als Anlaß und als Maßstab für die jeweilige Neufestsetzung des Minimallohnes und versuchen so, ihren Mitgliedern eine angemessene Beteiligung am wachsenden nationalen Wohlstand zu sichern. Sie erreichen damit gleichzeitig, daß nicht die Betriebe mit der geringsten Grenzleistungsfähigkeit zum Maßstab aller Dinge gemacht werden und den Wirtschaftsprozeß auf ihre Gangart heruntertransferieren. Solche Betriebe werden durch das geschilderte Verfahren im Gegenteil gezwungen, den Anschluß an die allgemeine Entwicklung zu halten. Nach den Feststellungen des Untersuchungsausschusses (Court of Inquiry), der in einem Lohnkonflikt in der Metallindustrie im Jahre 1954 vermittelte, erhielten seinerzeit etwa ein Drittel der Arbeitnehmer in der Metallindustrie nur den nackten Minimallohn ohne jede Zuschläge und rechtfertigten damit auch in den Augen des Untersuchungsausschusses die gewerkschaftliche Forderung, die Minimallöhne als Meßbasis für die Beurteilung der Berechtigung einer Lohnerhöhung zugrunde zu legen und nicht die effektiven Verdienste, wie es die Arbeitgeber gefordert hatten. Die Gewerkschaften sahen in dieser Empfehlung des Untersuchungsausschusses einen Sieg ihres Prinzips der Lohnfixierung, während die Arbeitgeber sie nicht akzeptierten. Natürlich kann dieses Prinzip auch einmal gegen die Gewerkschaften ausschlagen, besonders dann, wenn sie, wie nach dem Kriege in England, in einer Labour Regierung selbst vertreten und an einer Stabilisierung interessiert sind. Allan Flanders[10] weist darauf hin, daß der Verlust an Verdiensten im Jahre 1945, der aus der Abnahme der Überstunden und anderen Faktoren resultierte, sich zu einem kräftigen und effektiven Druck der Gewerkschaften nach einer kompensatorischen Erhöhung der Lohnraten entwickelte. Flanders ist deshalb der Ansicht, daß die Aufwärtsentwicklung der Löhne in den Jahren der Vollbeschäftigung speziell in der Periode von 1945 bis 1948 nicht allein als Ergebnis der steigenden Kosten der Lebenshaltung erklärt werden könne.

Weiter ist zu bedenken, daß nicht allen Industrien in gleicher Weise der Weg offensteht, ihre effektiven Verdienste so zu steigern, wie es in den von der Prosperität begünstigten der Fall ist. Aus diesen Gründen

---

[10] *Flanders,* Allan: Wage Policy and Full Employment in Britain, Oxford Univ. Inst. of Stat., Vol. 12, Juli/August, 1950, S. 227.

sind in England die Unterschiede zwischen den einzelnen Industrien in der Lohnskala auf der Basis der durchschnittlichen effektiven Stundenverdienste bedeutend größer, als sie es auf der Basis der Lohnsätze sind. Am niedrigsten ist die Spanne der Verdienste in der Verkehrsindustrie, Nahrungsmittelindustrie, Textilindustrie, Lederverarbeitung und ähnlichen Industrien, während die Spitzenverdienste in der Metallindustrie um 45 vH und im Druckgewerbe sogar um 60 vH über den Lohnsätzen liegen, ohne auf speziellen Überstundenleistungen zu beruhen[11]. In der Landwirtschaft und der Verkehrsindustrie sind die um 25 vH höheren Verdienste fast ausschließlich Zuschläge für geleistete Überstunden. Bei den Metallarbeitern ergibt sich die Verdienstspanne in erster Linie aus Akkordzuschlägen (die in England mit 45 vH auf die Basisrate berechnet werden) und Leistungszulagen, und im Druckgewerbe bestehen die den Lohnsatz überschießenden Verdienste fast nur aus Leistungszulagen oder Zulagen, die die Verlagshäuser von altersher in vielfältigen Formen gewähren. In allen Fällen beruhen sie auf langfristigen Vereinbarungen und sind insoweit kaum als freiwillige Leistungen des Unternehmers anzusehen.

In der Bundesrepublik ist die Technik der Fixierung der Lohnsätze der englischen in mancher Hinsicht ähnlich; bei den effektiven Verdiensten liegen dagegen die Verhältnisse ganz anders. Der rein gewerkschaftliche Einfluß ist auf diesem Gebiet relativ gering. Wie wir festgestellt haben, ist das System der Tariflöhne in der Bundesrepublik verhältnismäßig rational und übersichtlicher als das englische. Es fragt sich aber. ob unsere heutigen Tariflöhne nur Minimumlöhne wie in England darstellen oder ob sie einen durchschnittlichen Lohnsatz repräsentieren sollen. Soweit es sich um die tariflich geregelten Zuschläge handelt, ist offenbar das Letztere der Fall. So erfolgt für Arbeiten im Zeitlohn ein Zuschlag von 10 bis 15 vH, während die Akkordsätze so bemessen sind, daß 20 bis 25 vH über den Ecklohn hinaus verdient werden können. Die Regelung dieser Zuschläge ist in den einzelnen Tarifverträgen unterschiedlich. Ebenso ist es mit den Prozentzuschlägen für Überstunden. Im Durchschnitt kann davon ausgegangen werden, daß sie für die ersten zwei Stunden 25 vH betragen und danach stärker ansteigen. Auch die sozialen Leistungen, die Ferienregelungen und dergleichen sind in den Mantel- oder Rahmentarifen ziemlich genau in den einzelnen Positionen niedergelegt. Alle diese tariflichen Vereinbarungen berühren natürlich die effektiven Verdienste, doch ist dieser Katalog der zur Anwendung kommenden Leistungen und Zuschläge zum Lohnsatz

---

[11] Siehe dazu die Veröffentlichungen des Statistischen Bundesamtes: Preise, Löhne, Wirtschaftsrechnung, Reihe 12: Verdienste und Löhne im Ausland, Arbeiterverdienste in ausgewählten Ländern, 1950—1958, S. 12/13 und Tariflöhne und Lohnindices in ausgewählten Ländern, 1950—1959, S. 7; sowie *Bandholz*, Emil: a. a. O., S. 283 u. 339.

nicht das eigentliche Problem. Er wird es auch dann noch nicht, wenn wir die freiwilligen sozialen Leistungen der Unternehmer in unsere Betrachtung einbeziehen. Das eigene Gesicht erhält der Zusammenhang von Lohnsätzen und effektiven Verdiensten in der Bundesrepublik erst durch die freiwillige Zahlung von Gratifikationen seitens der Unternehmer als 13. und 14. Monatslohn oder in anderen Formen, zum Beispiel in Form der Beteiligung am Betriebserfolg. Noch bedeutungsvoller für die Grundlage der Tariflöhne ist die freiwillige Zahlung eines Lohnsatzes, der mehr oder weniger erheblich über dem geltenden tariflichen Lohnsatz liegt.

In vielen Fällen werden über diese freiwilligen Leistungen des Unternehmers mit den gewerkschaftlichen Vertretungen im Betrieb spezielle Betriebsvereinbarungen geschlossen, die eine befristete Rechtsverbindlichkeit auf bestimmte Zahlungen zum Gegenstand haben. In ebenso vielen Fällen bestehen jedoch keine derartigen Vereinbarungen, so daß dem Unternehmer die Möglichkeit zur Einstellung seiner freiwilligen Leistungen jederzeit offensteht. Was uns in bezug auf das Verhältnis der Tariflöhne zu den effektiven Verdiensten in der Bundesrepublik in diesem Zusammenhang in erster Linie interessiert, ist vor allem die letzte Form der freiwilligen Leistungen der Unternehmer. Die wesentlichste Grundlage ihres Zustandekommens ist das Vorherrschen großflächiger Tarifverträge. Dadurch werden Betriebe völlig unterschiedlicher Art in der Kapitalausstattung, den Produktionsanlagen, der Betriebsorganisation, der Fähigkeit der Betriebsführung in bezug auf die Anwendung kaufmännischer und technischer Neuerungen, kurzum in bezug auf ihre Produktivität und ihre Fertigungskosten in einen Topf geworfen. Der auszuhandelnde Lohnsatz muß unter diesen Umständen (besonders, solange noch nicht in allen Teilen der Bundesrepublik Vollbeschäftigung bestand) unter dem Druck der Grenzbetriebe nach unten gedrückt werden. Die Tendenz geht dahin, den tariflichen Lohnsatz so zu fixieren, daß auch der schlechteste Betrieb und die geringste Arbeitsleistung im Produktionsprozeß verbleiben können. Der tarifliche Lohnsatz wird damit zu einem Minimallohnsatz. Wir wollen es dahingestellt sein lassen, ob der Tariflohn ursprünglich als solcher gedacht war, fest steht jedenfalls, daß er heute so wirkt. Das bedeutet, daß modern ausgestattete und modern geführte Betriebe einen beträchtlichen Differentialgewinn erzielen. Diese Gewinne sind die Quelle der bis heute unverändert fortgeführten Eigenfinanzierung der Betriebe. Natürlich konnte den Beschäftigten in derart prosperierenden Betrieben die gute Geschäftslage ihrer Firma nicht verborgen bleiben. Im Interesse eines guten Betriebsklimas erschien es deshalb der Geschäftsleitung zumeist angezeigt, ihre Betriebsangehörigen am Geschäftserfolg irgendwie teilnehmen zu lassen. Dies geschah in größerem Umfange nicht nur durch den

Ausbau der Wohlfahrtseinrichtungen der Betriebe, durch freiwillige soziale Leistungen und dergleichen, sondern vor allem auch durch eine betriebliche Aufstockung der Lohnsätze. Die produktivitätsgesegneten Betriebe und Industrien setzten gewissermaßen ein neues Lohnsystem neben das Tariflohnsystem. Welche Ausmaße dieser Vorgang angenommen hat, läßt sich nur sehr schwer ermitteln. Nur auf Grund von Erfahrungen können wir in grober Annäherung schätzen, daß etwa 40 vH der Beschäftigten keine Zulagen dieser Art über ihren Tariflohn erhalten, 35 vH dagegen Zulagen bis zu 30 vH und das restliche Viertel der Beschäftigten mehr als 30 vH, gelegentlich bis zu 70 vH und 80 vH. Letzteres gilt vor allem für den Bereich der neuen Kunststoffindustrien, wo das Gros der Beschäftigten aus an- und ungelernten Arbeitern besteht, deren Tariflöhne relativ niedrig sind. Sie betrugen zum Beispiel im Jahre 1958 1,77 DM pro Stunde, während effektive Stundenverdienste bis zu 3,— DM gezahlt wurden. Wie zu erwarten, ergeben sich derartige Unterschiede zwischen den Tariflöhnen und den effektiven Verdiensten vor allem in den Bereichen derjenigen Industrien — wie zum Beispiel Chemie, Papier und Keramik —, bei denen auf der einen Seite moderne Großbetriebe mit unterschiedlichen Produktionsprogrammen die Vertragspartner darstellen, während in gleichem Raum eine Vielzahl von Kleinbetrieben der verschiedensten Art bestehen. In anderen Industriegruppen, in denen im allgemeinen übersehbare Tarifverhältnisse bestehen, wie etwa im Druck- und Baugewerbe, sind die vom Betrieb gezahlten tatsächlichen Lohnsätze nicht weniger vielfältig. Es ist keine Übertreibung, davon auszugehen, daß in einem Betrieb mittlerer Größe mit fünfzig oder mehr Beschäftigten ungefähr mit jedem einzelnen der Beschäftigten spezielle Abmachungen getroffen werden, die sich auf völlig verschiedene Arten zu Zulagen beziehen können, obgleich die Beschäftigten alle Mitglieder der gleichen Gewerkschaft sind. Das Verfahren, das sich hier herausgebildet hat, führt notwendigerweise dazu, daß sich über den für den ganzen Betrieb geltenden Kollektivvertrag eine Vielzahl von privaten Abmachungen zwischen den Beschäftigten und den Arbeitgebern erhebt, die der Sphäre des Privatvertrages angehören. Welchen numerischen Wert die Anreizlöhne und die anderen Arten von Zulagen gegenüber den Tariflöhnen erreichen, ist nicht einmal den gewerkschaftlichen Unterhändlern in den Tarifverhandlungen in vollem Umfange bekannt, weil sie von ihren Mitgliedern darüber nur sehr mangelhafte Auskünfte erhalten. Auch statistische Veröffentlichungen auf diesem Gebiet sind sehr mangelhaft. Die durchschnittlich erzielten Bruttoverdienste, die sich aus den Lohnsummen, dividiert durch die Zahl der Beschäftigten und geleisteten Arbeitsstunden, errechnen lassen, sagen in dieser Beziehung nur sehr wenig aus, weil sie in den Industriezweigen produktive und unproduktive Betriebe gleichermaßen erfassen und weil das Spezifische im Durchschnitt untergeht. Auf der Basis 1950 = 100 stellt sich diese Entwicklung für die wesentlichsten Bereiche der Gesamtindustrie folgendermaßen dar:

Tabelle 12: **Die Entwicklung der tariflichen Stundenlohnsätze für männliche Arbeiter und der effektiven Stundenverdienste in ausgewählten Wirtschaftsbereichen a) von 1950 — 1958**

Jahr	tarifliche Zeitlohnsätze Nov. 1950 = 100	effektive Stundenverdienste J.-Durchschn. 1950 = 100
Febr. 1951	102	110
Febr. 1952	115	122
Febr. 1953	119	128
Febr. 1954	123	132
Febr. 1955	127	138
Febr. 1956	139	151
Febr. 1957	147	163
Febr. 1958	158	176

Quelle: Statistisches Bundesamt, Reihe XI, Teil III.
a) Bergbau, Energiewirtschaft, Grundstoff- und Produktionsgüterindustrie, Investitionsgüterindustrie, Verbrauchsgüterindustrie, Nahrungs- und Genußmittelindustrie und Baugewerbe.

Das einzige, was sich aus der obigen Tabelle ablesen läßt, ist, daß die effektiven Stundenverdienste nach dem Jahre 1955 stärker gestiegen sind als die tariflichen Lohnsätze, aber auch nicht mehr. Selbst auf der Basis der einzelnen Industriezweige kommt man dem Problem nicht sehr viel näher, wie die folgende Tabelle zeigt.

Um die Tabelle 13 mit der Tabelle 11 vergleichen zu können, haben wir nur die durchschnittlichen Bruttostundenverdienste der männlichen Industriearbeiter ausgewählt, weil es dadurch noch em ehesten möglich ist, gewisse Besonderheiten in der Entwicklung innerhalb der einzelnen Industriezweige aufzudecken. Das Ergebnis bleibt jedoch trotzdem mager. Die Elektroindustrie und die papierverarbeitende Industrie bleiben auch in den einzelnen Jahren unter der durchschnittlichen Gesamtentwicklung, während die holzverarbeitende und die Textilindustrie im letzten Jahr den Anschluß an die allgemeine Entwicklung wieder hergestellt haben. Insoweit spiegelt sich in den Bruttoverdiensten eine ähnliche Entwicklungslinie wider, wie wir sie schon auf der Basis der Tariflöhne gefunden haben. Augenfällig ist, daß die Nahrungs- und Genußmittelindustrie in den letzten beiden Jahren bemerkenswert über dem Gesamtdurchschnitt liegen und das Druckgewerbe seit dem Jahr 1950 ständig darunter. Diese Sonderentwicklung klärt sich aber leicht auf, wenn wir die absoluten durchschnittlichen Stundenverdienste für die höchste Leistungsgruppe in den einzelnen Industrien betrachten, die wir unserer Tabelle 13 angefügt haben, um sie auf reale Größen bezie-

Tabelle 13: Index der durchschnittlichen Bruttostundenverdienste der männlichen Industriearbeiter nach Industriezweigen 1938 und 1950 bis 1958

(Basis Jahresdurchschnitt 1950 = 100)

Jahr	Steinkohlenbergbau	Energiewirtschaft	Steine und Erden	Eisen- und Stahlindustrie	Chemische Industrie	Elektroindustrie	Holzverarbeitende Industrie	Papierverarbeitende Industrie	Druck und Vervielfältigungsindustrie	Textilindustrie	Nahrungs- und Genußmittelindustrie	Baugewerbe	Gesamte Industrie
1938	58	—	58	65	63	—	60	66	69	58	67	60	63
Dez. 1950	111	—	104	105	108	105	103	105	104	107	107	106	106
						1950 = 100							
Dez. 1951	118	—	117	119	121	118	113	118	116	118	117	121	118
Nov. 1952	130	—	124	137	126	124	119	122	122	121	125	129	127
1953	135	—	129	138	132	129	125	127	128	128	131	133	132
1954	138	—	135	151	136	136	130	132	132	131	135	136	137
1955	152	—	148	161	143	144	141	142	140	140	147	149	148
1956	175	—	157	172	154	156	157	156	158	151	159	157	161
1957	185	170	174	185	169	161	172	167	167	168	177	174	174
1958	184	184	186	189	182	173	183	179	178	181	191	184	183
				Durchschnittl. Bruttostundenverdienste Leistungsgruppe I in Dpfg.									
Mai 1959	330,8	266,0	267,5	283,9	233,6	215,9	244,2	286,4	312,1	235,7	247,2	273,8	269,7

Quelle: Statistisches Bundesamt: Reihe 15, Arbeitnehmerverdienste in Industrie und Handel, Teil I: Arbeiterverdienste, Februar 1959.

hen zu können. Die relativ geringere, unterdurchschnittliche Entwicklung der Bruttostundenverdienste im Druckgewerbe erweist sich dann als ein nur scheinbares Nachhinken, weil die absolute Steigerung ihrer Stundenverdienste von einer höheren Ausgangsbasis aus immer noch höher als die der anderen Industrien mit Ausnahme des Kohlenbergbaues und selbst beträchtlich höher war als in der Nahrungs- und Genußmittelindustrie, die im Jahre 1958 den höchsten Index erreichte, in den absoluten Verdiensten aber unter dem Gesamtdurchschnitt blieb. Diese Unterschiede zwischen der relativen Änderung, die im Index zum Ausdruck kommen, und in der absoluten Erhöhung der Stundenverdienste würden noch mehr verstärkt werden, wenn wir auch die Stundenverdienste der Frauen mit in unsere statistischen Betrachtungen einbeziehen würden, weil die relative Steigerung ihrer Verdienste in den letzten zwei Jahren die bei den Männern übertrifft. Absolut waren dagegen ihre Verdienste in der Ausgangslage unverhältnismäßig niedrig und sie sind es trotz der relativen Erhöhung in den letzten beiden Jahren geblieben. Resumieren wir unsere statistische Durchleuchtung, dann kommen wir zu dem Ergebnis, daß das eigentlich Wissensnotwendige in bezug auf die uns besonders interessierende Frage nach den Unterschieden der effektiven Verdienste in den einzelnen Betrieben und von Betrieb zu Betrieb in den Durchschnittsberechnungen zwangsläufig untergeht, weil die hohen übertariflichen Zulagen und die nackte tarifliche Entlohnung zusammengefaßt zu einer durchschnittlichen Differenz von zumeist weniger als 25 vH zwischen den Tariflöhnen und den Verdiensten führt. Im konkreten Fall bleiben somit die effektiven Verdienste eine unbekannte Größe und beeinflussen folglich auch nur am Rande die gewerkschaftliche Lohnpolitik.

Dem Unternehmer verschafft diese mangelnde Transparenz der tatsächlich gezahlten Zuschläge gewichtige Vorteile. Diejenigen Arbeitnehmer, die bereits höhere Verdienste haben, sind an den gewerkschaftlichen Bemühungen in den Lohnverhandlungen verhältnismäßig uninteressiert. Das entfremdet sie ihrer Gewerkschaft. Zum andern bietet die Beteiligung der Arbeitnehmer am Produktionserfolg für die Arbeitgeber den Vorteil, daß die den Tariflohn überschießenden Bestandteile des Lohnes in einer Zeit abflauender Konjunktur unverhältnismäßig schnell und nachdrücklich abgebaut werden können. Die Lohnkosten bleiben variabel, und selbst eine erhebliche prozentuale Kürzung ist ohne Tarifverhandlungen möglich, weil der Tariflohn nicht berührt wird. So einschneidende und politisch risikoreiche Maßnahmen wie die Senkung der Löhne durch Notverordnungen in den dreißiger Jahren sind bei diesem Stand der Dinge nicht erforderlich. Aus dieser Praxis resultiert andererseits, daß die Tarifverträge nur noch bedingt ein zutreffendes Bild von der Höhe der Lohnsätze innerhalb eines Industriezweiges und von einer Industrie zur andern vermitteln. Die tatsächlichen Lohnverhältnisse und die Lohnstruktur werden somit komplizierter als es auf der Basis der Tariflöhne zu vermuten war.

In Frankreich präsentiert sich das Verhältnis von Lohnsätzen und effektiven Verdiensten ganz anders. Dort hat das System der Verbindung der Minimumlöhne mit dem Index der Lebenshaltungskosten eine besondere Ausprägung erfahren. Um der inflationistischen Entwicklung, die sich nach dem Scheitern der Stabilisierungsversuche der Volksfrontregierung ausgebreitet hatte, entgegenzuwirken, wurden die kollektiven Lohnverhandlungen vom Jahre 1939 ab auf nationaler Ebene zentral unter entscheidender Mitwirkung des Staates geführt. Nach dem Jahre 1950 wurde dieses System auf der Basis von nationalen Minimumlöhnen fortgesetzt, die auch für die von der Regierung beschäftigten Arbeiter und Angestellten verbindlich waren. Für die Bemessung der Minimumlohnsätze wurde von einem Existenzminimum ausgegangen, das als ein konkretes System menschlicher Bedürfnisse definiert, in einem speziellen Budget nach einem komplizierten Verfahren ermittelt wurde. Vom Jahre 1952 ab wurde diese Berechnungsbasis wiederum mit dem Preisindex für die Lebenshaltung verbunden. Von den dafür relevanten Preisen waren ein Drittel von der Regierung selbst festgesetzt. Dazu gehörten neben anderen auch die Mieten. Anlaß für eine erneute Anpassung der Löhne an eine Änderung der Lebenshaltungskosten war jedoch nach den Vereinbarungen nur dann gegeben, wenn sich der Lebenshaltungsindex um mehr als fünf Prozent geändert hatte. Obgleich auch bei dieser Form der Lohnfixierung gewisse Faktoren variabel blieben und auch die französischen Arbeitgeber bestimmte Bonusse an knappe Facharbeiter schwarz zahlten, wie Sellier[12] berichtet, klafften die Lohnsätze und die effektiven Verdienste in Frankreich nicht sehr weit auseinander. Im Oktober 1953 lagen sie nach Perroux[13] im Durschschnitt aller Industrien nur um 12,8 vH über den Lohnsätzen. In der Metallindustrie waren sie mit 22,4 vH und in der Chemie mit 32,5 vH am höchsten, während diese Differenz in der Textilindustrie 9,2 vH und in der Bekleidungsindustrie nur 0,3 vH ausmachte. Insgesamt ergibt sich danach aus dem Verhältnis von Lohnsätzen und Verdiensten kein besonderes Problem. In Frankreich war, wie Sellier es ausdrückt, „... die Bezahlung nicht mehr abhängig von Ausstoß und Arbeitszeit, sondern von Familienumständen". Löhne und Verdienste sind demzufolge in Frankreich nur sehr begrenzt variabel. Die Tendenz dazu hat sich in den letzten Jahren noch weiter verstärkt. So wird in dem Bericht der

---

[12] *Sellier*, F.: a. a. O., S. 272 ff.

[13] *Perroux*, F.: Structural Inflation and the Economic Function of Wages: The French Example, in: The Theory of Wage Determination, S. 255.

Europäischen Wirtschaftsgemeinschaft[14] mitgeteilt, daß in einigen großen Unternehmen Verträge oder Verfahren zur Lohnberichtigung festgelegt worden seien, die in Aussicht auf eine Aufwärtsentwicklung der Wirtschaft eine fast automatische Lohnerhöhung mit sich bringen werden.

Die spezifische französische Eigenart der Lohnfixierung, der die italienische sehr ähnlich ist, tritt besonders in dem Anteil der sozialen Zuschläge zum Lohn in Erscheinung. In beiden Ländern werden Lohnverhandlungen auf höchster Ebene zentral geführt und stehen damit in ausgesprochenem Gegensatz zu den Vereinigten Staaten, wo Lohnverhandlungen weitgehend dezentralisiert geführt werden. Obgleich auch die allgemeinen ökonomischen Grundlagen in den Vereinigten Staaten völlig anderer Art sind als in den beiden vorgenannten Ländern, erscheint uns der Vergleich von Rothbaum[15] über den Anteil des Soziallohnes an den Lohnkosten in diesen drei Ländern aus eben diesen Gründen besonders aufschlußreich.

Tabelle 14: **Komponenten der Arbeitskosten und ihr Prozentanteil an den Arbeitskosten in Italien, Frankreich und den Vereinigten Staaten in den Jahren 1938 und 1952**

	Italien		Frankreich		Vereinigte Staaten	
	1938	1952	1938	1952	1938	1952
Ausgaben für:						
Direkte Löhne	86,4	60,0	86,9	70,2	94,3	86,0
Nicht-Lohn-Zuwendungen	13,6	40,0	13,1	29,8	5,7	14,0
Periodische Zuwendungen a)	4,7	11,2	4,1	6,6	1,9	5,9
Bestandteile des Lohnes b)	8,9	28,8	9,0	23,2	3,8	8,1
Nicht-Lohnteile als Prozente der direkten Lohnkosten	16,0	67,0	15,0	42,0	6,0	16,0

Quelle: Rothbaum, M.: a. a. O., S. 316.
a) Periodische Zuwendungen = Abwesenheit (Krankheit), Ferien, feste Bonusse.
b) Bestandteile des Lohnes = Sozialversicherung, Pension, Kompensation für Lebensversicherung und Sterbegeld.

So wenig wie der Soziallohn in den Vereinigten Staaten einen Faktor darstellt, der für ökonomische Probleme größere Beachtung erfordert, so wenig gibt es dort offenbar ein allgemeines Problem von Lohnsätzen versus effektiven Verdiensten. Jedenfalls ist uns aus der umfangreichen amerikanischen Literatur zu den Lohnproblemen kein Beispiel dieser Art bekannt[16]. Generell wird die Lohnfixierung in bezug auf den Lohn-

[14] Europäische Wirtschaftsgemeinschaft: Bericht über die wirtschaftliche Lage in den Ländern der Gemeinschaft, September 1958, S. 341.
[15] *Rothbaum,* M.: a. a. O., S. 316.
[16] Auch die vom Statistischen Bundesamt herausgegebenen Veröffentlichungen der Reihe 12 enthalten für Amerika keine Tariflöhne, sondern nur effektive Verdienste.

satz von den Gewerkschaften energisch betrieben. Die amerikanischen Gewerkschaften, ganz gleich ob sie auf nationaler oder betrieblicher Ebene organisiert sind, verhandeln immer konkret und unmittelbar auf eine bestimmte ökonomische Situation hin, und ihre Unterhändler sind nicht geneigt, einen ihrer Kontrolle entzogenen Spielraum zwischen Lohnsätzen und Verdiensten zu lassen. In den großen, nur wenige, aber bedeutende Firmen umfassenden Industriezweigen werden heute in Lohnvereinbarungen nicht nur die Stundenlohnsätze, Arbeitszeit, Arbeitseinsatz und Arbeitsbedingungen vereinbart, sondern auch Einstellungen und Entlassungen, Beförderungen, medizinische Betreuung, Pensionen und dergleichen. Gegenwärtig sind die Gewerkschaften nach Goldfinger und Kassalow[17] im Begriff, eine einheitliche Rechtsbasis für ihren Einfluß auf die Betriebsleitung, auf den Produktionsstandard und auf die Lokalisierung der Firmen zu schaffen. Die Gewerkschaften ziehen danach den gesamten ökonomischen Einfluß in Betracht, der mit Lohnverhandlungen verbunden ist. So bleibt kein Spielraum zwischen den gewerkschaftlich fixierten Lohnsätzen und den effektiven Verdiensten. Ebenso verfahren die gewerkschaftlichen Unterhändler, wenn sie sich einer Vielzahl von kleinen Unternehmern gegenübersehen. In einem derartigen Fall orientieren sie ihr Verhandlungsziel an einem ausgewählten Betrieb, der als Musterbeispiel betrachtet wird. Die Vereinbarungen, die sie mit diesem Betriebe treffen, suchen sie danach mit Nachdruck auch für die anderen Betriebe gleicher Art durchzusetzen. Da die Ausrichtung an einem guten durchschnittlichen Betrieb erfolgt, bleibt kein übermäßiger Spielraum für besondere Zulagen der günstigeren Betriebe, während die unteren Grenzbetriebe sich anstrengen müssen, wenn sie in der Konkurrenz bleiben wollen. Die amerikanischen Gewerkschaften verfolgen also das Ziel, so komplette Löhne zu fixieren, daß für Zuschläge außerhalb der gewerkschaftlichen Kontrolle kein Raum mehr bleibt. Spezielle lohnpolitische Interessen der Unternehmer können demzufolge nicht wirksam werden.

3. Nominal- und Reallöhne

Die vollständigsten statistischen Angaben über die Entwicklung des Reallohnes besitzen wir aus England, und zwar seit dem Jahre 1860, aus einer Zeit also, in der in England bereits eine Reihe von Fachgewerkschaften das Prinzip der kollektiven Lohnverhandlungen durchgesetzt hatte oder um deren Durchsetzung kämpfte. Die bekannten statistischen Untersuchungen von Bowley[18] belehren uns darüber, daß sich die Reallöhne in dem halben Jahrhundert von 1860 bis 1914 in England in

---

[17] *Goldfinger*, N. und *Kassalow*, E. W.: a. a. O., S. 61.

[18] *Bowley*, A. L.: Wages and Income in the United Kingdom since 1860, Cambridge, 1937.

relativ kontinuierlichen Etappen gegenüber ihrem Ausgangspunkt etwa verdoppelten. Diese Entwicklung war in erster Linie auf die Erhöhung der Produktivität pro Beschäftigtem zurückzuführen, die sich in dieser Periode schneller erhöhte als der Reallohn. Obgleich einige der kleineren festgefügten Fachgewerkschaften einen gewissen Einfluß auf die Entwicklung des Reallohnes ihrer Mitglieder durch die Verteidigung des Standards in Depressionszeiten und durch Arbeitszeitverkürzungen ausübten, blieb die gewerkschaftliche Einwirkung im ganzen gering. Als Faktor zur maßgeblichen Beeinflussung des Reallohnes mußten die Gewerkschaften schon deshalb ausfallen, weil die organisatorische Stärke der Gewerkschaftsbewegung rein zahlenmäßig zu unbedeutend war. Die einzige Gewerkschaft, die in dieser Hinsicht von Bedeutung war, war die der Bergarbeiter. Aber gerade ihre Löhne waren am stärksten den konjunkturellen Schwankungen ausgesetzt und ausgerechnet die Bergarbeitergewerkschaft hatte einem Lohnsystem, dem sogenannten „sliding scale Arrangement“ zustimmen müssen, durch das ihre Löhne mit den jeweiligen Kohlepreisen in Verbindung mit einem Standardprofit gekoppelt waren. „Prices should rule wages“ war die Formel, die vom Jahre 1870 bis 1914 sowohl im Bergbau als auch in der Stahlindustrie Geltung hatte. Die stramme Korrelation von Preisen und Löhnen, die Tinbergen[19] für die Zeit von 1860 bis 1914 feststellt, mußte sich schon aus diesem Grunde gewissermaßen zwangsläufig ergeben. Ein spürbarer gewerkschaftlicher Einfluß auf die ökonomische Entwicklung und insbesondere auf die Reallöhne ist bis zum ersten Weltkrieg deshalb weder in England und noch weniger in anderen Industrieländern festzustellen.

In der Zeit zwischen den beiden Weltkriegen, in der die Gewerkschaftsbewegung in allen europäischen Ländern zunächst einen bedeutenden Faktor im politischen Leben dartellte, sind auch gewisse ökonomische Einwirkungen auf die Entwicklung des Reallohnes feststellbar. In England ist dies Ergebnis jedoch in erster Linie auf die Krise der zwanziger Jahre zurückzuführen, in der die Lebenshaltungskosten stärker zurückgingen als die Nominallöhne, und erst in zweiter Linie auf die institutionell bedingten Änderungen der Löhne, zum Beispiel bei den Landarbeitern und einigen anderen schlecht bezahlten Industriearbeitern sowie im Dienstleistungsgewerbe. Nur in einigen wenigen Fällen, zum Beispiel beim Druckgewerbe und bei den Lokomotivführern, liegt ein Behauptungserfolg der Gewerkschaften vor. Bei einer durchschnittlichen Arbeitslosigkeit von 12 vH, die in den Krisenjahren von 1931/32 auf 22 vH anstieg, betrug die durchschnittliche Steigerung des Reallohnes in der Zeit von 1914 bis 1936 etwa 30 Prozent gegenüber dem Stand des Jahres 1914. Wie unterschiedlich die einzelnen Berufs-

[19] *Tinbergen*, J.: a. a. O., S. 51.

gruppen an dieser Erhöhung beteiligt waren und wie wenig sie nach dem Jahre 1920 von der Gewerkschaft beeinflußt wurde, zeigen die Tabellen 5 und 6. Aus diesen Tabellen geht hervor, daß sich vier Phasen deutlich gegeneinander abgrenzen. Die erste umfaßt den ersten Weltkrieg und den kurzen Nachkriegsboom in England bis zur Mitte des Jahres 1920. Die Nominallöhne der Landarbeiter, der Eisenbahner, der Bergarbeiter und der an- und ungelernten Arbeiter in der Metallindustrie stiegen in dieser Zeit um das Eineinhalb- bis Zweifache ihres vorhergehenden Standes und damit bedeutend stärker als die der alten Facharbeitergruppen. Die Auswirkungen dieser Entwicklung treten institutionell bei den Landarbeiterlöhnen in der Minimumlohnregulierung im Agricultural Wages Act von 1917, bei den Eisenbahnen und im Bergbau in der bis zum Jahre 1920/21 währenden staatlichen Kontrolle dieser beiden wichtigsten Industriezweige hervor. Die generelle Anhebung des Lohnniveaus für alle einfachen Industriearbeiter beruht auf den Veränderungen der gesellschaftlichen Struktur gegenüber den Vorkriegsverhältnissen. Sie läßt sich in fast allen Industrieländern feststellen und entspricht einem säkularen Trend.

In der zweiten Phase, in der Depression der zwanziger Jahre in England, die später in die allgemeine Weltwirtschaftskrise überging, brach das in der ersten Zeit nach dem Kriege erreichte Lohnnivau mehr oder weniger in sich zusammen. Bezeichnenderweise waren an erster Stelle die Löhne der Bergarbeiter, die fast auf den Vorkriegsstand zurückfielen, und die Löhne der Metall- und Eisenbahnarbeiter davon betroffen. Das waren aber gerade jene Industriegruppen, deren Lohnsätze während des Krieges und danach am stärksten von politischen Faktoren bestimmt worden waren. In der Depression wurden diese Faktoren in umgekehrter Richtung wirksam und führten über den Generalstreik im Jahre 1926 zur politischen Niederlage dieser Gewerkschaften. Nur die Landarbeiterlöhne nahmen eine Sonderstellung ein. Sie wurden von dieser Entwicklung weniger betroffen, weil sie sowieso kaum dem Existenzminimum entsprachen und weil hier vom Jahre 1924 ab die institutionelle Lohnfixierung in einer abgeschwächten Form wieder aufgenommen wurde.

Erst vom Jahre 1934 ab machte sich in der englischen Wirtschaft wieder eine langsame Erholung bemerkbar. Sie leitete die dritte Phase vom Jahre 1934 bis 1947 ein. Die Industriegruppen, die in der wirtschaftlichen und politischen Krise der zwanziger Jahre besonders hart betroffen worden waren, glichen ihre Verluste während des Krieges durch eine starke gewerkschaftliche Aktivität wieder aus und befestigten bereits in dieser Zeit die Positionen, die der Vollbeschäftigungspolitik nach dem Kriege als Ausgangsbasis dienten. Der erneut erstarkende politische Einfluß der Gewerkschaften wurde im Jahre 1946 zumindest teilweise in den Nationalisierungsmaßnahmen zementiert. In dieser letzten Phase, in der Periode der Vollbeschäftigung, nahm dann die Lohnentwicklung aller Industriegruppen von einander stärker angenäherten Lohnsätzen aus zunächst eine relativ gleichmäßige Entwicklung, die, wie schon in der Periode von 1934 bis 1947, in erster Linie von den steigenden Kosten der Lebenshaltung bestimmt war.

Die eingangs gestellte Frage, wieweit die Höhe des Reallohnes von den Gewerkschaften beeinflußt wird, ist somit auch für die Zeit bis zum zweiten Weltkriege im großen und ganzen negativ zu beantworten. Erst in der Vollbeschäftigung ist ein gewisser, wenn auch keineswegs einheitlicher Einfluß bemerkbar. Die weitere Frage, ob die Produktivität der Arbeit der Faktor ist, der einen steigenden Reallohn in erster Linie bestimmt, ist für die Verhältnisse in England eindeutig zu bejahen. Hier zeigt sich die Relation von Produktivitäts- und Reallohnsteigerung bedeutend stärker in den effektiven Verdiensten als in den Lohnraten. Eine eingehendere Analyse ist freilich erschwert, weil die effektiven Verdienste nicht nur von Industrie zu Industrie, sondern auch von Betrieb zu Betrieb der gleichen Industrie stark variieren. Immerhin können wir für die ersten zehn Jahre der Vollbeschäftigung in England gewisse Angaben machen, die zumindest das Verhältnis von Produktivität und Entwicklung des Reallohnes auf der Basis der Verdienste von Industrie zu Industrie ein wenig beleuchten. So stiegen die Realverdienste aller Arbeiter in England bis zum Jahre 1955 gegenüber dem Jahre 1946 um 22 vH, die Produktivität pro Beschäftigten in der gleichen Zeit um 23 vH. Die ungünstigste Abweichung von diesem Durchschnitt zeigt sich bei den Landarbeitern. Ihre Realverdienste stiegen vom Jahre 1946 bis 1956 um nur 9 vH, während die Produktivität pro Beschäftigten in der Landwirtschaft um 53 vH (1946 = 100) stieg. Ähnlich ungünstig lagen die Realverdienste bei den Eisenbahnarbeitern; sie erhöhten sich nur um 10 vH und sanken bei den Lokomotivführern sogar unter den Stand vom Jahre 1946. Die Änderung der Produktivität läßt sich natürlich nicht angeben, obgleich die umfangreichen Rationalisierungsmaßnahmen im Bahnbetrieb die Annahme rechtfertigen dürften, daß mit ihnen eine entsprechende Steigerung der Produktivität der Beschäftigten verbunden war. Die Entwicklung der Löhne hing aber eindeutig mit den Bahntarifen zusammen, und diese hinkten beträchtlich hinter dem sich stark erhöhenden Preisniveau her. Bei den Bergarbeitern stiegen die durchschnittlichen Realverdienste bis zum Jahre 1956 mit 24 vH am stärksten, obgleich die Schichtleistung sich in dieser Zeit nur geringfügig änderte. Eine stärkere Steigerung der Produktivität ergab sich, wie zu erwarten, in der Metallindustrie, genauer gesagt, im Maschinen- und Fahrzeugbau. Sie lag im Jahre 1956 um 73 vH höher als im Jahre 1946, während die durchschnittlichen Realverdienste für Facharbeiter im Zeitlohn während dieser Zeit um nur 21 vH und für Ungelernte um nur 12 vH stiegen. Bei den Akkordarbeitern dürfte sich dagegen der Reallohn um etwa 25 bis 30 vH gegenüber dem Jahre 1946 erhöht haben[20]. Einige Anhaltspunkte für das Verhältnis von Reallohn- und Produktivitätsentwicklung sind damit gegeben. Im einzelnen spiegeln sie ein uneinheitliches Bild wider. In der Landwirtschaft hinkten die Reallöhne mit weitem Abstand hinter der Entwicklung der Produktivität her, im Bergbau liefen sie vorweg, bei den Eisenbahnern waren sie von den Tarifen abhängig und nur in der Metallindustrie folgten sie mit einem Abstand der Produktivitätsentwicklung. Die unaufhaltsam steigenden Lebenshaltungskosten, die sich in der Zeit von 1946 bis 1956 um mehr als die Hälfte erhöhten, waren fraglos die Hauptursache für die ungleichmäßige Entwicklung der Reallöhne.

In Deutschland ist die Entwicklung der Reallöhne im Vergleich mit der in England schwieriger zu rekonstruieren. Außergewöhnliche Faktoren, die wir, weil sie mit der wirtschaftlichen Entwicklung in Deutschland aufs engste verbunden sind, nicht einfach als exogene Faktoren ausklammern können, verzerren das Bild in ungewöhnlichem Maße. Anfangs vollzog sich die industrielle Revolution in Deutschland, die einige Jahrzehnte später begann als in England, in einem um so stürmischeren Tempo. Die Einkommensverhältnisse der Arbeiter folgten nicht in dem gleichen Tempo, dürften jedoch von der Jahrhundertwende bis zum Jahre 1914 auf etwa Zweidrittel bis Dreiviertel des englischen Reallohnniveaus herangekommen sein. Nach Geschäftsberichten der Metallarbeitergewerkschaft in Norddeutschland aus diesen Jahren erzielten die Facharbeiter im Jahre 1912 im Durchschnitt 45 bis 50 Pfg. pro Stunde und mit einem durchschnittlichen Akkordsatz von 45 vH 65 bis 70 Pfg. Stundenverdienste, lagen also bereits mit den englischen auf gleicher Höhe. Während des ersten Weltkrieges stiegen die Lebenshaltungskosten in Deutschland wie in England rasant, und die Reallöhne blieben stark zurück. Bei Beendigung des Krieges betrug zwar der Lohnsatz für Facharbeiter 2,40 bis 3 Mark die Stunde, aber die Kaufkraft lag weit unter der der Vorkriegszeit. Von da ab konnte der Anschluß an die gestiegenen Lebenshaltungskosten nur noch durch Teuerungszuschläge wiederhergestellt werden. In der Metallindustrie waren zum Beispiel im Jahre 1920 allein sieben Lohnverhandlungen in einem Jahr nötig, um die Löhne den rasch steigenden Lebenshaltungskosten anzupassen. Danach nahm die Inflation bereits turbulente Formen an. Von den Gewerkschaften durchgeführte Berechnungen haben ergeben, daß auf der Höhe der Inflation der Lohn eines Facharbeiters, umgerechnet auf Vorkriegskaufkraft, nur noch 11 Goldpfennigen pro Stunde entsprach, obgleich sich sein Wochenlohn in einer Zahl mit zwölf Nullen

[20] Siehe dazu *Bandholz,* Emil: a. a. O., S. 285.

ausdrückte. Nach der Stabilisierung der Währung im November 1923 und nach dem Umtausch von jeweils einer Billion in eine Rentenmark pendelten sich die Löhne auf einen Stand ein, der etwa dem der Vorkriegszeit entsprach. Der Reallohn blieb jedoch unter dem Vorkriegsniveau, weil sich der Index der Lebenshaltungskosten im Jahre 1924 auf 128 gegenüber 1913 = 100 erhöht hatte. Unsere Tabelle 15 gibt die Entwicklung der Nominal- und Reallöhne in der Zeit von 1888 bis 1954 wieder.

Tabelle 15: Indexziffern der Lebenshaltungskosten, der Nominal- und Reallöhne in Deutschland von 1888 bis 1954
(1913 = 100)

Jahr	Lebenshaltungskosten	Nominal-Lohn	Real-Lohn	Jahr	Lebenshaltungskosten	Nominal-Lohn	Real-Lohn
1888	70,0	58,9	84	1924	127,7	111,9	88
89	73,1	60,7	83	25	140,0	142,4	102
90	75,4	61,5	82	26	141,5	147,4	104
91	76,9	63,5	83	27	147,7	157,1	106
92	76,2	63,2	83	28	151,5	169,3	112
93	74,6	63,4	85	29	153,8	180,0	117
94	73,8	63,6	86	1930	148,5	182,1	123
95	73,1	64,0	88	31	136,2	168,1	123
96	72,3	65,7	91	32	120,8	144,6	120
97	73,8	67,4	91	33	118,0	138,8	118
98	76,3	69,1	91	34	121,1	140,7	116
99	76,2	70,9	93	35	123,0	144,2	117
1900	76,9	72,9	95	36	124,5	148,2	119
01	77,7	73,1	94	37	125,1	152,5	122
02	78,5	73,6	94	38	125,6	160,7	128
03	78,5	75,2	96	39	126,2	166,0	132
04	79,2	77,0	97				
05	82,3	78,9	96				
06	86,9	83,2	96	1950	196,3	248,0	126
07	87,7	87,2	99	51	212,0	280,8	132
08	87,7	88,0	101	52	215,9	297,4	138
09	90,0	88,4	98	53	212,0	310,1	146
10	92,3	90,4	98	54	212,0	324,5	153
11	95,4	93,8	98				
12	100,0	97,0	97				

Quelle: Grumbach und *König:* a. a. O., S. 150.

Die langfristige Entwicklung der Reallöhne, wie sie sich in der Tabelle 15 widerspiegelt, bietet offensichtlich keinen Stoff für einen besonders günstigen Kommentar zum Arbeitseinkommen in Deutschland. In den ersten 25 Jahren vor dem ersten Weltkrieg, einer Zeit raschen wirtschaftlichen Aufschwungs, betrug die jährliche Steigerung des Reallohnes nur etwas über 0,5 vH. Im anschließenden Jahrzehnt bis zum Jahre 1924 lagen die realen Lohneinkommen weit unter ihrem Vorkriegsstand und stiegen im langfristigen Durchschnitt vom Jahre 1925 ab in den nächsten 14 Jahren um gerade zwei Prozent pro Jahr, begleitet von einer Arbeitslosigkeit, von der schon im Jahre 1929 10 vH und im Jahre 1932 über 33 vH der Arbeiter und Angestellten betroffen waren.

Fassen wir das Ergebnis der Periode vom Jahre 1918 bis 1932 zusammen, dann ist festzustellen, daß trotz der Änderung der staatlichen Ordnung im Jahre 1918 und einer starken gewerkschaftlichen Aktivität die sich daraus ergebenden Einflüsse in den folgenden Jahren bis zum Jahre 1924 nicht ausreichten, den Anschluß der Tariflöhne an die steigenden Lebenshaltungskosten zu wahren. Erst vom Jahre 1925 ab wurden geringfügige Erhöhungen der Reallöhne erzielt. Die sich während dieser Zeit rapid erhöhende Produktivität pro Beschäftigtem, die sich besonders aus den in den Jahren von 1924 bis 1929 in erheblichem Umfange durchgeführten Rationalisierungsmaßnahmen ergab und die nach allgemeiner Ansicht nach dem Jahre 1929 zu einer entscheidenden Verschärfung der Krise in Deutschland beigetragen hat, hat in den Reallöhnen keinen entsprechenden Ausdruck gefunden. Das nüchterne und ernüchternde Fazit einer in jeder Beziehung ungewöhnlichen wirtschaftlichen Entwicklung von 60 Jahren, von 1888 bis 1948, ergibt eine Steigerung des Reallohnes von weniger als einem Prozent pro Jahr. Erst Ende des Jahre 1950 erreichten die Reallöhne wieder das Niveau des Jahres 1938, das somit praktisch die Ausgangsbasis für die Entwicklung vom Jahre 1950 bis heute darstellt. Der Wiederaufbau der Wirtschaftskapazität war indessen zügig vorangekommen; schon in der Zeit vor der Währungsreform waren beträchtliche Zuwachsraten in der Industrie erzielt worden. Ende des Jahres 1949 übertraf die industrielle Produktion bereits ihren Vorkriegsstand. Das Tempo des Wachstumsprozesses hielt auch in den nächsten Jahren unvermindert an, und vom September 1950 ab folgten auch die Reallöhne dieser Entwicklung. Das zeigt unsere anschließende Tabelle 16.

Diese Tabelle ist nur auf die Industrie bezogen und umfaßt nicht die Landwirtschaft und das Dienstleistungsgewerbe. Zudem handelt es sich um Bruttostundenverdienste, in denen alle Formen von Zuschlägen zu den jeweiligen Tariflöhnen schon mit enthalten sind. Wie die Tabelle zeigt, sind die realen Bruttoverdienste in der Zeit von 1950 bis 1959 um 60 vH gestiegen. Diese Entwicklung ist in erster Linie als ein Angleichungsprozeß sowohl an die allgemeine wirtschaftliche Entwicklung als auch an das uns umgebende Lohnniveau in den anderen Industrieländern zu betrachten. In Ländern wie England und Schweden — um von den USA ganz zu schweigen — lagen die Reallöhne schon im Jahre 1946 etwa 75 vH über dem Niveau des Jahres 1914. Die Reallöhne in der Bundesrepublik sind dagegen bis zum Jahre 1950 nur um etwa 25 vH über ihren Stand vom Jahre 1914 gestiegen. Deshalb klafft zwischen dem Niveau der Reallöhne in der Bundesrepublik und dem der vorgenann-

Tabelle 16: **Entwicklung der Löhne und der Arbeitszeit und Realverdienste in der Industrie von 1950 bis 1959**

Jahr	Durchschnittl. Bruttostundenverdienste	Durchschnittl. Wochenarbeitszeit	Durchschnittl. Bruttowochenverdienste	Preisindex Lebenshaltung	Realwert der Wochen- verdienste	Realwert der Stunden- verdienste
	Pfg.	Std.	DM	1938 = 100		
1950 Sept.	127,7	49,1	62,75	156	102	103
1951 Sept.	148,8	47,1	70,09	170	105	110
1952 Aug.	156,5	47,9	75,2	170	113	115
1953 Aug.	163,2	48,6	79,28	168	122	122
1954 Aug.	167,3	49,0	81,98	169	126	123
1955 Aug.	177,9	48,8	86,85	172	127	128
1956 Aug.	193,5	48,0	92,96	176	134	135
1957 Aug.	216,8	46,5	100,74	180	143	142
1958 Aug.	231,6	46,0	104,0	186	142	151
1959 Aug.	244,4	45,6	111,5	188	148	160

Quellen: Statistisches Bundesamt, Wirtschaft und Statistik, 12. Jahrg., N. F., Heft 5, Mai 1960 und Monatsberichte der Deutschen Bundesbank.

ten Länder weiterhin eine beträchtliche Lücke, obwohl die Reallöhne und noch mehr die industrielle Produktion in der Bundesrepublik in diesem Zeitraum stärker gestiegen sind als in den anderen Ländern. Schon im Jahre 1956 hatte sich die industrielle Produktion in der Bundesrepublik gegenüber 1950 (= 100) mit 197 fast verdoppelt. Im Jahre 1959 stand der Index auf 220. Der Zusammenhang zwischen der industriellen Entwicklung und der Erhöhung der Reallöhne ist offenbar. Es fragt sich jedoch, ob die Reallöhne mit der Produktivität in ausreichendem Maße gestiegen sind. In der Tat stimmen die durchschnittlichen realen Stundenverdienste in jedem einzelnen Jahr von 1950 bis 1958 mit dem Zuwachs der Arbeitsproduktivität in diesen Jahren fast völlig überein, wie unsere Tabelle 17 ausweist.

Das Ausmaß der Übereinstimmung zwischen den Realverdiensten und der Arbeitsproduktivität für die gesamte Industrie erscheint geradezu frappierend, aber auch in diesem Fall faßt die Durchschnittsberechnung unterschiedliche Entwicklungslinien zusammen, wie die Aufgliederung nach Industriezweigen in der Tabelle 18 zeigt.

Grundlegende Beachtung verdient zunächst die Ausgangsposition der einzelnen Industrien im Jahre 1950, die für die folgenden Jahre gleich 100 gesetzt ist, gegenüber ihrer Position im Jahre 1936. Nur der Kohlenbergbau und die Eisen- und Stahlindustrie begannen im Jahre 1950 von einem niedrigeren Produktionsniveau aus als im Jahre 1936. Alle übrigen Industrien hatten ihren früheren Stand bereits im Jahre 1950 überschritten. Die Energieversorgung hatte ihre Position gegenüber dem

Tabelle 17: **Produktionsergebnis je Arbeitsstunde in der gesamten Industrie**
(Zum Vergleich: Realwert der Stundenverdienste aus der Tabelle 16, umgerechnet auf die Basis 1950 = 100)

Jahr	Produktionsergebnis je Arbeitsstunde (1950 = 100)	Realwert der Stundenverdienste (1950 = 100)
1950	100	100
51	108	107
52	112	112
53	119	118
54	126	120
55	134	124
56	139	131
57	150	138
58	158	147
1959:		
I. Quartal	161	
II. Quartal	169	159
III. Quartal	173	

Quelle: Statistisches Bundesamt: Die Industrie, Reihe 2, Produktion, ausgewählte Erzeugnisse, Produktionsindex, Januar 1960.

Jahre 1936 fast, die Elektroindustrie hatte sie bereits völlig verdoppelt. Vom Jahre 1950 ab ist die Entwicklung der arbeitstäglichen Nettoproduktion keineswegs in allen Industriezweigen einheitlich. Vom Durchschnitt der Gesamtindustrie, dessen Index im Jahre 1959 auf 220 stand, weichen die Indexzahlen in einzelnen Industrien nach oben und nach unten erheblich ab. Wenn wir unsere Tabelle 13, die die Indexentwicklung der effektiven Stundenverdienste in den einzelnen Industrien wiedergibt, zum Vergleich heranziehen, dann wird deutlich, daß eine Übereinstimmung im einzelnen de facto nicht besteht. Im Kohlenbergbau liegt der Index der Bruttostundenverdienste weit über dem der Nettoproduktion. In der Textilindustrie sind die Verhältnisse fast die gleichen. Umgekehrt liegen die Bruttostundenverdienste in der Elektroindustrie weit und in allen übrigen Industrien immer noch erheblich unter der Erhöhung der arbeitstäglichen Nettoproduktion. Noch differenzierter wird das Problem der Produktivitäts- und Reallohnsteigerung, wenn wir die Arbeitsproduktivität der großen Wirtschaftsbereiche einander gegenüberstellen.

Die Tabelle 19 gibt uns Aufklärung über den überraschenden Umstand, daß die Steigerung der Arbeitsproduktivität in der Landwirtschaft bis zum Jahre 1959 weitaus stärker gewesen ist als in der Industrie. Fast scheint es so, als käme hier eine Entwicklung zum Ausdruck, die das genaue Gegenteil von dem darstellt, was sich auf dem Lohngebiet vollzogen hat. Aber die Ursache für diese durchschlagende

Tabelle 18: Index der industriellen Nettoproduktion (arbeitstäglich)
(1950 auf der Basis 1936 = 100 — die Jahre 1955—1959 auf der Basis 1950 = 100)

Jahr	Kohlenbergbau	Energieversorgung	Steine und Erden	Eisen- und Stahlindustrie	Chemische Industrie	Elektroindustrie	Holzverarbeitende Industrie	Papierverarbeitende Industrie	Druck und Vervielfältigungsindustrie	Textilindustrie	Nahrungs- und Genußmittelindustrie	Baugewerbe	Gesamtindustrie
						1936 = 100							
1950	98	182	100	95	124	200	112	102	112	120	108	110	111
						1950 = 100							
1955	122	170	167	189	179	247	151	158	156	151	165	173	178
1956	126	189	176	203	196	272	167	176	166	161	177	181	192
1957	127	203	176	206	220	291	175	187	180	167	195	177	203
1958	125	206	180	206	236	334	182	188	197	157	202	183	209
1. Quart. 59	121	220	133	202	249	348	166	184	195	153	186	140	205
2. Quart. 59	118	206	230	220	270	364	191	196	205	159	204	232	225
3. Quart. 59	109	209	239	225	268	347	190	198	194	159	201	225	220

Quelle: Statistisches Bundesamt: Die Industrie, Reihe 2, Produktion, ausgewählte Erzeugnisse, Produktionsindex, Januar 1960.

Tabelle 19: **Arbeitsproduktivität nach Wirtschaftsbereichen**
(1950 =100)

Wirtschaftsbereiche	Jahre									
	1950	1951	1952	1953	1954	1955	1956	1957	1958	1959
Land- und Forstwirtschaft	100	125	131	140	143	144	145	149	157	164
Industrie- und Handwerk (einschl. Bergbau, Bau und Energie	100	107	113	119	123	135	136	138	141	150
Übrige Wirtschaftsbereiche	100	103	106	107	111	116	120	122	122	121
Insgesamt	100	108	114	119	124	134	138	141	143	149

Quelle: Deutsche Bundesbank, Memorandum über die Lohn- und Preisentwicklung, Januar 1960, S. 13.

Produktivitätssteigerung ist in erster Linie eine Folge der Übersetzung der Landwirtschaft mit Arbeitskräften nach dem Kriege und deren Abfluß in den folgenden Jahren. Sie haben zu einer entsprechenden Erhöhung der Produktivität der in der Landwirtschaft Tätigen geführt. Wie unterschiedlich die Produktivität der einzelnen landwirtschaftlichen Betriebe ist und welche anderen Faktoren außer der Arbeitskraft für die Produktivitätssteigerung relevant waren, haben wir schon erörtert. Im Prinzip gilt das Gleiche für die Industrie, in der in einer Durchschnittsberechnung ebenfalls notgedrungen modernste Betriebe mit solchen zusammengefaßt werden müssen, deren Produktionsapparat noch aus dem vorigen Jahrhundert stammt.

Mit größerer Zuversicht hinsichtlich des Aussagewertes von Durchschnittsberechnungen für das Verhältnis von Realverdienst und Produktivität können wir die amerikanischen Berechnungen betrachten. Auf Grund der viel schärferen Konkurrenz, die in den Vereinigten Staaten immer bestanden hat, dürfen wir sicher sein, daß Durchschnittsberechnungen keine so heterogenen Betriebsstrukturen zusammenfassen, wie es in der Bundesrepublik der Fall ist. Trotzdem ist auch in den Vereinigten Staaten die Bemessung der Produktivität pro Stunde schwierig, weil das statistische Material laut Hinweisen von Goldfinger und Kassalow[21] unzulänglich ist.

Die Tabelle 20 zeigt, daß in den USA die realen stündlichen Verdienste in der verarbeitenden Industrie seit dem Jahre 1921 kontinuierlich fast im Gleichschritt mit der Produktivität der Arbeit

[21] *Goldfinger,* N. und *Kassalow,* E. M.: a. a. O., S. 62/63.

Tabelle 20: **Index der realen Stundenverdienste und der realen privaten Produktion pro Mann und Stunde in den Vereinigten Staaten von 1921 bis 1953**
(1921 = 100)

Jahr	Reale Stundenverdienste in der verarbeitenden Industrie	Reales privates Produkt pro Mann und Stunde
1921	100,0	100,0
1923	106,2	113,3
1925	108,2	121,3
1927	110,0	123,0
1929	114,5	125,1
1931	117,5	124,6
1933	118,5	116,3
1935	139,0	136,3
1937	144,7	144,4
1939	158,1	152,7
1941	165,6	168,8
1943	179,2	170,6
1945	186,9	188,6
1947	187,8	178,7
1949	199,2	193,6
1951	204,5	209,0
1953	221,8	222,1

Quelle: Goldfinger und *Kassalow:* a. a. O., S. 63.

pro Stunde gestiegen sind. Selbst in der Weltwirtschaftskrise tritt für die im Arbeisprozeß Verbleibenden kein Umbruch ein. Wenn die erreichbaren Daten adäquater wären und wenn die gegenwärtigen Zuschüsse zum Wohlfahrtsfonds den Realverdiensten zugerechnet würden, so würde sich nach Ansicht der vorerwähnten Autoren möglicherweise zeigen, daß die realen Verdienste in den Jahren zwischen 1921 und 1953 etwas über die Produktion pro Mann und Stunde gestiegen sind. Ein Einfluß der Gewerkschaften auf diese Entwicklung war nach Ansicht von Goldfinger und Kassalow bis zum Jahre 1936 kaum vorhanden. Dagegen ist die stärkere prozentuale Steigerung sowohl der realen Stundenverdienste als auch der Produktivität in den letzten 16 Jahren mit etwa 60 vH gegenüber den ersten 16 Jahren mit nur 40 vH nach ihrer Meinung mit Sicherheit auf die größere Wirksamkeit der Gewerkschaften während dieser Zeit zurückzuführen.

Bisher haben wir uns hautpsächlich mit den Nominallöhnen und den Lebenshaltungskosten, den Reallöhnen und der Produktivität befaßt. Unerörtert ist die Frage geblieben, welche Änderungen in der Verteilung der Einkommen zwischen Arbeitseinkommen und anderen Einkommensarten, zu denen vor allem die Gewinne gehören, im Zeitablauf eingetreten sind. Es ist allgemein bekannt, daß, solange Statistiken geführt werden, die sogenannte Lohnquote, das Verhältnis der Lohneinkommen zu anderen Einkommensarten, sich kaum verändert hat und offenbar auch jedem gewerkschaftlichen Einfluß entzogen blieb. In England betrug sie in der langen Periode von 1870 bis 1950 knapp 40 vH vom Gesamteinkommen; ihre Schwankungsbreite war mit zwei Prozent nach oben und unten verhältnismäßig gering. In Deutschland beträgt die Lohnquote 39 bis 41 vH und hat sich gleichfalls als unverhältnismäßig konstant erwiesen. Für die Vereinigten Staaten läßt sich das Gleiche feststellen. Obgleich es also so aussieht, als handle es sich bei diesem Teilungsverhältnis um eine unumstößliche Gesetzmäßigkeit, so haben Phelps Brown und Hart[22] doch herausgefunden, daß die ungewöhnliche Konstanz der Lohnquoten das Ergebnis einer Vielzahl von Faktoren ist. Außer den Löhnen handelt es sich bei diesen Faktoren vornehmlich um die Groß-, Kleinhandels- und Rohstoffpreise, um Profite, Zins- und Renteneinkommen, Investitionsquoten und Produktivitätsteigerungen, den Grad der Monopolbildung, die Marktsituation und dergleichen. Aus ihren teilweise gegenläufigen Wirkungen im konjunkturellen Ablauf resultiert, daß die Lohnquote am Gesamtlohneinkommen stets relativ unverändert blieb. Clark Kerr[23] hat statt der bisherigen Lohnquote die Quote Löhne und Gehälter in Beziehung zum Gesamteinkommen gesetzt und aus dem Material der oben genannten Autoren errechnet, daß diese erweiterte Quote in England bis zum ersten Weltkrieg im Durchschnitt 57 vH des Gesamteinkommens beanspruchte und im Zeitablauf etwas stärker schwankte als die Lohnquote allein. Ein deutlicher Umbruch in dieser Reihe erfolgte nach dem ersten Weltkrieg in den Depressionsjahren in England, in denen der langfristige Durchschnitt ein neues Niveau von 65 vH erreichte und sich mit Ausnahme der Abschwächung im zweiten Weltkrieg mit knapp 60 vH, im übrigen mit gewissen Schwankungen auf dem neuen Niveau behauptete. Diese Bewegungen, die ausschließlich durch die Einbeziehung der Gehälter in die Verteilung des Einkommens verursacht wurde, zeigt treffend, welche Wirkungen die Gewerkschaftsbewegung durch die gesellschaftliche Evolution langfristig auf die Einkommensverteilung ausgeübt hat. So kam die Aktivität der Gewerkschaften in England nach dem ersten Weltkrieg weniger den Lohnarbeitern in einer Steigerung des Reallohnes zugute, als den Angestellten im öffentlichen Dienste und ähnlichen Gruppen, zum Beispiel den Lehrern. Wie die Untersuchung von Routh[24] zeigt, war es vor allem die große Zahl der bis dahin schlecht bezahlten niedrigen Einkommensgruppen, deren Gehälter aufgebessert wurden.

---

[22] *Phelps Brown* and *Hart*, P. E.: The Share of Wages in National Income, Economic Journal, Juni 1952.

[23] *Kerr*, Clark: Labor's Income Share and the Labor Movement, in: New Concepts in Wage Determination, S. 288/89.

[24] *Routh*, Guy: Civil Service Pay, 1875 bis 1950, Economica, August 1954.

Weil sie in der Krise weniger flexibel waren, trugen sie wesentlich zur Erhöhung des Anteils der Löhne und Gehälter am Gesamteinkommen bei. Eine gleiche Entwicklung wurde auch in den Vereinigten Staaten festgestellt. Im Durchschnitt betrug dort der Anteil der Löhne und Gehälter am Gesamteinkommen in der Zeit von 1929 bis 1954 65 vH mit einer Abweichung von 4 vH nach oben und unten in den einzelnen Jahren. Nur im Jahre 1929 sank die Quote auf 58,2 vH und stieg bezeichnenderweise in den Krisenjahren 1932 und 1933 auf 73,5 vH, und 73,6 vH des Gesamteinkommens[25]. Im Konjunkturaufschwung blieben die Gehälter gegenüber anderen Einkommensarten, vor allem aus Kapitalgewinnen, die im Boom schnell anwuchsen, zurück, während sich in der Depression der Vorgang umkehrte.

Für Deutschland lassen sich für die Zeit vor 1950 nur unsichere und bruchstückhafte Angaben für einen längeren Zeitraum machen, weil extreme Entwicklungen und exogene Faktoren das Bild stark verzerren. Nach dem Jahre 1950 hat sich in der Bundesrepublik ein Anteil der Löhne und Gehälter von knapp 55 vH des Volkseinkommens eingependelt. Das zeigt die folgende Tabelle 21.

Tabelle 21: **Anteil der Löhne und Gehälter und der Bruttoinvestitionen am Volkseinkommen von 1950 bis 1959**

Jahr	Volkseinkommen Milliard. DM	Löhne Gehälter Milliard. DM	in von Hundert des Volkseinkommens	Brutto-Investitionen Milliard. DM	in von Hundert des Volkseinkommens
1950	74,5	39,8	53,5	22,2	29,8
1951	90,3	48,4	53,5	27,5	32,0
1952	102,8	53,8	52,5	30,6	29,8
1953	110,6	59,2	53,5	30,8	28,0
1954	119,7	64,9	54,2	33,9	28,3
1955	137,5	73,8	53,5	45,1	32,8
1956	152,1	82,9	54,4	46,9	30,8
1957	165,8	89,5	54,2	50,3	30,4
1958	176,1	96,4	54,5	53,4	30,2
1959	188,6	103,4	54,9	58,7	31,0

Quelle: Statistisches Bundesamt, Wirtschaft und Statistik, 12. Jahrgang, N.F., Heft 5, Mai 1960 (v.-Hundert-Berechnung vom Verfasser).

Im Vergleich zu den Vereinigten Staaten und England liegt der Prozentanteil der Löhne und Gehälter am Volkseinkommen in der Bundesrepublik unverhältnismäßig niedrig und bringt damit gleichzeitig zum Ausdruck, daß die Teilung zwischen Arbeitseinkommen und Kapitaleinkommen hier für die Arbeitseinkommen ungünstiger ist als in den beiden vorgenannten Ländern. Ob der etwas gestiegene Prozentanteil in

[25] *Kerr*, Clark: a. a. O., S. 280 ff.

den letzten drei Jahren darauf hindeutet, daß auch in der Bundesrepublik langsam eine Änderung in der Verteilung eintritt, läßt sich noch nicht mit Sicherheit sagen, weil die Periode zu kurz ist. Sicher ist dagegen, daß die relativ niedrige Quote der Löhne und Gehälter am Volkseinkommen in einem unmittelbaren Zusammenhang mit dem ungewöhnlich hohen Anteil von durchschnittlich 30 vH der Kapitaleinkommen steht, die sich am stärksten in den Bruttoinvestitionen ausdrücken. Unter den westlichen Industrieländern weist Frankreich in der Einkommensverteilung eine ähnliche Struktur auf wie die Bundesrepublik. Der Anteil der Löhne und Gehälter am Netto-Sozialprodukt betrug dort in der Zeit von 1947 bis 1953 nach Perroux[26] sogar durchschnittlich nur 37 vH, wobei unklar bleibt, inwieweit die auf 33 vH der Quote der Löhne und Gehälter gestiegenen Leistungen der Sozialversicherung dieser Quote zuzurechnen sind.

Fragen wir uns am Ende, welchen Einfluß die Gewerkschaften auf das Verhältnis der Nominal- zu den Reallöhnen genommen haben, dann gelangen wir zu dem Ergebnis, daß ihr Einfluß relativ gering war. Nur in Krisenzeiten, aus der Defensive heraus, konnten sie durch die Behauptung des bisherigen Nominallohnes einen gewissen Einfluß auch auf den Reallohn ausüben. In Zeiten des Aufschwungs dagegen diente ihnen die Produktivitätssteigerung als Richtmaß für die Erhöhung ihrer Lohnsätze und nur über diesen Umweg konnten sie in gewissem Umfange das Niveau der Reallöhne erhöhen.

In der Umverteilung der Einkommen, der Beschränkung der Kapitaleinkommen zugunsten der Arbeitseinkommen — eine Forderung, die in früheren Jahren in der Gewerkschaftsbewegung eine große programmatische Bedeutung hatte — sind die Gewerkschaften bis in die Gegenwart nicht einen Schritt vorangekommen, obgleich sie zur Erreichung dieses Zieles große Anstrengungen gemacht haben. Erst in den letzten Jahren zeigt sich in den Vereinigten Staaten eine gewisse Tendenz zu einer temporären Umverteilung der Einkommen zugunsten der Löhne und Gehälter, obwohl diese Entwicklung für die amerikanischen Gewerkschaften nicht die Bedeutung einer Prinzipienfrage gehabt hat.

---

[26] *Perroux*, F.: a. a. O., S. 252.

IV. Die freiwilligen kollektiven Lohnverhandlungen

1. Das Wesen der Kollektivverhandlungen

Die klassischen Theoretiker des vorigen Jahrhunderts waren im allgemeinen wenig geneigt, dem Bemühen der Gewerkschaften, eine Verbesserung des sozialen Standards ihrer Mitglieder zu erreichen, allzugroße Erfolgsaussichten einzuräumen. Nach ihrer Ansicht konnte eine kleine geschlossene Gruppe vielleicht einmal kurzfristig gewisse Vorteile erringen. Für die langfristige Entwicklung aber sahen die klassischen Theoretiker die Dominanz der ökonomischen Faktoren von Angebot und Nachfrage auf dem Arbeitsmarkt als so zwingend an, daß eine Abweichung von dem auf Angebot und Nachfrage beruhenden Lohnsatz in irgendeiner Richtung notwendig andere unerwünschte Folgen haben mußte. Sie waren bemüht, den Gewerkschaften klarzumachen, daß die von ihnen erstrebten zweiseitigen Lohnverhandlungen nichts fruchten könnten, weil eine kurzfristige Erhöhung der Nominallöhne entweder zu einer entsprechenden Senkung der Reallöhne oder zur Arbeitslosigkeit führen müsse, von der alsdann ein Druck auf das Lohnniveau ausgehen werde. Den akademischen Theoretikern erschien es denkunmöglich, daß ein Kapitalist für mehr als ein oder zwei Jahre einen ungewöhnlichen Profit machen könne, weil nach ihrer Auffassung sofort neue Unternehmer in diesen Industriezweig eindringen und den Profit wieder auf einen „durchschnittlichen" herunterdrücken würden. Aus diesem von ihnen angenommenen Beziehungszusammenhang heraus war es für sie evident, daß auch die gewerkschaftlichen Anstrengungen unmöglich den Lohn permanent über eine gewisse Konkurrenzhöhe hinaus steigern könnten. Was freilich unter einem „durchschnittlichen" oder „natürlichen" Profit zu verstehen war, wurde von ihnen nicht so genau definiert.

Aus einer völlig entgegengesetzten theoretischen Erkenntnis kam Marx hinsichtlich der Aussichten der gewerkschaftlichen Aktivität zu ähnlichen Schlußfolgerungen. Er sah das Wesen des Kapitalismus darin, daß dieser in einem immer stärkeren Tempo einem Zentralisations- und Konzentrationsprozeß, einer ständigen Erweiterung seines Einflußbereiches zustrebte und zum Monopolkapitalismus tendierte. Dieser Entwicklungsprozeß war nach seiner Ansicht weitgehend vom menschlichen Willen unabhängig und folglich auch von den Gewerkschaften nur unerheblich beeinflußbar. Die gesetzliche Einführung des Zehnstundentages in England im Jahre 1847 begrüßte Marx zwar als einen Erfolg der Arbeiterbewegung. Für eine grundlegende Änderung des kapitalistischen Lohnsystems, durch das die Löhne immer bis zum Existenzminimum niedergepreßt wurden, sah er nur die gewaltsame Änderung der Eigentumsordnung, die Vergesellschaftung der Produktionsmittel, als den einzig möglichen Weg. Für die spezifischen gewerkschaftlichen Formen des Kampfes um die Verteilung des Sozialprodukts in einer jeweils konkreten Gegenwart hatte Marx demzufolge kein Programm anzubieten.

Eine pragmatisch-theoretische Konzeption dieser Art lieferten im Hochliberalismus in England Sidney und Beatrice Webb[1] mit ihrem bekannten Werk „Industrial Democracy". Die Gewerkschaftsbewegung in England erhielt damit in der Form einer institutionellen Theorie eine ihr angemessene sozial-philosophische Plattform, sowie Ziele und Methoden zur schrittweisen Fortentwicklung der industriellen Gesellschaft in Richtung auf eine gerechtere Verteilung des Einkommens, eine gleichberechtigte Mitwirkung der Arbeitnehmer am Produktionsprozeß, die generell zu einer gerechteren Wirtschaftsordnung führen sollten. Die Kollektivverhandlungen, die die englischen Gewerkschaften entsprechend ihren eigenen Vorstellungen und Erfahrungen schon drei Jahrzehnte geführt hatten, erhielten somit nachträglich eine pragmatischtheoretische Grundlage. Nach den Vorstellungen der Webb's sollte der Kampf um eine Verbesserung der Löhne, eine Verkürzung der Arbeitszeit, um die Erreichung besserer Arbeitsbedingungen und um eine der politischen Demokratie entsprechende Demokratisierung der Wirtschaft das ureigenste Anliegen der gewerkschaftlichen Aktivität sein. Dieses Programm der Kollektivverhandlungen ist später mit einigen speziellen Abwandlungen und jeweils mit spezifischen Schwerpunkten in der Gewerkschaftspolitik der einzelnen Länder mehr oder weniger für die Gesamtgewerkschaft verbindlich geworden.

Es fragt sich, wie dieses Programm verwirklicht werden, insbesondere welche Prozedur bei den Kollektivverhandlungen angewandt werden soll. Die zweiseitigen Lohnverhandlungen haben eine Art von Tausch zum Gegenstand, bei dem jeder Partner möglichst vorteilhaft abschneiden möchte. Angesichts der für beide Parteien bestehenden Notwendigkeit, ein günstiges Tauschergebnis zu erzielen und dem daraus resultierenden Druck auf den Verhandlungspartner wird der Tauschvorgang zum Produkt der Verhandlungsdiplomatie, die Zeuthen[2] als ökonomische Kriegsführung bezeichnet hat. Strategie und Taktik, wissenschaftliche Argumentation und auch Bluff sind die Methoden, die angewandt wer-

[1] *Webb*, S. u. B.: Industrial Democracy, London 1914.

[2] *Zeuthen*, F.: Problems of Monopoly and Economic Warfare, London 1930.

den, um auf einem ungewissen Terrain einen möglichst großen Vorteil zu erzielen. Dieser Art von Kriegführung sind nur dadurch natürliche Grenzen gesetzt, daß jede Seite bemüht bleiben muß, die Voraussetzungen für weitere Verhandlungen zu erhalten. Kollektivverhandlungen sind ihrem Wesen nach permanent; eine Endlösung ist nicht beabsichtigt. Theoretisch verbleibt jedoch für die zweiseitigen Verhandlungen und ihr Ergebnis ein weiter Spielraum. Es erscheint hoffnungslos, Regeln anzugeben, nach denen sich die Verhandlungen vollziehen oder vorauszusagen, zu welchem Ergebnis sie führen werden.

Fraglich bleibt, bis zu welchem Punkt die zum Wesen der Kollektivverhandlungen gehörenden Druckmaßnahmen erlaubt sind und ob, falls die zweiseitigen Verhandlungen nicht zu einem Ergebnis führen, der Streitfall einem vereinbarten oder von außen eingesetzten Schiedsgericht zugewiesen werden soll, wenn die Verhandlungen nicht zum Ziele geführt haben. Die Frage, wann dieser Zeitpunkt in den Verhandlungen erreicht ist, welche Möglichkeiten dem Staat offenstehen sollen, in die Verhandlungen einzugreifen und wie das Interesse der Öffentlichkeit gewahrt werden soll, muß im politischen Raum entschieden werden.

Wir sind durch den amerikanischen Stahlarbeiterstreik darüber belehrt worden, daß in den Vereinigten Staaten Eingriffsmöglichkeiten des Staates zur Beschränkung des Ausmaßes der Kollektivverhandlungen in ungewöhnlichen Situationen durchaus vorhanden sind. Gleichzeitig ist mit besonderer Deutlichkeit demonstriert worden, wie eine Grenzlinie zwischen dem öffentlichen Interesse und der Autonomie der Kollektivverhandlungen gezogen werden kann. Es war dem Präsidenten der USA möglich, den 116tägigen Streik der 500 000 Stahlarbeiter befristet abzubrechen, weil ihm das Taft-Hartley-Gesetz vom Jahre 1947 erlaubt, im Falle eines nationalen Notstandes einen Streik für eine Periode von 80 Tagen zu unterbrechen. In dieser sogenannten Abkühlungsperiode sollen die Verhandlungsparteien Gelegenheit finden, sich zu einigen. Erst wenn während dieser Zeit keine Vereinbarung zustande kommt und wenn sich die Mitglieder der Gewerkschaft in einer Abstimmung für die Aufrechterhaltung der gewerkschaftlichen Forderungen und für die Fortsetzung des Kampfes mit den Mitteln des Streiks erneut entschieden haben, kann der Streik fortgesetzt werden. Der Sinn dieser Abkühlungsperiode ist leicht zu erkennen. Es wird erwartet, daß sich der Kampfelan nach der Wiederaufnahme der Arbeit abschwächen und daß die erneute Entscheidung für einen Streik von der Gewerkschaftsführung bei ihrer Mitgliedschaft nur schwerlich durchzusetzen sein wird. Natürlich bleibt es immer eine strittige Frage, was als ein nationaler Notstand anzusehen ist. Der Ermessensentscheidung des Präsidenten ist hier ein weiter Spielraum gegeben. Da sich die Proklamierung des nationalen Notstandes in der Regel der Fälle gegen die Gewerkschaften richtet, ist das Taft-Hartley-Gesetz das umstrittenste und von den Gewerkschaften als Einschränkung ihrer Freiheit am schroffsten abgelehnte Gesetz.

Der englischen Regierung steht kein solches Instrument zur Vefügung, um eine Auseinandersetzung, die für die Nation bedrohliche Formen annimmt, beenden zu können. Im Regelfall reichen jedoch die Möglichkeiten aus, die der Arbeitsminister durch den Industrial Courts Act vom Jahre 1919 hat, um durch die Einsetzung eines Untersuchungsausschusses (Court of Inquiry) in einen Streik oder eine Aussperrung einzugreifen. Dieser Eingriff in die Autonomie der Verhandlungspartner stellt jedoch keine dekretierte Regierungsentscheidung dar, sondern erfolgt nur im Rahmen der Vermittlungsmöglichkeiten, die dem Arbeitsminister durch das erwähnte Gesetz gegeben sind, das seiner Art nach zum Vermittlungsschema (Conciliation Scheme) der Whitley-Commission des Jahres 1917 gehört. Die Untersuchungen der Courts of Inquiry haben aus diesem Grunde keine bindende Wirkung für die Parteien. Die Courts schließen ihre Untersuchungen nur mit Empfehlungen ab, die dem House of Parliament und der Öffentlichkeit bekanntgegeben werden. Die Autorität, die diese Courts of Inquiry im öffentlichen Leben einnehmen, veranlaßt jedoch zumeist auch die streitenden Parteien, ihre Empfehlungen anzunehmen, obgleich sie rechtlich nicht daran gebunden sind. Außergewöhnlichen Situationen kann die englische Regierung durch die Einbringung eines Notstandsgesetzes ad hoc begegnen. Beim Generalstreik im Jahre 1926 konnte die Regierung so alle Maßnahmen anordnen, die im öffentlichen Interesse erforderlich waren, um die Versorgung der Bevölkerung sicherzustellen. Sie konnte jedoch damit die Bergarbeiter nicht zugleich auch zwingen, die Arbeit in den Gruben wieder aufzunehmen. Sie konnte also nur die negativen Auswirkungen der Auseinandersetzung unter den streitenden Parteien auf die Öffentlichkeit abwenden, nicht aber die Auseinandersetzung selbst beenden.

Verschiedene Formen der Notstandsgesetzgebung mit oder ohne vorherige Zustimmung des Parlaments bestehen in der einen oder anderen Form in verschiedenen Ländern. Die Bundesrepublik Deutschland bildet hierin eine Ausnahme, weil das Grundgesetz keinen Notstandsartikel enthält. Eine tiefgreifende Auseinandersetzung, sei es durch Streik oder Aussperrung, könnte demzufolge zwischen den beiden Kontrahenten unbegrenzt ausgetragen werden. Die Arbeitsgerichtsbarkeit ahndet nur auf Antrag Verstöße gegen die bestehenden Arbeitsgesetze und gegen Vereinbarungen, die die Tarifpartner in Hinblick auf eine Auseinandersetzung selbst geschlossen haben und die rechtsverbindlich sind. So kann also eine Partei wegen Verletzung einer vereinbarten Friedenspflicht nachträglich zum Schadenersatz verurteilt werden, wie es in dem

Urteilsspruch des Bundesarbeitsgerichtes in Kassel im Falle des Metallarbeiterstreiks in Schleswig-Holstein geschehen ist. Auf die Auseinandersetzung selbst können jedoch weder die öffentlichen Gerichte noch die Regierung einen Einfluß nehmen. Es muß der Entwicklung in der Zukunft vorbehalten bleiben, ob Regierung und Parlament es für nötig erachten, zum Schutze des öffentlichen Interesses gesetzliche Vorkehrungen zu treffen.

Nachdem wir festgestellt haben, daß auf der juristischen Ebene gewisse äußere Grenzen der Auseinandersetzung abgesteckt sein können, tritt die Frage an uns heran, wie normale Verhandlungen ablaufen, die keine extreme Situation auslösen, das heißt auf welchem Wege die Kollektivverhandlungen zu einer Vereinbarung führen können, obgleich es keine allgemein verbindlichen Regeln und keine im voraus bestimmte quantitative Begrenzung der Forderungen gibt. Der von Sidney und Beatrice Webb seinerzeit in dieser Hinsicht geäußerte Optimismus beruht auf der Zuversicht, daß sich durch Druck und Gegendruck, Angebot und Gegenangebot, durch die Probe auf das Kräfteverhältnis und aus Fehlern und Erfahrungen ein Ergebnis erzielen lassen werde, das beiden Parteien unter gegebenen Umständen als das günstigste erscheine, während sie ein besseres von den weiteren Verhandlungen erwarteten. Das Problem der Quantifizierung der jeweiligen Forderung stellt sich jedoch stets erneut und muß in den zweiseitigen Verhandlungen gelöst werden.

Für die Quantifizierung dessen, was als „gerecht" im sozialphilosophischen Sinne und im ökonomischen Sinne zu gelten hat, bleibt natürlich ein weites Feld. Schon auf den ersten Schritt ergeben sich eine ganze Reihe von Fragen, wie dieses quantitative Problem zu lösen ist. Welche Einkommensverteilung ist gerecht? Ist es die auf einer bestimmten bestehenden Eigentumsordnung basierende, jeweils gegebene Einkommensverteilung oder dürfen auch eine Einkommensumverteilung und eine Änderung der Eigentumsordnung mit eingeschlossen werden? Wenn das im Sinne einer schrittweisen Änderung zugestanden wird, so ist noch nicht darüber entschieden, in welchem Ausmaß die Löhne dann im konkreten Falle auf Kosten anderer Einkommensarten, der Profite, Dividenden- oder sonstiger Renteneinkommen, erhöht werden können und dürfen, und welche Folgen dann die Lohnerhöhung kurzfristig und langfristig auf die Investitionsquote hat. Wird eine Erhöhung der Lohneinkommen ausschließlich zur Ausweitung des Konsums führen, und wird sich die Konsumquote absolut und relativ erhöhen oder wird ein Teil der zusätzlichen Lohneinkommen gespart, die Ersparnisse der Arbeitnehmerhaushalte zu Lasten der Unternehmerhaushalte erhöht, während die allgemeine Sparquote selbst unverändert bleibt und die zur Verfügung stehenden Ersparnisse eine unveränderte Investitionsquote ermöglichen? Oder können die Löhne — wie in der Gegenwart immer behauptet wird — nur in dem Ausmaß steigen, in dem die Produktivität pro Beschäftigtem und Jahr steigt? Dann fragt sich, wie diese Produktivität gemessen und welcher Zeitpunkt als Meßbasis angesehen werden soll. Sollte nicht überhaupt in den zweiseitigen Verhandlungen vom Soziallohn ausgegangen werden, der betriebliche Wohlfahrtseinrichtungen, Altersversicherungen und dergleichen mit einschließt? Gehört es zum Bereich der kollektiven Lohnverhandlungen, daß die Lohnverhandlungen nach unten durch ein Auffangnetz abgesichert werden, indem der Staat bestimmte Minimumlohnregulierungen wie in den USA, England, Frankreich und in anderen Ländern gesetzlich einführt? Sollen schließlich Fragen der betrieblichen Mitbestimmung in all ihren Formen integrierender Bestandteil der zweiseitigen Verhandlungen sein oder durch Gesetz geregelt werden?

Zu dieser Serie prinzipieller Fragen treten weitere, die den Verhandlungsprozeß betreffen und die dem Zweck dienen, gewisse Regelmäßigkeiten oder Zwangsläufigkeiten aufzudecken. In dieser Hinsicht hat Shackle[3] ein Register detaillierter Fragen aufgestellt, die die Vielseitigkeit des Problems der Verhandlungstaktik dem Partner vor Augen führen sollen.

In die Erörterung dieser Probleme, die sich auf die Verhandlungsstrategie und -theorie beziehen, wollen wir an diesem Punkt noch nicht eintreten, sondern zunächst weitere Informationen zusammentragen, die möglichst erkennen lassen, welche Ergebnisse die verschiedenen Formen der kollektiven Lohnverhandlungen aufzuweisen haben.

2. Die Wirkungen der Kollektivverhandlungen

Jeder Interessierte weiß, daß der Charakter der Gewerkschaften von Land zu Land nach den nationalen Besonderheiten stark variiert. Im allgemeinen ist uns jedoch nur wenig über die spezifischen Formen der Lohnverhandlungen, ihre Ziele und Wirkungen auf die Lohnsätze und über den sozialen Standard in den einzelnen Ländern und einzelnen Industrien bekannt. Eine systematisierende Übersicht dieser Art, die wir als besonders aufschlußreich ansehen, hat Clark Kerr[4] zu diesem Thema geliefert. Er gruppiert die gewerkschaftliche Lohnpolitik, von der einfachen Form ausgehend, in Richtung auf die komplexeren Formen und ordnet sie den jeweils typischen Verhandlungsweisen der Gewerkschaften in den einzelnen Ländern zu. So lassen sich zunächst sechs Gruppen gegeneinander abgrenzen, nämlich:

---

[3] *Shackle*, G. L. S.: The Nature of the Bargaining Process, in: The Theory of Wage Determination, S. 296 ff.

[4] *Kerr*, Clark: a. a. O., S. 268.

1. „Reine, einfache" Gewerkschaften. Sie legen das Schwergewicht auf kollektive Lohnverhandlungen, um die Geldlöhne zu erhöhen, ohne spezielle theoretische Vorstellungen zu gebrauchen.
2. „Lohnpolitik"-Gewerkschaften. Hier sind, je nachdem, wie weitgehend sie eine Sicherung des Reallohnes anstreben oder an der Steigerung der Produktivität teilzunehmen versuchen, verschiedene Typen möglich. Sie sind in gewisser Weise noch reine Gewerkschaften, aber nicht mehr in der einfachen Form.
3. „Managerielle" Gewerkschaften. Sie erstreben eine Teilung des Produktionserfolges in Betriebs- und Industrievereinbarungen durch Alles-oder-nichts-Kontrakte. Diese können Schemata für die Gewinnbeteiligung, Mitbestimmung oder Mitwirkung an der Betriebsführung einschließlich der Teilnahme an der Preisfixierung, der Kontrolle des Eintritts in die Firma und dergleichen einschließen. Diese Art der Gewerkschaften kann unter dem Begriff der reinen und dem der nicht mehr einfachen Gewerkschaften klassifiziert werden.
4. „New-Deal"-Gewerkschaften. Der Typ dieser Gewerkschaften ist durch die Verbindung gewerkschaftlicher und politischer Kräfte zum Zwecke der Sicherung der Vollbeschäftigung gekennzeichnet, die durch die mitwirkende Aktivität der Regierung an kollektiven Lohnverhandlungen zur Erhöhung der Geldlöhne und zum Ausbau der allgemeinen ökonomischen Bedingungen erreicht werden soll.
5. „Arbeiter-Partei"-Gewerkschaften. Sie erwarten die Kontrolle der Verteilung nicht so sehr und nicht in erster Linie von den eigenen Lohnverhandlungen, sondern von Regierungsaktionen, insbesondere durch progressive Besteuerung der Kapitaleinkommen und durch eine Umverteilung der Einkommen mit den Methoden der Besteuerung und verschiedener Formen von Subsidien.
5. „Direkte Kontrolle"-Gewerkschaften. Sie befürworten eine permanente Preiskontrolle oder zumindest eine solche für Monopolprodukte. Die Verteilung der Einkommen wird in nationalen Verhandlungen auf der Ebene des Parlaments reguliert und umfaßt sowohl Löhne als auch Preise, Steuern, Regierungsunterstützungen und dergleichen. Im extremen Fall entspricht dies der Wohlfahrtsplanung in einer mehr oder weniger geplanten Wirtschaft.

Die vorstehende Untergliederung zeigt, daß nur die ersten drei Gewerkschaftstypen sich vornehmlich auf den Unternehmer als Verhandlungspartner beziehen. Die anderen drei beziehen dagegen die gesamte Wirtschaftspolitik und ihre Funktionsträger mehr oder weniger in den Kreis möglicher Verhandlungspartner ein. Bei der konkreten Anwendung der gebildeten Typen auf bestimmte Länder bezeichnet Clark Kerr die erste Form der einfachen gewerkschaftlichen Tätigkeit als die typische Form in Westdeutschland. Die Löhne werden hier gleich den Tariflöhnen als Standardrate auf Industriebasis festgesetzt und sind so bemessen, daß auch die unteren Grenzbetriebe sie zahlen können und daß auch Arbeiter mit dem niedrigsten Grenzertrag nicht unbeschäftigt zu sein brauchen. Dies schließt die Tendenz ein, die Gesamtlohnsumme zu minimieren und die Profite zu schützen. Als Ausgleich ist es in Westdeutschland nach Clark Kerr üblich, daß Betriebe mit hohen Grenzgewinnen auf Grund größerer Effektivität Zuschläge zum Lohn zahlen. Dieses System der Komplettierung der Tariflöhne durch patriarchalische Wohltaten der Firmen, die hohe Grenzgewinne erzielten, ist eine langgeübte Praxis in Deutschland. Die Furcht vor der Arbeitslosigkeit ist ungewöhnlich intensiv und die Unterordnung unter Gesetze und Regelungen bringt die Tendenz mit sich, daß die Standardrate und der niedrigere Stand der Löhne im allgemeinen nicht durchbrochen werden. Eine ähnliche Grundeinstellung zur Lohnregulierung ist in den USA bei den Vereinigten Automobilarbeitern festzustellen. Sie hindert die Gewerkschaften dort jedoch nicht, die Löhne jeweils so zu fixieren, daß sie gerade noch getragen werden können. Die allgemeine Tendenz geht aber dahin, daß die Vereinbarungen so getroffen werden, daß die effektiveren Betriebe ihren Extraprofiit mit den Arbeitern und Angestellten teilen, weil dies ein angenehmerer und weniger aufreizender Weg ist als eine kämpferische Auseinandersetzung.

Der zweite Typ der Gewerkschaften richtet seine Bestrebungen in erster Linie auf eine gerechte Lohnstruktur und wird vor allem in Schweden, Holland, Israel und Australien praktiziert. Die Lohnbasis wird so festgesetzt, daß bei gegebenen Lebenshaltungskosten ein bestimmter Mindestlebenstandard gesichert ist und daß die Löhne in den verschiedenen Tätigkeiten in einem bestimmten Verhältnis zueinander stehen. Um eine gerechte Verteilung des Einkommens zu erreichen, wird versucht, zumindest die Parität mit anderen sozialen Gruppen zu sichern. Ähnlich wie bei bestimmten Gewerkschaften in den USA werden die Löhne nicht nur mit den Lebenshaltungskosten verbunden, sondern auch mit der Steigerung der Produktivität. Die extremste Form dieser Art hat nach Clark Kerr in Finnland bestanden und weniger stark in Österreich, obgleich die Nachkriegsvereinbarungen in Österreich zwischen den Vertretern der Arbeitnehmer und den Betriebsleitungen, der Landwirtschaft und der Regierung sich sowohl auf Lohn- und Preishöhe als auch auf Steuersätze, Subsidien, Pensionen und Aufwendungen für Familienunterstützungen bezogen. Clark Kerr weist mit Recht auf die Gefahr hin, daß bei einer derartigen Politik eine Gruppe auf Kosten der anderen oder der Gesamtheit profitiert und die Tendenz herausfordert, daß mehr verteilt wird als tatsächlich vorhanden ist. Ein ähnlicher Kurs ist auch in Frankreich verfolgt worden. Eine verantwortungsbewußte systematische Lohnpolitik dieser Art ist natürlich am besten durchführbar, wenn die Gewerkschaften selbst an der Regierung beteiligt sind und die Verantwortung für die Wirtschaftspolitik des Landes mittragen, wie es in Schweden ist und wie es zeitweilig auch in Groß-Britannien, in Holland und in anderen Ländern der Fall war. Unter solchen Umständen ist es möglich, die Lohnpolitik mit der Vollbeschäftigung bei einem vernünftigen Preisniveau unter Berücksichtigung des Außenhandels zu verbinden.

Die Praktizierung eines manageriellen Verhaltens der Gewerkschaften setzt voraus, daß ihre Kontrolle über das Angebot an Arbeitskraft hundertprozentig oder nahezu hundertprozentig ist. Dann vermögen solche Gewerkschaften einen nachhaltigen Einfluß auf die Verteilung des Einkommens in dem Industriebetrieb oder der ganzen Industrie auszuüben, um für eine bestimmte Zahl von Beschäftigten spezielle Arbeits- und Lohnbedingungen festzusetzen. Dem Arbeitgeber bleibt dann nur der Ausweg, die Arbeiter am Profit zu beteiligen oder, sofern es ihm seine Monopolstellung erlaubt, die ihm auferlegten Bedingungen in den Preisen auf die Käufer abzuwälzen oder die Produktivität der Beschäftigten zu steigern. Die Gewerkschaft kann jedoch weitergehend auch dahin streben, daß sie gleichfalls an der Fixierung der Preise und der Gewinne beteiligt wird. Derartige Gewerkschaften verhalten sich also grundsätzlich wie Unternehmer und wollen mit der eigentlichen Betriebsführung diese Funktion teilen.

Der Typ der New-Deal-Gewerkschaften ist nach Clark Kerr die typische Form der heutigen amerikanischen Gewerkschaften. Die Tendenz ihrer Bestrebungen geht dahin, die Lohnpolitik der einfachen reinen Gewerkschaftsform mit der Vollbeschäftigungspolitik, wie sie für den New-Deal typisch ist, zu verbinden. Sie werden damit in gewisser Weise zu Beschützern des Profits und zu Verteidigern einer optimistischen Ansicht über die wirtschaftliche Entwicklung. Die Arbeiter-Partei-Gewerkschaften, die direkte Kontrollen bevorzugen, müssen dagegen notwendig die Struktur und das Gesamtsystem der nationalen Wirtschaftspolitik berücksichtigen. Ihre Erfolge werden deshalb in hohem Maße von den Möglichkeiten abhängen, die einer derartigen Wirtschaftspolitik offenstehen.

Die Systematisierung der gewerkschaftlichen Verhaltensweisen in der ökonomischen Auseinandersetzung und die Verbindung dieser Typen mit der Politik der Gewerkschaften in bestimmten Ländern kann natürlich nur eine erste Annäherung an die Wirklichkeit darstellen. Wenngleich die Gewerkschaften in den jeweiligen Ländern spezifische Formen zur Wahrnehmung der Interessen ihrer Mitglieder entwickelt haben, so ist doch ergänzend anzumerken, daß in einem Lande mit verschiedenen Gewerkschaftstypen sehr wohl alle Formen vorkommen und daß auch bei einzelnen Gewerkschaften zu verschiedenen Zeiten verschiedene Auffassungen über die jeweils beste Lösung des Problems bestehen können. Wie unterschiedlich trotz der Übereinstimmung im Grundsätzlichen die Verhaltensweisen der einzelnen Gewerkschaften in einer gegebenen Situation sein können, haben wir in einer Untersuchung über die englischen Gewerkschaften[5] dargelegt, auf die hier nicht im einzelnen eingegangen werden kann.

Die westeuropäische Gewerkschaftsbewegung neigt — allerdings mit erheblichen graduellen Unterschieden — in der Gegenwart im großen und ganzen zu der Form der Gewerkschaftspolitik, die die Lohnpolitik in die Gesamtwirtschaftspolitik eingebettet sieht. Daraus resultiert, daß die Anstrengungen der Gewerkschaften — wiederum mit erheblichen graduellen Unterschieden — dahingehen, ihren Einfluß in der Gesamtwirtschaft zur Geltung zu bringen. Im Rahmen einer derartigen Politik müssen die Gewerkschaften, die kurzfristig auf die Sicherung eines einmal erreichten Lebensstandards abzielen, notwendigerweise ihr Bemühen langfristig darauf richten, mit wachsendem Sozialprodukt zu einer entsprechenden Steigerung der Reallöhne zu kommen. Sie müssen deshalb den Außenhandel, das Preisniveau im internationalen Handel, die Geld- und Kreditpolitik, die Währungsprobleme und dergleichen in ihre Betrachtung einbeziehen und ihre Lohnpolitik in diesen größeren Zusammenhang hineinstellen. Wie sich die Gewerkschaften auf diesem Gebiet bewegen, hängt selbstverständlich in hohem Maße von der Klarheit ihrer eigenen wirtschaftspolitischen Konzeption und von der Erfahrung ihrer Führung ab. Von der Frage, ob die Führung den Intentionen ihrer Mitglieder in einer jeweiligen konkreten Situation einen adäquaten Ausdruck zu geben und ob sie langfristig die Wirtschaftspolitik so zu beeinflussen vermag, daß die speziellen Ziele der Gewerkschaften in ihr aufgehen, hängt die Stabilität der Gewerkschaften und auch der Wirtschaftspolitik weitgehend ab. In diesem Sinne sind Kollektivverhandlungen auch ein Maßstab für das Verhandlungsgeschick der Gewerkschaftsführung. Von der konzeptionellen Klarheit ihres Programms und von ihrem strategischen Geschick hängt nicht nur die Position der Gewerkschaften in der Wirtschaftspolitik, sondern in weiterem Maße die Entwicklung der nationalen Wirtschaft ab.

Für England und Schweden ist die Verbindung der Gewerkschaften mit ihrer Partei in der nationalen Wirtschaftspolitik typisch. Sie hat sich in der Beteiligung der englischen Gewerkschaften an der Regierung der Labour Party in den Jahren von 1945 bis 1950/51 gezeigt, während in Schweden die Gewerkschaften bereits seit mehr als zwanzig Jahren mit der Regierung verbunden sind. Die Gewerkschaftspolitik ist daher

[5] Siehe dazu *Bandholz,* Emil: a. a. O., S 61 ff.

auch nicht aus dem Zusammenhang herauszulösen, in dem sie mit der Wohlstandsplanung der Regierung steht. Interessant ist es, besonders am englischen Beispiel zu beobachten, welche Veränderungen in der Gewerkschaftspolitik eintreten, wenn eine Beteiligung an der Regierung nicht mehr besteht. Während der Regierungszeit der Labour Party hatten die Gewerkschaften erreicht, daß außer der Nationalisierung des Bergbaues, des Verkehrswesens, der Gas-, Wasser- und Stromversorgung und der wichtigsten Teile der Stahlindustrie auch eine Reihe alter Programmpunkte zur Lohnpolitik gesetzlich verankert wurden. Seitdem nimmt die institutionelle Lohnfixierung, die etwa fünf Millionen, also ein knappes Viertel aller Beschäftigten umfaßt, einen breiten Raum ein. Der effektive Einfluß der Öffentlichkeit auf die Lohnfixierung ist sogar noch weit stärker, wenn man die Mitwirkung der Schiedsgerichte und der Untersuchungsausschüsse auf die Lohnbildung mit in die Rechnung einbezieht. Seitdem besteht ein nicht mehr zu übersehender Zusammenhang zwischen der Koppelung der gewerkschaftlichen Lohnpolitik mit der nationalen Wirtschaftspolitik und der wirtschaftlichen Gesamtentwicklung.

Die Gewerkschaften hatten während der wage restrain policy der Labour Regierung aus naheliegenden Gründen nicht unerhebliche Opfer zugunsten der nationalen Wirtschaft gebracht. Es ist kaum zweifelhaft, daß sie ohne diese Rücksichtnahme auf die Regierung für sich kurzfristig mehr erreicht hätten. Diese Feststellung führt zu der interessanten Frage, wie sich die Gewerkschaften verhalten haben, nachdem seit dem Jahre 1950/51 für sie die Bindung an die nationale Wirtschaftspolitik der Labour Party fortgefallen war. Die Befreiung der Gewerkschaften von der bisher geübten Rücksichtnahme hatte eine Flut neuer Lohnforderungen zur unmittelbaren Folge, die zu einer erheblichen Erhöhung des Lohnniveaus und damit zu kurzfristigen Erfolgen führten. In der Auseinandersetzung über die langfristigen Ziele waren die Gewerkschaften dagegen weniger erfolgreich als vorher. Zwar kam es bis zum Jahre 1956 nicht zu größeren Auseinandersetzungen und damit auch nicht zu einer Kraftprobe hinsichtlich der gegensätzlichen Wirtschaftskonzeptionen. Gerade dieser scheinbare Frieden führte aber die zweiseitigen Verhandlungen immer wieder auf einen toten Punkt. War er erreicht, was etwa regelmäßig alle zwei Jahre geschah, so mußte ein Untersuchungsausschuß (Court of Inquiry) eingesetzt werden, um ihn zu überwinden. So wurden die bestehenden Gegensätze nicht von den Verhandlungspartnern aus der Welt geschafft, sondern von einem öffentlichen Gremium kurzfristig überbrückt. So ist es bis heute geblieben. Die Empfehlungen der Courts lassen das Bestreben erkennen, die gegensätzlichen Ansichten der Interessenverbände der öffentlichen Meinung über die Wirtschaftspolitik unterzuordnen. Was das Verhalten der

Gewerkschaften in der permanenten Auseinandersetzung anbetrifft, so ist es weitgehend den engen Zusammenhängen untergeordnet, die zwischen der nationalen Wirtschaftspolitik der Gewerkschaften und der der Labour Party bestehen. Unterstützung der Labour Party, wenn sie in der Regierung ist und das Bestreben, ihr in den Zeiten der Opposition den Weg zur Rückkehr in die Regierung zu ebnen, beeinflussen die Wirtschaftspolitik der Gewerkschaften und die von ihnen angestrebten Reformen in der Wirtschaft.

Im Gegensatz zu England hat die Neigung, soziale Fragen obrigkeitlich normativ durch gesetzliche Regelungen zu ordnen, schon immer zum Wesen der deutschen Wirtschaftspolitik gehört und hat in dieser Form auch stets die Zustimmung der Gewerkschaften gefunden. Sowohl die Sozialversicherung als auch die gesetzlichen Bestimmungen zur gewerkschaftlichen Vertretung im Betriebe und das Arbeitsrecht sind so entstanden. Die Bundesrepublik hat auf diesem Gebiet nur den Faden wieder aufgenommen, der im kaiserlichen Deutschland und in der Weimarer Republik schon gesponnen worden war. Trotz dieses sozialen Wesenszuges oder gerade deshalb haben die Gewerkschaften im Grunde genommen nie einen wirklich durchgreifenden Einfluß auf die nationale Wirtschaftspolitik nehmen können. Im letzten Jahrzehnt wiederholte sich in der Wirtschaftspolitik der Bundesrepublik noch einmal in typischer Form der Ablauf, der auch schon für die Republik von Weimar kennzeichnend gewesen ist. Zunächst bestand allseitige Übereinstimmung hinsichtlich einer gründlichen Reform der Wirtschaftsordnung unter weitgehender Mitwirkung der Gewerkschaften. Das Verhältnis von Gewerkschaften und Unternehmensverbänden war auf Kooperation gestimmt. In der gesetzlichen Fassung dieser Vorstellungen, in der zweiten Phase, war dann statt der Mitbestimmung im Grunde genommen nur noch eine Mitberatung nachgeblieben. Die nicht erfüllten Erwartungen auf diesem Gebiet und die während der ersten Jahre im nationalen Interesse zurückgestellten materiellen Forderungen auf der Einkommensseite führten in der dritten Phase schließlich zu einer prinzipiellen Verstimmung auf seiten der Gewerkschaftsführung, die sich um ihre großen Perspektiven gebracht sah. Ohne einen wirklichen Einfluß auf die Entscheidungen der nationalen Wirtschaftspolitik ausüben zu können, sehen sich die Gewerkschaften nunmehr auf eine Position abgedrängt, von der aus sie die in ihren Augen zu unternehmerfreundlichen wirtschaftspolitischen Maßnahmen der Regierung nur noch von einem ethisch-moralischen, ideologischen Standpunkt aus kommentierend begleiten können. Die ursprüngliche Kooperation zwischen den Gewerkschaften und den Unternehmensverbänden hat aus gleichen Gründen schon seit einiger Zeit nur einen faden Nachgeschmack hinterlassen, und die Gewerkschaften befinden sich, nachdem sie viel Terrain verloren haben, wieder auf der Ebene der reinen einfachen Gewerkschaften der vorbehandelten Art.

Die Entwicklungsphasen der amerikanischen Gewerkschaftsbewegung unterscheiden sich erheblich von denen der europäischen, insbesondere der deutschen Gewerkschaften. Während die gewerkschaftliche Aktivität in den USA in den zwanziger Jahren häufig noch durch Gerichtsentscheidungen als Konspiration bewertet und durch sie stark eingeengt wurde, erhielten die Gewerkschaften im Zuge der New-Deal-Politik im Jahre 1935 durch den Wagner-Act die Unterstützung der Regierung zur Organisierung der Arbeiter und zum Aufbau und Ausbau der Kollektivverhandlungen. Durch das Taft-Hartley-Gesetz vom Jahre 1947 wurden der gewerkschaftlichen Tätigkeit allerdings wieder gewisse Grenzen gesetzt. Trotzdem gilt in den USA heute der generelle rechtliche Status „Keine Arbeit ohne Kontrakt" (no contract no work), wobei es sich immer um einen mit einer Gewerkschaft geschlossenen Kontrakt handelt. Auf dem Lohngebiet wurde im Jahre 1938 im „Fair Labor Standard Act" durch Bundesgesetz ein Minimumlohn eingeführt, der nach verschiedenen Erhöhungen zur Zeit (Januar 1960) einen Dollar pro Stunde beträgt. So hat die amerikanische Bundesgesetzgebung dazu beigetragen, der Regierung eine gewisse schiedsrichterliche Funktion in bezug auf die Kollektivverhandlungen zu geben, die durch institutionelle Instanzen noch weiter verstärkt wird. Die prinzipielle gewerkschaftliche Forderung nach einer angemessenen Teilung des Produktionserfolges hatte schon der Altveteran der amerikanischen Gewerkschaftsbewegung Samuel Gompers vor der Jahrhundertwende erhoben. Die American Federation of Labor hat diese Grundsatzforderung in den zwanziger Jahren durch die Behauptung untermauert, die Beteiligung der Arbeiter am Wohlstande werde Wirtschaftskrisen verhindern. Die formelle Anerkennung ihrer Prinzipien konnten die Gewerkschaften allerdings erst im Jahre 1948 durchsetzen[6]. Damals wurde in das Zweijahresagreement zwischen den General Motors und den United Automobile Workers erstmalig eine vierteljährliche Berichtigung der Löhne im Verhältnis zu den Lebenshaltungskosten aufgenommen, um die Kaufkraft der vereinbarten Löhne zu erhalten. Von noch größerer Bedeutung war jedoch in dieser Vereinbarung der sogenannte Entwicklungsfaktor. In dem Fünfjahresvertrag vom Jahre 1950 und in dem Dreijahresvertrag vom Jahre 1955 wurde dieser Entwicklungsfaktor mit der Zweckbestimmung übernommen, die realen Stundenverdienste in der Automobilindustrie in jedem Jahre in gleichem Ausmaß wie die Produktivitätssteigerung der nationalen Gesamtwirtschaft zu erhöhen. Vom Jahre 1955 ab wurde das System der sozialen Sicherheit in der Automobilindustrie durch einen garantierten Lohnplan, den Ausbau der so-

[6] Siehe dazu: *Goldfinger*, N. und *Kassalow*, E. M.: a. a. O., S. 58 ff.

zialen Einrichtungen, die Mitwirkung an der Regelung des Arbeitseinsatzes und der Arbeitsbedingungen und dergleichen noch weiter ausgebaut und damit zum Vorbild der gewerkschaftlichen Aktivität in vielen anderen Industrien. In fast noch stärkerem Maße als die Automobilarbeiter sind in den letzten Jahren die Stahlarbeiter und ihre Strategie und Taktik in den Vordergrund getreten und zum Leitbild der amerikanischen Gewerkschaften geworden. Die Verträge, die die Gewerkschaft der United Steelworkers seit dem Jahre 1947 mit der United States Steel Corporation als Mustervereinbarungen getroffen hat, denen später die übrigen Firmen folgten, sind von Verhandlung zu Verhandlung komplexer geworden und stellen heute ein geschlossenes System der gewerkschaftlichen Mitbestimmung auch in bezug auf die Leitungsfunktion der Firmen dar, wie es umfassender zur Zeit kaum vorstellbar ist. Im Gegensatz zur Bundesrepublik hat sich, wie an den führenden Industriezweigen der Vereinigten Staaten deutlich wird, die Mitbestimmung der Arbeitnehmer im Arbeitsprozeß einzig und allein aus der Aktivität der Gewerkschaften selbst ergeben. Die freiwilligen Kollektivverhandlungen waren die Basis, auf der sie entstanden ist, und die Ausstrahlungen, die gerade auch von diesen nicht-geldlichen Erfolgen der Gewerkschaftspolitik auf die nationale Wirtschaftspolitik ausgehen, haben im amerikanischen Wirtschaftsleben eine immense Bedeutung erlangt. Schon immer haben in den Vereinigten Staaten die Kollektivverhandlungen gegenüber politischen Aktionen überwogen, und die Gewerkschaften haben sich stets als eine starke motorische Kraft innerhalb einer expandierenden Wirtschaft betrachtet. Vollbeschäftigung, wirtschaftliches Wachstum und das Recht der Arbeiter auf einen angemessenen Anteil an den Früchten des Wachstums in Form einer kontinuierlichen Steigerung des Reallohnes bildeten die Grundlage ihrer wirtschaftspolitischen Ziele. Nach Auffassung der zitierten amerikanischen Autoren führt kein Weg daran vorbei, anzuerkennen, daß die effektive Lohnpolitik der Gewerkschaften zu einer gesunden Tendenz in der wirtschaftlichen Entwicklung beigetragen hat. Insbesondere wird es für die Zeit von 1949 bis 1954 der gewerkschaftlichen Aktivität zugeschrieben, daß sie eine weitverbreitete Krise wie in früheren Zeiten verhinderte, indem sie ihr Prinzip, den Reallohn in Zeiten der Krise weiter zu erhöhen, durchsetzte und damit den Umschlag der Prosperität in eine Krise auffing. Diese Erfahrungen und die Auffassung, daß sie die Effektivität ihrer Organisation richtig und erfolgreich benutzt haben, sind die Grundlagen für den elan vital der amerikanischen Gewerkschaftsführer. Von diesem Bewußtsein geleitet, geht von ihm ein immer stärkerer Einfluß auf die nationale Wirtschaftspolitik aus, obgleich oder gerade weil er nur über die Kollektivverhandlungen ausgeübt wird.

Am treffendsten lassen sich die Gewerkschaften in ihrer Bedeutung sowie das Wesen und die Wirkungen der Kollektivverhandlungen in England, in der Bundesrepublik und in den Vereinigten Staaten wohl an drei Streiks der jüngsten Vergangenheit in jedem dieser Länder demonstrieren. In allen drei Fällen handelte es sich um einen Streik in der Metallindustrie. In England fand er im Jahre 1956 in der Automobilindustrie statt und wurde zugleich als erster Streik um die Automation geführt. In der Bundesrepublik fand etwa zur gleichen Zeit in Schleswig-Holstein der Streik in der Metallindustrie statt, während in den Vereinigten Staaten im Jahre 1959/60 die Stahlarbeiter streikten.

Der Streik in den englischen Automobilwerken begann in einem Betrieb der British Motor Corporation. Er wurde dadurch ausgelöst, daß die Firmenleitung es für angezeigt hielt, im Zuge einer Umstellung der Produktion von Automobilen auf Traktoren im vollautomatischen Verfahren kurzfristig ohne besondere Ankündigung 2400 Beschäftigte zu entlassen. Die Kündigung erfolgte zum Zeitpunkt des Antritts des 14tägigen Jahresurlaubs und wurde mit der Beendigung dieses Urlaubs wirksam. Die shop stewards in diesem und benachbarten Betrieben in Coventry, Birmingham und Oxford riefen daraufhin spontan zum Streik in der gesamten Automobilindustrie auf. Der Streik begann, typisch für englische Verhältnisse, inoffiziell und wurde erst nach 14 Tagen von den beteiligten Gewerkschaftsleitungen sanktioniert. In der Zwischenzeit hatte ein hartes Ringen darum eingesetzt, wieweit der Streikaufruf in der Automobilindustrie befolgt wurde. Die Zeitungsberichte gaben groß aufgemachte Darstellungen über die Zahl derer, die der Streikparole folgten und derer, die nicht mitmachten. Im Verlauf des Streiks nahmen etwa 50 000, also etwa 55 vH der Automobilarbeiter am Streik teil, während die übrigen entweder im Jahresurlaub waren oder die Arbeit fortsetzten. Bei Auseinandersetzungen zwischen Streikenden und Arbeitswilligen kam es auch zu Zusammenstößen zwischen den Streikposten und der Polizei, die zur Aufrechterhaltung von Ruhe und Ordnung im öffentlichen Interesse eingesetzt worden war. Trotzdem sah sich die Konservative Regierung gezwungen, vom Standpunkt der Arbeitgeber abzurücken und ihnen ihre Mißbilligung darüber zum Ausdruck zu bringen, daß die in Frage stehende Betriebsleitung es für richtig gehalten hatte, im Stile kapitalistischer Unternehmer der Vergangenheit ihre Mißachtung der Gewerkschaften und deren gesellschaftlicher Funktion so offen Ausdruck zu geben. Das Verhalten der Unternehmer und ihre Politik des „hire and fire“ drohte die alte Klassenstruktur wieder bloßzulegen und paßte keinesfalls in das Konzept friedlicher Auseinandersetzungen, wie sie die Regierung aus politischen Gründen wünschen mußte. Sie sah sich deshalb auch gezwungen, inoffiziell zu vermitteln, die gewerkschaftliche Forderung nach Kompensation der Entlassenen je nach der Dauer der Betriebszugehörigkeit gegenüber den Unternehmern zu unterstützen und der Beilegung der Auseinandersetzung das Wort zu reden. Der erste große Streik um die Automatisierung endete letzthin damit, daß eine neue Form gewerkschaftlicher Forderungen — die Zahlung von Kompensationen im Falle einer Freisetzung durch technische Neuerungen — dem Arsenal der Argumente in lohnpolitischen Auseinandersetzungen hinzugefügt wurde.

Der Streik in der Metallindustrie in Schleswig-Holstein, der 16 Wochen dauerte und 34 000 Beschäftigte umfaßte, war ganz anderer Art. Er ist der größte Streik, den die deutsche Industrie seit Jahrzehnten erlebt hat, und in gewisser Weise typisch für deutsche Verhältnisse, weil er nicht um eine Lohnforderung, sondern um eine Neufassung des Rahmentarifes für eine Fortzahlung des Lohnes im Krankheitsfall geführt wurde. Im Grunde genommen war diese Forderung auf Lohnfortzahlung im Krankheitsfall eine Forderung der gesamten Gewerkschaftsbewegung in der Bundesrepublik, die grundsätzlich schon vor Jahren sowohl von den Arbeitgebern als auch von der Bundesregierung befürwortet worden war. Die Verankerung dieses Anspruchs in der Sozialgesetzgebung war jedoch unterblieben, weil die Einmütigkeit aus der Zeit der gemeinsamen Anstrengungen des Wiederaufbaues verflogen war. Die Gewerkschaften hielten es nun für nötig, der Regierung in nachdrücklicher Form die Fortexistenz ihrer Forderung klarzumachen. Die IG Metall war die geeignete Gewerkschaft, die einen nachhaltigen Druck auszuüben vermochte und Schleswig-Holstein das geeignetste Gebiet, um die Macht der Gewerkschaft zu demonstrieren. Im Gegensatz zu England konnte die Gewerkschaftsleitung der IG Metall von vornherein sicher sein, daß ihrem Streikaufruf hundertprozentig Folge geleistet werden würde. Die Streikunterstützung war sehr gut und erreichte im allgemeinen die Höhe des wöchentlichen Arbeitseinkommens. Die Streikposten zogen rein symbolisch auf. Der Streik endete schließlich mit einem Kompromiß, das den sozialen Status der Metallarbeiter verbesserte und später in abgeschwächter Form auch in die Sozialgesetzgebung einging. Insoweit wäre der Streik durchaus im Stile der nationalen Wirtschaftspolitik der Bundesrepublik verlaufen, wenn nicht hinterher die Sache eine andere Wendung genommen hätte. Unter dem Eindruck der Wichtigkeit des Streiks hatte die örtliche Streikleitung intern eine Urabstimmung der Mitglieder über den Streikbeginn unbedacht um zwei Tage zu früh eingeleitet und damit, wie das Bundesarbeitsgericht in letzter Instanz entschieden hat, die nach einer von ihnen selbst mit beschlossenen Vereinbarung bestehende Friedenspflicht verletzt. Infolgedessen wurde die IG Metall zum Ersatz des durch den Streik entstandenen Schadens verurteilt. Der Gesamtschaden wird von den Unternehmern auf über 100 Millionen DM beziffert. Bis jetzt haben sich die Kontrahenten über den zu leistenden Schadensersatz noch nicht geeinigt. Bei dem jetzigen Stand der Dinge sprechen alle Anzeichen dafür, daß durch das Urteil des Bundesarbeitsgerichts, in dem versucht worden war, juristisch zu fixieren, war zulässiger und unzulässiger Druck in der ökonomischen Auseinandersetzung ist, nur eine in stärkerem Maße als zuvor ideologisch bestimmte Auseinandersetzung heraufbeschworen worden ist.

Der Streik der 500 000 amerikanischen Stahlarbeiter um die Jahreswende 1959/60 legte für 116 Tage die gesamte amerikanische Stahlproduktion lahm. Dem Streikaufruf der Gewerkschaftsführung lag die Ablehnung der Forderung nach einer Lohnerhöhung von 30 Cents pro Stunde zugrunde. Das Entscheidende an dieser Auseinandersetzung war jedoch nicht die Lohnforderung an sich. Den Unternehmern ging es bei der Ablehnung dieser Forderung vielmehr darum, in der Auseinandersetzung eine Aufweichung und Abschwächung der sogenannten Arbeitsregelungen zu erreichen. Diese Arbeitsregelungen hatte sich die Stahlarbeitergewerkschaft seit dem Jahre 1947 Schritt für Schritt erkämpft; sie waren die Grundlage der Machtposition der Gewerkschaften in den Firmen, da sie ihnen eine weitgehende Mitentscheidung über die Einstellung und Entlassung, die Verwendung der Arbeitskräfte im Betrieb, über Rationalisierungsmaßnahmen und damit über die zahlenmäßige Beschäftigung sicherte. Der Spielraum der freien unternehmerischen Entscheidung war durch diese Arbeitsregelungen verhältnismäßig eng geworden, und der Streik war die große Kraftprobe zwischen der gewerkschaftlichen Wirtschaftskonzeption und der des freien oder doch zumindest wieder freier werden wollenden Unternehmertums. In dieser Grundsatzfrage war ein Kompromiß unmöglich, und alle Verhandlungen der beiden Parteien blieben demzufolge ergebnislos. Nachdem die nationale Wirtschaft bereits eine erhebliche Einbuße erlitten hatte, Entlassungen in anderen stahlverarbeitenden Industrien in größerem Umfange eingesetzt, die Lagervorräte auch in gut versorgten Industrien einen kritischen Punkt erreicht hatten und als ein Nachgeben der Arbeitgeber offenbar nahe bevorstand, wurde der Streik durch den Präsidenten der Vereinigten Staaten durch die Proklamierung des nationalen Notstandes nach dem Taft-Hartley-Gesetz zwangsweise für 80 Tage unterbrochen. Die Gewerkschaft wehrte sich zunächst mit Erfolg im Wege des Einspruches, konnte aber die Anwendung des Taft-Hartley-Gesetzes schließlich nicht verhindern. Die zweiseitigen Verhandlungen, die nach der Wiederaufnahme der Arbeit während der „Abkühlungsperiode" geführt wurden, blieben jedoch ohne Ergebnis, und es schien sicher, daß der Streik nach Ablauf der 80 Tage genau wieder so einmütig aufgenommen werden würde wie vorher. Die Gewerkschaftsführung war sich der Entschlossenheit ihrer Mitglieder sicher, ging es doch letztlich darum, daß bei einer Aufweichung der bestehenden Arbeitsregelungen größere Entlassungen in der Stahlindustrie bevorstanden. Angesichts der politischen Gefahren, die mit der Wiederaufnahme des Streiks im Jahre der Präsidentschaftsneuwahlen verbunden waren, sahen es der Vizepräsident und der Arbeitsminister als opportun an, sich inoffiziell in die zweiseitigen Verhandlungen einzuschalten. Einen Kompromiß brachten auch sie nicht zustande, dafür überredeten sie aber die Arbeitgeber, die Forderungen der Gewerkschaft zu akzeptieren. Der Streik endete mit einem vollständigen Sieg der Gewerkschaften und der für die Unternehmer bittereren de facto Anerkennung der gewerkschaftlichen Wirtschaftsdoktrin. Dem Umfange und der Auswirkung nach, die von dieser Auseinandersetzung auf die nationale Wirtschaft ausstrahlen wird, muß der Sieg der Stahlarbeiter im gewissen Sinne als eine kalte Revolution im ökonomischen Bürgerkrieg betrachtet werden.

V. Theoretische Betrachtungen zum Problem der Lohnbildung

1. Anmerkungen zu den Formen gegenwärtiger Lohnpolitik

Unsere bisherigen Ausführungen haben, so dürfen wir annehmen, offenbar werden lassen, daß mehr Faktoren objektiver als auch quasi objektiver Art auf die Lohnfixierung Einfluß haben, als in den klassischen Theorien gemeinhin angenommen wurde. Im Rahmen dieser Vorstellungen wurde das Lohnproblem nur von der Nachfrageseite aus betrachtet und erwartet, daß das Angebot an Arbeitskraft zu jeder Zeit elastisch sei und daß die Nachfrage bei einem gegebenen Angebot an Arbeitsleistungen, einer gegebenen Ausstattung mit Kapitalgütern, gegebenen nationalen Ressourcen, gegebener Technik und Produktivität der Arbeit bis zu dem Punkte ausgedehnt werde, bei dem der Lohnsatz gleich dem Wert des Grenzproduktes der Arbeit war. Unter der Voraussetzung der freien Konkurrenz sollten sich beide Seiten als Mengenanpasser in dem Sinne verhalten, daß sie den geltenden Lohnsatz als gegeben und von ihnen nicht beeinflußbar betrachteten. Wenn die Nachfrage und das Angebot sich diesem Lohn jeweils anpaßten, dann war mit dem Lohnsatz auch die Beschäftigungsmenge und umgekehrt determiniert. Diese klassische Ableitung bestach zwar durch ihre Einfachheit; sie krankt jedoch daran, daß die wirkliche Arbeitsmarktsituation nur synthetisch erfaßt wurde. Subjektive Phänomene, die sowohl der Nachfrage als auch dem Angebot zugrunde liegen, wurden gänzlich eliminiert. Es ist das Verdienst von Keynes, die vorgegebene objektive Facon der Nachfrage wieder aufgeweicht und die Bedeutung psychologischer Faktoren erneut hervorgehoben zu haben. Daß die Angebotsseite sich zu allen Zeiten nur schwer mit der ihr von der Theorie zugedachten Rolle abfand, haben wir bereits dargelegt. Der wesentlichste Einwand gegen die klassische Theorie bleibt jedoch, daß nur die Nachfrage als relevant für die Fixierung des Lohnsatzes angesehen wurde, die Besonderheiten des Angebots dagegen unberücksichtigt blieben. Die Einbeziehung der kollektiven Lohnverhandlungen in die theoretische Betrachtung hat später die entschiedene Änderung der Einstellung zu diesem Problem hervorgerufen. Auf dem Arbeitsmarkt treten sich nunmehr zwei Kräfte gegenüber, die beide ihrer eigenen Gesetzmäßigkeit sowohl auf den Teilmärkten für spezielle Arbeitsleistungen als auch auf dem Gesamtarbeitsmarkt folgen.

Wenden wir uns zunächst der Angebots- und Nachfragesituation in bezug auf die einzelne Firma zu, dann dürfte es richtig sein, davon auszugehen, daß das Verhalten der Vertragsparteien in den Kollektivverhandlungen von den folgenden Faktoren bestimmt wird:

1. *Nachfrage:*
   Geltender Lohnsatz und andere tarifliche und gesetzliche Regelungen
   Alter, Bedeutung, Renommee und Marktposition der Firma
   Technische Leistungsfähigkeit ihrer Produktionsanlagen
   Kapitalausstattung und finanzielle Liquidität
   Zeitspanne der betrieblichen Planung
   Das Verhältnis der eigenen Produktionskosten zu denen der Konkurrenz
   Fortbestand und Ausdehnung der Firma
   Effektivität der Betriebsorganisation
   Fähigkeit der Betriebsführung
2. *Angebot:*
   Geltender Lohnsatz im Verhältnis zur Entwicklung der Lebenshaltungskosten, der Produktivität, der Gewinne und der effektiven Verdienste in der umgebenden Industrie
   Soziale Prestigeordnung
   Arbeitszeitvereinbarungen
   Arbeitsbedingungen
   Soziale Leistungen in bezug auf Gesundheit und Pension
   Bestreben nach garantiertem Wochen- und Jahreslohn
   Form der Mitbestimmung und der Mitwirkung beim Arbeitseinsatz
   Form der gewerkschaftlichen Organisation
   Fähigkeit der Gewerkschaftsführung.

Selbstverständlich brauchen nicht alle aufgezählten Faktoren auf der Nachfrage- und Angebotsseite in den zweiseitigen Verhandlungen zu jeder Zeit die gleiche Bedeutung zu haben; auch der Grad ihrer Wichtigkeit kann sich von Fall zu Fall ändern. Auf der Angebotsseite können einige Forderungen für die infrage stehende Zeit bereits eine zufriedenstellende Lösung gefunden haben, während auf bestimmte andere ein um so größeres Gewicht gelegt wird. Gleiches gilt auch für die Nachfrageseite. Besonders dann, wenn eine Firma Wert darauf legt, die Mitwirkung der Gewerkschaft an einem betrieblichen Ziel zu gewinnen, wird sie geneigt sein, ein Entgegenkommen der Gewerkschaft mit einem höheren Lohnsatz, höheren sozialen Leistungen oder mit beiden zu kompensieren. Entsprechend den Variationen, die in dieser Weise von Betrieb zu Betrieb möglich sind, verschiebt sich im konkreten Fall der Schwerpunkt der jeweils relevanten Variablen. Das Beziehungsverhältnis, das Angebot und Nachfrage zueinander einnehmen, ist aus diesen

Gründen von Firma zu Firma in der gleichen Branche und zwischen den verschiedenen Branchen äußerst vielfältig.

Natürlich ist das Verhalten einer Firma in erster Linie von den Marktverhältnissen für ihr Produkt abhängig, die der Form nach zwischen mehr oder weniger vollkommener Konkurrenz bis zum Monopol variieren können. Auf dem Arbeitsmarkt kommt es aber weniger auf die morphologische Struktur als vielmehr auf die Verhaltensweisen der Kontrahenten[1] und auf die Elastizität des Angebots und der Nachfrage an.

Auf seiten der Nachfrage ist unter Elastizität in bezug auf eine bestehende Arbeitsmarktsituation die Anpassungsfähigkeit an eine Änderung des Angebots zu verstehen. Sie ist von produktionstechnischen Daten der Substitutionselastizität und von der allgemeinen Arbeitsmarktsituation abhängig. Auf der Angebotsseite hängt dagegen die Elastizität allein von dem Verhalten der Gewerkschaften, von der Stärke ihrer Organisation und von der allgemeinen Beschäftigungslage ab. In Krisenzeiten und bei bereits bestehender Arbeitslosigkeit tendiert demzufolge die Elastizität der Nachfrage und insbesondere die des Angebots dahin, größer zu sein als in der Vollbeschäftigung. Unter den Bedingungen der Vollbeschäftigung kann das Angebot vollkommen unelastisch werden, wenn die jeweilige Gewerkschaftsführung das für eine Firma in Frage kommende Arbeitsangebot fest in der Hand hat und sich wie ein Monopolist verhält. Auf Unterschieden in dieser Hinsicht und solchen der Marktstruktur beruht die jeweils bestehende Lohnstruktur. Historische Marktsituationen haben ihre Ausgangslage bestimmt. Bis zum zweiten Weltkrieg haben vor allem gesellschaftspolitische Faktoren auf eine Einebnung der Lohndifferentiale hingewirkt, sowie auf eine Abschwächung der Kontraste in der Lohnstruktur. Die unterschiedliche Ausdehnung des für die Lohnfixierung relevanten Spielraumes in den einzelnen Firmen und zwischen den einzelnen Industriezweigen untereinander und die unterschiedlichen Verhaltensweisen in den Kollektivverhandlungen erlauben jedoch auch weiterhin eine ganze Reihe verschiedener Lösungen in bezug auf den Lohnsatz und wirken fortlaufend in Richtung auf eine Änderung der gegenwärtigen Lohnstruktur.

Welche Ergebnisse und welche theoretischen Konsequenzen von den unterschiedlichen Verhaltensweisen der Gewerkschaften zu erwarten sind, werden wir jetzt zu prüfen haben. Die Prüfung bezieht sich einmal auf den Betrieb und zwar darauf, welche Faktoren aus dem Katalog der möglichen Faktoren jeweils besonders relevant sind und zu welchem Lohnsatz sie führen, und zum andern auf den Gesamtkomplex

---

[1] Siehe dazu *Schneider,* Erich: Einführung in die Wirtschaftstheorie, II. Teil, Tübingen 1949, S. 269 ff.

der Wirtschaft besonders in bezug auf die Gesamtlohnsumme, die Lohnstruktur, die Einkommensverteilung, den Einfluß auf die Wirtschaftspolitik und die Wirtschaftsordnung und auf deren tendenzielle Entwicklung.

Anknüpfend an unsere schematische Gliederung erörtern wir nunmehr die theoretischen Probleme der Lohnbildung.

a) Die „reine einfache“ Lohnpolitik entspricht ihrem Wesen nach am ehesten den früheren klassischen Vorstellungen und befindet sich insoweit in Übereinstimmung mit jener wirtschaftspolitischen Konzeption, die bewußt frühere Formen des Liberalismus wieder zu beleben versucht. Die Grundprinzipien der Lohnregulierung, für die die Regeln des Liberalismus alter Schule gelten und die von der freien Unternehmerinitiative, dem Glauben an das freie Spiel der Kräfte, dem Ausgleichsmechanismus des Marktes — der prinzipiell die vollkommene Konkurrenz voraussetzt — und der Goldwährung ausgehen und keine sonstigen politischen Parameter anerkennen, lassen sich in einem einfachen Modell wie folgt darstellen:

Ziele:

1. Erhaltung der uneingeschränkten freien Unternehmerinitiative
2. Freie Beweglichkeit von Kapital und Arbeit
3. Freihandel oder Liberalisierung des Handels
4. Stabile Wechselkurse, freie Konvertibilität der Währung und ihre Regulierung nach den Regeln der Goldwährung
3. Ausgeglichener Haushalt

Umgebende Bedingungen:

1. Keine wirtschaftspolitischen Ziele des Staates
2. Neutrale Steuerpolitik
3. Ausgeglichener Haushalt

Instrumente:

1. Aktivität des freien Unternehmers
2. Diskontpolitik entsprechend dem Goldstandard.

Konsequenzen in bezug auf die Lohnbildung:

Bei Innehaltung einer neutralen Geldpolitik und bei einem stabilen Preisniveau bewegt sich der Reallohn in jeweils gleicher Richtung wie der Nominallohn. Die Lohnhöhe wird unter den bekannten Voraussetzungen durch Angebot und Nachfrage bestimmt und ist von den Erwartungen optimistischer oder pessimistischer Art der Unternehmer in bezug auf die wirtschaftliche Entwicklung und einer gewinnversprechenden Investitionstätigkeit in der nächsten Zukunft abhängig. Die Löhne werden durch das Ausmaß der bestehenden Arbeitslosigkeit oder durch einen Mangel an Arbeitskräften determiniert[2]. Hohe Arbeitslosigkeit drückt auf die Löhne, die umgekehrt bei einem Mangel an Arbeitskräf-

---

[2] Siehe dazu *Tinbergen*, J.: a. a. O., S. 49 ff.

ten steigen werden. Von ihnen gehen jedoch keine originären Einflüsse auf die Preise aus. Die Löhne und die Lohnpolitik der Gewerkschaften sind prinzipiell keine relevanten Variablen. Den Arbeitern und ihren gewerkschaftlichen Vertretern steht in Zeiten bestehender Arbeitslosigkeit nur die Wahl offen, den von den Unternehmern gebotenen Lohnsatz anzunehmen oder abzulehnen. „Take it or leave it" war die Formel, die die Lohnpolitik des Liberalismus kennzeichnete. In der Vollbeschäftigung mit der Tendenz zur Lohnsteigerung bleibt dagegen den Unternehmern nur die Anwerbung von Arbeitskräften aus solchen Ländern, in denen auf Grund eines Überangebots an Arbeitskräften niedrigere Löhne bestehen, um so auf das Lohnniveau im eigenen Lande einen Druck ausüben zu können.

Auf die Gründe, die zum Zusammenbruch dieser Vorstellungswelt führten, brauchen wir hier nicht erneut einzugehen. Die in ihnen enthaltenen Kurzschlüsse, speziell auf dem Gebiet der Löhne und der Beschäftigung, hat Keynes mit dem Ausspruch gekennzeichnet: „Die Annahme, daß eine nachgiebige Lohnpolitik ein richtiges und angemessenes Zubehör eines im großen und ganzen auf laissez-faire beruhenden Systems ist, ist das Gegenteil der Wahrheit"[3]. Die klassischen Vorstellungen des Liberalismus haben sich aber nicht nur auf dem Gebiet der Lohnbildung als unzureichend erwiesen, vielmehr hat sich das System des laissez faire selbst in dem Maße aufgelöst, wie sich eine seiner Voraussetzungen, die freie Konkurrenz, zur oligopolistischen und monopolistischen Konkurrenz, wandelte. Das reine Modell der liberalistischen Wirtschaftspolitik, von dem wir ausgegangen sind, besitzt demzufolge in der Gegenwart in bezug auf die Lohnbildung nur einen beschränkten Aussagewert. Nichtsdestoweniger ist es noch immer in der Vorstellungswelt mancher Wirtschaftspolitiker virulent. Sie neigen dazu, auch die gegenwärtigen Probleme der Lohnfixierung in Anlehnung an die Lehrmeinungen des Liberalismus zu behandeln. Aus diesem Grunde mußten wir das reine Modell des laissez faire an den Anfang unserer Betrachtung stellen. Daß Vorstellungen, die logisch nur mit diesem System verbunden werden können, auch unter grundlegend veränderten Bedingungen der Lohnbildung weiterhin wirksam sind, zeigt sich mit besonderer Deutlichkeit in der Bundesrepublik.

b) Die „reine", aber nicht mehr „einfache" Lohnpolitik ist die in der Gegenwart verbreitetste Form. Sie wird durch mancherlei institutionelle Einflüsse bestimmt und läßt die dahinterstehende theoretische Konzeption der Lohnbildung nur noch schwer erkennen. So wenig wie der Preis in der oligopolistischen und monopolistischen Konkurrenz noch als ein gegebenes, durch den Markt bestimmtes Datum betrachtet wird, so wenig ist in der Gegenwart noch die vereinfachende Vorstellung

[3] *Keynes*, J. M.: a. a. O., S. 227.

eines „marktgerechten“ Lohnsatzes in der Lohntheorie aufrechtzuerhalten. Die Höhe des Lohnsatzes, die nach klassischer Auffassung entsprechend dem ersten Punkt unseres Faktorenkataloges auf der Nachfrageseite das A und O war und die zugleich die Beschäftigungsmenge determinierte, spielt heute in vielen Fällen nur noch eine Rolle als allgemeiner Anhaltspunkt. Die psychologischen Erwägungen und sonstigen subjektiven Beweggründe der einzelnen Unternehmer sind demgegenüber weitaus stärker in den Vordergrund getreten und finden in dem beliebten Schlagwort vom sogenannten „guten Betriebsklima“ ihren treffendsten Ausdruck. Aus Gründen, die auf Überlegungen auf diesem Gebiet beruhen, ist es ein verbreitetes System geworden, über die in den Kollektivverhandlungen vereinbarten Lohnsätze hinaus besondere Zuschläge über den Tariflohn zu zahlen. Die Vielfalt der Lohnsätze wird dadurch noch erhöht. Die in unserem Katalog aufgezählten Faktoren sind für die Höhe der tatsächlichen Verdienste offenbar besonders relevant. Das Bemühen der Unternehmer, die Bedeutung ihrer Firma hervorzuheben, zieht eine Lohnfixierung nach sich, die vom Firmenrenommee bestimmt wird. Großflächige Gebietstarife, in denen der Lohnsatz am unteren Grenzbetrieb orientiert ist, sind die Basis einer solchen Lohnpolitik, die vorherrschend unter der Dominanz der Unternehmerinteressen steht.

Wandlungen der Markt- und Betriebsstruktur sind für die Unternehmer Gründe für ihre veränderte Einstellung zum Lohnproblem. Eine andere Ursache für diese Wandlung ist die gegenwärtige Bedeutung des Staates für die Lohnbildung. Damit ist nicht immer gesagt, daß die Regierung unmittelbar an Lohnvereinbarungen mitwirkt oder in anderer Weise ständig auf die Lohnbildung Einfluß nimmt. Das Gewicht des Staates in der Wirtschaftspolitik reicht allein aus, um diese Wirkung zu erzielen. Gegenüber der früher geforderten „neutralen“ Wirtschaftspolitik des Staates sind die öffentlichen Haushalte zu einem Politikum ersten Ranges geworden, die über die staatliche Finanzpolitik eine beherrschende Funktion in der Wirtschaft ausüben. Die Erweiterung, die diese Machtsphäre durch die politisch-wirtschaftlichen Zusammenschlüsse jeweils mehrerer Staaten zu einem Wirtschaftsblock erfahren hat, braucht hier nur ergänzend angemerkt zu werden. In etwa dem gleichen Ausmaß, in dem sich die Stellung des Staates in der Wirtschaft geändert hat, hat sich auch die gewerkschaftliche Lohnpolitik im Zuge der Emanzipation der Gewerkschaften in der industriellen Gesellschaft geändert. Die klassischen Forderungen der Gewerkschaften hinsichtlich der Löhne, der Arbeitszeit und der Arbeitsbedingungen stehen zwar immer noch im Vordergrund ihrer wirtschaftspolitischen Ziele, haben aber durch den Ausbau des Systems der sozialen Leistungen, des gesetzlichen Kündigungsschutzes, der Mitbestimmung und der Bedeutung der Gesamtwirtschaftspolitik eine wesentliche Erweiterung erfahren, die sich zugleich modifizierend auf das Verhalten der Gewerkschaften auswirkt. Auf der betrieblichen Ebene ist das Lohnsystem durch sozialpolitische Vereinbarungen, Ferienregelungen und dergleichen in Betriebsvereinbarungen oder Rahmentarifen gleichfalls ergänzt worden. Die Lohnpolitik bewegt sich somit in der neueren Entwicklung auf zwei verschiedenen Bahnen. Einmal stehen die Gesamtwirtschaftspolitik und die Gesamtgewerkschaftsbewegung im Vordergrund und zum andern der Betrieb, die Industrie und die einzelne Gewerkschaft. Letzterer wollen wir uns zuerst zuwenden und zu klären versuchen, welche theoretischen Prinzipien die Lohnbildung beherrschen, wenn die Gewerkschaften selbst keiner eigenen theoretischen Konzeption folgen.

Das besondere Kennzeichen der infrage stehenden Lohnsituation ist das Auseinanderklaffen der in den Kollktivverhandlungen fixierten Tariflöhne und der effektiven Verdienste. Die Tariflöhne sind, entsprechend der einfachen Form der Lohnpolitik und der großflächigen gebietlichen Tarifabschlüsse, nach der Leistungsfähigkeit des unteren Grenzbetriebes bemessen. Leistungsfähigere Betriebe erzielen infolgedessen einen mehr oder weniger großen Differentialgewinn, an dem ihre Arbeiter des guten Betriebsklimas wegen in Form von freiwilligen Zulagen zum Tariflohn partizipieren. Aber trotz der Abweichung der in den einzelnen Firmen praktizierten Lohnpolitik vom klassischen Modell bis hin zu einem ausgesprochenen Patronat lassen sich die Prinzipien der Lohnbildung unserer Auffassung nach theoretisch durchaus noch mit einer modifizierten klassischen Lohntheorie im Stile von Hicks[4] bewältigen. Dies vor allem dann, wenn die Kunst der auf strategische Erfolge angelegten zweiseitigen Verhandlungen in den Kollektivverhandlungen nicht ausgesprochen gepflegt wird. Die vielfältigen möglichen Schachzüge, die Shackle[5] der Verhandlungsstrategie in den Kollektivverhandlungen zugrunde legt und denen in anderen Fällen erhebliche Bedeutung zukommt, sind in diesem Rahmen weniger von Belang. Beide Seiten verlassen sich in den Lohnverhandlungen vielmehr auf ihre gepflegten und soliden Vorurteile, die für Argumente gehalten werden. Insofern sind die Kollektivverhandlungen zumeist ziemlich weit davon entfernt, etwas mit einer ökonomischen Kriegführung, etwa im Sinne von Zeuthen's „Economic Warfare“[6] gemein zu haben. Die gewerkschaftlichen Unterhändler sind einfach die Vertreter oder Sprecher ihrer Mitglieder, denen gegenüber sie ihr Verhandlungsergebnis verantworten müssen[7] oder schlichthin Händler, deren Ziel der Abschluß

---

[4] *Hicks*, J. R.: The Theory of Wages, Gloucester Mass., 1957.
[5] *Shackle*, G. L. S.: a. a. O., S. 292 ff.
[6] *Zeuthen*, F., a. a. O.
[7] *Wootton*, Barbara: Social Foundation of Wage Policy, London 1955.

eines möglichst günstigen Vertrages ist[8]. Die Begründungen, die für Lohnforderungen, für eine Verkürzung der Arbeitszeit oder für andere Forderungen gegeben werden, bleiben demzufolge in der Regel völlig im Rahmen allgemeiner Vorstellungen und sind an den Lebenshaltungskosten, weniger an der Produktivität, den Gewinnen und trotz oder wegen der Vollbeschäftigung nur gelegentlich an der bestehenden Arbeitsmarktsituation ausgerichtet. Weitergehende Ambitionen werden zeitweilig in den Publikationsorganen der Organisationen vertreten, sind jedoch für die Lohnfixierung selbst kaum relevant. Das Verhandlungsergebnis kann somit, unabhängig davon, wie hoch der Lohnsatz letzten Endes fixiert wird, im ökonomischen Sinne von vornherein als determiniert angesehen werden. Von der Ausgangsposition aus, von der die Verhandlungen eröffnet werden, bleibt der Lohnsatz generell unter dem Wert des durchschnittlichen Grenzprodukts der Arbeit. Für die Richtigkeit dieser Behauptung dürften die tatsächlich gezahlten Zuschläge zum tariflichen Lohnsatz und die hohe, in erheblichem Umfange auf Eigenfinanzierung beruhende Investitionsquote den Beweis erbringen. Der Wert des Grenzprodukts der Arbeit wird als Maßstab für eine theoretisch adäquate Bemessung des Lohnsatzes in den Kollektivverhandlungen nicht bemüht. Er dient im besten Falle, sofern mit ihm überhaupt eine Vorstellung verbunden wird, als Regulativ. So möchte Hicks[9] ihn sehen, nach dessen Auffassung auch keine Notwendigkeit besteht, daß der Lohnsatz in jedem Moment gleich dem Wert des Grenzprodukts der Arbeit ist. Demgegenüber muß jedoch hervorgehoben werden, daß jeder Lohnsatz, der unter dem Wert seines Grenzprodukts fixiert wird, vom Standpunkt der Grenzproduktivitätstheorie aus als ein Ausbeutungslohn betrachtet werden kann[10]. Theoretische Fragen tangieren die praktische Lohnfixierung jedoch nur wenig und selbst eine grundlegende Auseinandersetzung in einem Streik ließe sich unter den gegebenen Umständen in vielen Fällen noch mit der Methode von Hicks im voraus annähernd richtig beschreiben. Die erwartete Länge des Streiks wird dann, in einem Diagramm dargestellt, von der Widerstandskurve der Gewerkschaft und von der Konzessionskurve der Unternehmer abhängen. Der Schnittpunkt der beiden Kurven, die nach Hicks in der Form eines Scherendiagramms verlaufen, ist dann das günstigste Ergebnis, das sich unter den gemachten Annahmen einstellen kann. Gegen diese Darstellung ist in akademischen Diskussionen eingewandt worden, daß das keine Erklärung sei, weil man das vorher wisse,

---

[8] *Harbison*, F. H., und *Coleman*, I. R.: Goals and Strategy in Collectiv Bargaining, New York 1951.

[9] *Hicks*, J. R.: a. a. O., S. 86.

[10] Siehe dazu *Zarnowitz*, V.: Die Theorie der Einkommensverteilung, Tübingen 1951 und *Krelle*, W.: Die Grenzproduktivitätstheorie des Lohnes, Jahrb. f. Nat. und Statistik, Bd. 162 (1950), S. 1 ff.

die Frage sei vielmehr, warum ein Streikverlauf gerade durch dieses Kurvenpaar bestimmt sein sollte.

Tatsächlich braucht die Widerstandskurve (resistance curve) der Gewerkschaften nicht mit der Länge des Streiks zu fallen, wie es Hicks annimmt, gegebenenfalls kann die Shackle'sche Antriebskurve (inducement curve)[11] an Stelle der Hicks'schen Widerstandskurve eine zutreffendere Form des Streikverlaufs ausdrücken. Da neben diesen Möglichkeiten theoretisch noch eine Reihe anders verlaufender Kurven möglich sind, wird offenbar, daß keine allgemein gültige Beschreibung einer Auseinandersetzung gegeben werden kann. Vielmehr muß von Fall zu Fall festgestellt werden, welche Faktoren für die jeweilige Ausandersetzung in erster Linie relevant sind. Trotzdem sind wir der Meinung, daß sich die tatsächlichen lohnpolitischen Vorgänge im Falle der „reinen" aber nicht mehr „einfachen" Lohnpolitik in ihren Grundrelationen noch mit der Hicks'schen Theorie erklären lassen. Bestehende Lohndifferentiale und Unterschiede in den effektiven Verdiensten müssen dann als Unterschiede der individuellen Arbeitsleistung aus unterschiedlichen Standortsfaktoren und technischen Bedingungen der Betriebe erklärt werden. Der Ausgleich der bestehenden Differentiale kann nach dieser Auffassung allein von den Wirkungen der Konkurrenz, der Mobilität von Arbeit und Kapital erwartet werden. Falls die Gewerkschaften diese theoretische Erklärung als unbefriedigend ansehen, steht es ihnen frei, eine andere wirtschaftspolitische Konzeption und eine andere Lohnpolitik zu entwickeln. Der Erklärungswert der Hicks'schen Lohntheorie endet genau in dem Zeitpunkt, an dem die Gewerkschaften ihre Verhaltensweisen ändern. In nicht zu bezweifelnder Übereinstimmung mit den Hicks'schen Gedankengängen befinden sich dagegen die theoretischen Verfechter der neoliberalen Marktwirtschaft. Sie empfehlen speziell in bezug auf das Verhältnis von Tariflohn und Effektivlohn einen Tariflohn, „der sich als Mindestlohn vom Effektivlohn dadurch unterscheidet, daß er niedriger liegt, damit in dem Spielraum zwischen Effektivlohn und tariflichem Mindestlohn die Marktgesetzlichkeiten spielen können und ausländische Arbeitnehmer den Marktlohn (relativ und absolut) bis zum Tariflohn herunterdrücken können, wenn sie einwandern wollen"[12]. Diese von ihnen erhobene Forderung läßt in ihrer seltsamen Formulierung mit besonderer Deutlichkeit erkennen, daß die Erneuerungsform des Liberalismus keine in sich geschlossene lohntheoretische Konzeption mehr besitzt. Ein waschechter Liberaler hätte wohl kaum den Tariflohn als sakrosankt angesehen, sondern es als selbstverständlich betrachtet, daß der Lohnsatz solange herunter-

---

[11] *Shackle*, G. L. S.: a. a. O., S. 300.

[12] *Meyer*, F. W. und andere: Internationale Lohngefälle, hrsg. vom Bundesministerium für wirtschaftliche Zusammenarbeit, S. 77.

gedrückt werde, bis alle Arbeitswilligen einschließlich derjenigen, die einwandern wollen, beschäftigt sind. Die Abschwächung der rigorosen Form des Liberalismus darf dagegen als typisch für die gegenwärtige Konzeption dieser Wirtschaftausffassung betrachtet werden, die vor allem in der Gesamtwirtschaftspolitik ihren Niederschlag findet.

Die Ebene der Gesamtwirtschaftspolitik ist in der Vollbeschäftigung für das Problem der Lohnbildung in gewisser Weise bedeutungsvoller geworden als die Lohnverhandlungen in den einzelnen Betrieben und Industriegruppen, die wir bisher behandelt haben, weil die autonomen Kollektivverhandlungen de facto unter die allgemeine Wirtschaftspolitik subsumiert werden oder sich nur in ihrem Rahmen verstehen. Allgemein läßt sich sagen, daß nahezu alle Regierungen, neuerdings einschließlich der Bundesregierung, ständig in die Lohnbildung eingreifen. Uns interessieren in diesem Zusammenhange im Rahmen unseres Themas jedoch nur die Prinzipien der Wirtschaftspolitik jener Regierungen, die nicht grundsätzlich, sondern nur sporadisch bei gewissen Anlässen Stellung nehmend in das System der zweiseitigen Verhandlungen eingreifen. Der Tenor solcher Stellungnahmen, ob es sich nun um das „Statement on Personal Incomes, Costs an Prices" der englischen Arbeiterregierung vom Februar 1948[13], das der Konservativen Regierung „The Economic Implication of Full Employment" vom März 1956[14] oder um das Gutachten der Bundesbank im Auftrage der Bundesregierung vom Januar 1960[15] handelt, ist immer darauf abgestimmt, den Tarifpartnern und insbesondere den Gewerkschaften nahezulegen, Zurückhaltung in ihren Lohnforderungen zu üben und sich zugunsten der gesamtwirtschaftlichen Interessen maßvoll zu verhalten. Was die Regierung als das gesamtwirtschaftliche Interesse ansieht, bleibt jedoch unbestimmt.

Es wäre zwar verlockend, an Hand solcher Stellungnahmen zu analysieren, welcher Konzeption der Gesamtwirtschaftspolitik die jeweilige Regierung folgt[16]; das ginge jedoch über den Rahmen dieser Betrachtung hinaus. Statt dessen können wir nur zusammenfassend feststellen, daß das Dilemma jeder Wirtschaftskonzeption, die einerseits den freien Unternehmer in den Mittelpunkt der Wirtschaft stellt und seine Intentionen als ausschlaggebend für den wirtschaftlichen Ablauf ansieht, und die andererseits langfristige volkswirtschaftliche Überlegungen fordert, eben darin liegt, daß sie sich im Widerspruch mit sich selbst befindet. Von dem Unternehmer kann nur erwartet werden, daß er seine Interessen wahrnimmt, also daß er seinen Gewinn kurzfristig oder, so er

---

[13] Cmd. 7321.

[14] Cmd. 9725.

[15] Deutsche Bundesbank: Memorandum über die Lohn- und Preisentwicklung. Auf Wunsch des Herrn Bundeskanzlers erstattet, Januar 1960.

[16] Siehe dazu *Bandholz*, Emil: a. a. O., S. 349 ff.

sich monopolistisch verhält, auch langfristig zu maximieren versucht. Er wird demzufolge seine Preise je nach der Struktur des Marktes und der Elastizität der Nachfrage so setzen, daß sie diesem Zweck dienen. Aus seiner Sicht bleibt es dem Mechanismus des Marktes überlassen, den nötigen Ausgleich nach allen Seiten hin herzustellen. Vom Unternehmer zu erwarten, daß er langfristige volkswirtschaftliche Überlegungen anstelle und unter Umständen seine unmittelbaren Interessen vernachlässige, ist ökonomisch widersinnig. Solange Marktgesetze den Wirtschaftsablauf bestimmen, gilt, daß ihre Funktionen nicht nur auf dem Warenmarkt, sondern auch auf dem Arbeitsmarkt zum Zuge kommen müssen. So werden, wenn Arbeitskräfte knapp sind, auch die Löhne steigen und sie werden in den Industrien, die von der Konjunkturlage begünstigt sind und in denen die Gewinnmargen und die Nachfrage nach Arbeit in besonderem Maße steigen, sich stärker erhöhen als in anderen. Ob sich in diesen Industrien auch die Preise erhöhen werden, hängt allein von der Elastizität der Nachfrage auf dem Warenmarkt ab. Ein Zusammenhang dergestalt, daß die Löhne nur in dem Ausmaß steigen dürfen, wie die durchschnittliche Gesamtproduktivität gestiegen ist, hat in einer Marktwirtschaft keinen Platz.

Angenehmer und verbindlicher wirkt es allerdings, wenn der Gegensatz der Interessen, der dieser Wirtschaftskonzeption zugrunde liegt, mit sozialen Formeln und Einrichtungen verbrämt wird. Im Zuge der Zeit hat deshalb die Sozialpolitik einen immer breiter werdenden Raum eingenommen und ein umfangreiches Eigenleben entwickelt. Ihren besonderen Niederschlag hat sie in der gegenwärtig beschlossenen Sozial-Charta der Europäischen Wirtschaftsgemeinschaft gefunden. Sie verpflichtet die Mitgliedsländer, die sie ratifiziert haben, nicht nur zu bestimmten Vorkehrungen zur Wahrung des sozialen Standards der Arbeitnehmer, sondern legt ihnen auch die Verpflichtung auf, die Vollbeschäftigung als erstes Ziel der Wirtschaftspolitik anzuerkennen. Damit wird rein institutionell ein Zustand des Arbeitsmarktes gefordert, der nach der klassischen Konzeption nur ein Ergebnis der Wirkung objektiver Faktoren sein kann. Eine weitere ungewöhnliche Verstärkung des Einflusses der institutionellen Faktoren auf die Lohnbildung macht sich in der zunehmenden Tendenz zur Schiedsgerichtsbarkeit in ihren verschiedenen Formen bemerkbar. Ihre wachsenden Bedeutung erfordert, daß wir uns über ihre spezielle Wirkung auf die Lohnbildung Rechenschaft ablegen.

Bei Schiedsgerichten zum Zwecke der Mitwirkung bei der Lohnregulierung sind verschiedene Formen denkbar. Es kann sich um ein Schiedsgericht oder besser um einen Schlichtungsausschuß handeln, der von den beiden Vertragsparteien vereinbart und mit Vertretern aus ihren eigenen Reihen besetzt wird. Diese Form kann durch Hinzuziehung von unparteiischen Mitgliedern mit beratender oder beschließender Stimme erweitert und es kann auch vereinbart werden, für den Schlichtungsausschuß einen unabhängigen Vorsitzenden mit entscheidender Stimme bei Stimmengleichheit der Vertragsparteien im gegenseitigen Einverständnis zu berufen. Es liegt auf der Hand, daß noch andere Modalitäten möglich sind. Das Entscheidende an dieser Form des Schiedsgerichts oder des Schlichtungsausschusses liegt jedenfalls darin, daß diese Instanz von den Vertragsparteien vereinbart wird und somit eine integrierte Stufe im Rahmen der Kollektivverhandlungen bleibt. Eine wesentlich andere Form der Schiedsgerichtsbarkeit stellen die in verschiedenen Ländern institutionell begründeten unabhängigen Schiedsgerichte zur Schlichtung von Lohndifferenzen dar. Ihrem Charakter nach treten sie den Vertragsparteien von vornherein als eine neutrale Instanz gegenüber, der die Aufgabe übertragen ist, in geeigneter Weise im öffentlichen Interesse an der Beilegung von Differenzen mitzuwirken. Auf die unterschiedlichen Formen und Arbeitsweisen der institutionell begründeten Schiedsgerichte brauchen wir in unserem Zusammenhang nicht näher einzugehen, weil es uns nicht auf ihre juristische, sondern nur auf ihre ökonomische Bedeutung ankommt.

Schlichtungsausschüsse, die nur aus Vertretern der Vertragsparteien bestehen, sind in der Bundesrepublik weit verbreitet. Sie dürften in allen Industriezweigen in dieser oder jener Form von den Vertragspartnern vereinbart sein. Es ist jedoch nur in ungewöhnlichen Situationen üblich, im beiderseitigen Einverständnis einen unabhängigen Schlichter zur Mitwirkung an der Lösung des Streitfalles hinzuzuziehen. Sofern die Verhandlungsprozedur solcher Schiedsgerichte und ihre Besetzung von den Parteien als angemessen angesehen wird, stellen sie für beide Vertragspartner eine befriedigende Lösung dar. Beide wissen bereits vorher ziemlich sicher, daß eine Einigung auf Grund des zu erwartenden Vergleichsvorschlages etwa in der Mitte zwischen den beiden letzten Geboten liegen wird, und jede Seite braucht ihr Angebot nur so einzurichten, daß von beiden Seiten jeweils das Zugeständnis gemacht wird, mit dem von vornherein gerechnet wurde. Gegenüber einer Erzielung des gleichen Ergebnisses in den Tarifverhandlungen hat das Schiedsgerichtsverfahren den großen Vorteil, daß beide Seiten das Gesicht wahren können. Sie können mit der Behauptung vor ihre Mitglieder treten, sie hätten unter den gegebenen Umständen das bestmöglichste Ergebnis erzielt. Natürlich funktioniert das Schiesgerichtsverfahren nur solange, wie die Auffassungen über das endliche Ergebnis nicht allzuweit auseinanderliegen. Das gilt auch für den Fall, daß an Stelle vereinbarter Schiedsgerichte institutionelle Schiedsgerichte, wie zum Beispiel in England, bestehen. Für beide Formen der Schiedsgerichtsbarkeit wird die Lage erst prekär, wenn sich unversöhnliche Auffassungen über die Einschätzung der bestehenden Konjunkturlage und der darauf abgestimmten Lohnfixierung gegenüberstehen. Dann wächst die Lohnregulierung über den Rahmen eines üblichen Handels hinaus und wird nicht nur zu einem praktischen, sondern auch zu einem theoretischen Problem, und es fragt sich, welche Maßstäbe dann für eine Entscheidung verbindlich sein sollen. Ein versierter, unabhängiger Schlichter wird die von beiden Seiten vorgetragenen gegensätzlichen Auffassungen natürlich auf ihren echten Kern reduzieren, aber die Kluft, die dann noch bestehen bleibt, kann für eine Verständigung immer noch zu breit sein.

In Zeiten wirtschaftlichen Aufschwungs tritt die Behandlung des Problems der ökonomisch richtigen Lohnfixierung naturgemäß in den Hintergrund, weil die Löhne unabhängig von theoretischen Erwägungen steigen. Eine Übereinstimmung in den einzelnen Industriezweigen in der Lohnentwicklung ist aber auch bei steigenden Löhnen nicht zu erzielen, weil die Prosperität sich bekanntlich nicht über alle Industriezweige gleichmäßig verteilt. So fragt sich, ob die besonders begünstigten Industrien ohne Rücksicht auf andere Gruppen vorgehen und nur für sich das günstigste Ergebnis herausholen sollen. Die Marktwirtschaftstheorie würde ein solches Verhalten in der Annahme nahelegen, daß der Ausgleichsmechanismus das Gleichgewicht schon wieder herstellen werde. De facto glaubt jedoch niemand mehr an diesen Ausgleichsmechanismus. Man würde daher solch rigoroses Verhalten mißbilligen, obgleich es marktwirtschaftlich konsequent wäre. Hinsichtlich der prekären Frage, wie dann eine ökonomisch richtige Lösung gefunden werden soll, haben die englischen institutionellen Schiedsgerichte sich alle erdenkliche Mühe gegeben, jedoch keine angemessene Meßbasis finden können, obwohl ihre Vorsitzenden unabhängige und erfahrene Verwaltungsbeamte waren. Die Formel, nach der der Lohnsatz gleich dem Wert des Grenzprodukts der Arbeit sein soll, ist für eine praktische Entscheidung eben völlig substanzlos. Realistischerweise haben die englischen Schiedsgerichte deshalb auch garnicht erst versucht, die Probleme von theoretischen Vorstellungen aus zu lösen. Sie haben vielmehr danach getrachtet, von statistischen Unterlagen aus, die die Kontrahenten anboten, und mit eigenen Vergleichen zwischen verwandten Industriezweigen unter Berücksichtigung der Außenhandelssituation und währungspolitischer Umstände, soweit sie für den Streitfall relevant waren, zu einer halbwegs vertretbaren ökonomischen Lösung des Lohnkonflikts zu kommen. Bei diesem Verfahren hat es sich allerdings nicht immer vermeiden lassen, daß ein Schiedsgericht eine Lohnerhöhung auf Grund der Lohnentwicklung in einer anderen zum Vergleich herangezogenen Industrie anerkannte, während ein anderes Schiedsgericht nach einiger Zeit diese Lohnerhöhung zum Anlaß nahm, die Löhne auch in der Industrie zu erhöhen, die vorher als Vergleich gedient hatte. Von den einzelnen Schiedsgerichten konnte auch nicht erwartet werden, daß sie die Vielfalt der Zusammenhänge übersahen. Sie haben infolgedessen ständig verlangt, daß ihnen bessere wissenschaftliche Unterlagen und eine wissenschaftliche Beratung zur Verfügung gestellt oder von der Regierung allgemeine richtungsweisende Leitsätze für die Lohnregulierung gegeben wurden. Da derartige konkrete Richtlinien aus naheliegenden Gründen zumeist ausblieben, waren die Schiedsgerichte immer wieder auf ihre eigenen unzureichenden Vorstellungen angewiesen. Die geistreiche englische Ökonomin Barbara Wootton, die auf eine dreißigjährige persönliche Erfahrung auf diesem Gebiet zurückblicken kann, hat das Dilemma der Schiedsgerichte mit folgenden Worten gekennzeichnet: „Die institutionelle Lohnregulierung operiert mehr oder weniger in einem Vakuum, oder vielleicht sollte man sagen, in einer Atmosphäre vager Vorstellungen, die nie ausdrücklich formuliert oder einer vergleichenden Betrachtung unterzogen wurden." „Alle drei Arten der Lohnpolitik, Kollektivverhandlungen, institutionelle Regulierung und Schiedsgerichte haben eines gemeinsam: die moderne Tendenz, vornehmlich von ethischen Begriffen auszugehen; das ist das wirkliche Leben im Gegensatz zu den ökonomischen Textbüchern[17]."

Trotzdem haben Schiedsgerichte mit unparteiischen Mitgliedern und unparteiischen Vorsitzenden, wenn sie eine ständige Einrichtung sind, gewisse ökonomische Wirkungen, die im konjunkturellen Sinne als antizyklisch aufgefaßt werden können. Diese Feststellung beruht auf der Erfahrung, daß Schiedsgerichte die Neigung haben, in einem konjunkturellen Aufschwung mit den üblichen Preissteigerungen nur zögernd entsprechende Lohnerhöhungen zu bewilligen. Wenn daher die Reallöhne relativ langsamer steigen als die industrielle Produktion und möglicherweise hinter der Steigerung des Nettosozialprodukts zurückbleiben, wird die Kaufkraft der Arbeitnehmerhaushalte und ihre Nachfrage — wenn wir die Möglichkeit der Ausweitung von Konsumentenkrediten ausschalten — nach Konsumgütern aller Art langsamer zunehmen und der Nachfrage nach Investitionsgütern von seiten der Unternehmer einen größeren Spielraum lassen. Von der Nachfrage nach Konsumgütern werden folglich keine zusätzlichen Impulse auf die Konjunktur ausgehen. Im Gegenteil, der konjunkturelle Aufschwung wird in seiner Endphase, wenn er von dieser Seite keinen Antrieb erhält, schon vor der Erreichung seines Kulminationspunktes abgebremst oder zumindest gedämpft. Ebensowenig, wie die unabhängigen Mitglieder eines Schiedsgerichts in Zeiten des Aufschwungs dazu neigen, die Löhne entsprechend den Lebenshaltungskosten und der industriellen Produktion

[17] *Wootton,* Barbara: a. a. O., S. 100.

zu erhöhen, so wenig sind sie andererseits in einer Depression geneigt, die Löhne soweit zu senken, wie es die Unternehmer wünschen. Die Nominallöhne werden demzufolge zumeist nicht in dem Ausmaß sinken wie die Lebenshaltungskosten, und die Reallöhne und die Nachfrage nach Konsumgütern werden somit relativ stabil bleiben und einen stärkeren Abschwung der Konjunktur abbremsen.

Natürlich hängt es von der Einstellung des einzelnen zur Wirtschaftspolitik und von den Auffassungen über die Konjunkturtheorie ab, ob diese Wirkung der Schiedsgerichte als erwünscht und gegebenenfalls, als für eine antizyklische Lohnpolitik ausreichend angesehen wird. Den Unternehmern wird die Zustimmung zu einer schiedsgerichtlichen Form der Lohnfixierung grundsätzlich leichter fallen als den Gewerkschaften, weil die Möglichkeit, mit Hilfe der Lohnpolitik auch eine Änderung der Einkommensverteilung und der Wirtschaftsordnung durchzusetzen, geringer ist als in reinen Kollektivverhandlungen. Deshalb kann von den Gewerkschaften keine Begeisterung über die Schiedsgerichtsbarkeit und die Mitwirkung unabhängiger Persönlichkeiten erwartet werden. Grundsätzlich hängt das Funktionieren der Schiedsgerichte in starkem Maße auch von der persönlichen Besetzung dieser Gremien und davon ab, ob und mit welchen Methoden die Lohnpolitik und die Konjunkturstabilisierung betrieben werden. Wer im Sinne liberalistischer Vorstellungen den konjunkturellen Ausgleich allein dem internationalen Wettbewerb und dem Goldwährungsmechanismus überlassen will, wird geneigt sein, in Zeiten eines wirtschaftlichen Abschwunges eine Senkung der Löhne zu fordern, damit hernach auch die Preise gesenkt werden können. Mit dem Lohneinkommen würde die Kaufkraft der Arbeitnehmerhaushalte auf dem Inlandsmarkt sinken und mehr und billigere Güter würden für den Export freigemacht. Im Prinzip wäre dies eine Wiederholung der Deflationspolitik der dreißiger Jahre, die letztlich daran gescheitert ist, daß alle Industrieländer mehr oder weniger die gleichen Ideen hatten. Weil alle nur exportieren, aber nicht importieren wollten, brach der internationale Handel völlig zusammen, und das verschärfte die Krise. Aus dieser Erfahrung heraus werden sich heute wohl nur noch wenige Wirtschaftspolitiker und schon gar nicht die Gewerkschaften bereitfinden, einer möglichen Depression erneut mit diesen Methoden zu begegnen. Im Gegenteil, die Gewerkschaften werden das bestehende Lohnniveau zu verteidigen suchen und sofern sie eine konkrete eigene Vorstellung über die Konjunkturstabilisierung haben, fordern, daß die Löhne nicht gesenkt, sondern erhöht werden, um der Konjunktur durch eine zusätzliche Nachfrage auf dem Inlandsmarkt eine Stütze zu geben.

Eine Einigung auf halbem Wege wäre in diesem Fall weder nach der einen noch nach der anderen Seite eine Lösung. Die Abschwächung der

Konjunktur bliebe latent, die Unsicherheit würde wachsen und sich später doch in Verbindung mit Zurückstellungen von Investitionen möglicherweise zur Krise ausweiten. Welche Entscheidung sollte in einem solchen Fall ein Schiedsgericht fällen, das doch unmöglich selbst eine eigene Vorstellung von der Konjunkturstabilisierung haben kann? Natürlich könnte die Regierung eine bestimmte Konjunkturpolitik betreiben und auch den Schiedsgerichten den Weg in dieser Richtung weisen. Wenn aber, was sehr wahrscheinlich ist, eine eindeutige Linie in der Wirtschaftspolitik der Regierung nicht erkennbar wird oder wenn sie umstritten ist, wird es schwer, eine ökonomisch richtige Entscheidung zu finden. Bevor wir uns dieser Grundsatzfrage zuwenden, möchten wir noch einen Punkt erörtern, der im Rahmen der Lohnstabilisierung gleichfalls eine größere Bedeutung hat; das ist die Verbindung der Nominallöhne mit dem Index der Lebenshaltungskosten.

Die Bindung der Löhne an den Index der Lebenshaltungskosten erfolgt in der Absicht, die Kaufkraft der Löhne gegenüber Preissteigerungen abzusichern. Technisch wird zumeist so verfahren, daß die Zu- oder Abschläge zu den Kosten der Lebenshaltung in einem besonderen Bonus gesammelt, aber nicht dem Tariflohn zugerechnet werden. Die Bindung kann verschieden geregelt sein, und zwar entweder als eine automatische Anpassung, wenn sich der Index der Lebenshaltungskosten um einen Punkt ändert, oder mit einer gewissen Verzugszeit, so daß eine Änderung der Geldlohneinkommen erst dann erfolgt, wenn sich der Index um drei, vier oder fünf Punkte geändert hat. In dieser letzten Form hat der Indexlohn während der inflationistischen Preisentwicklung in Frankreich in den letzten Jahren eine große Rolle gespielt. Indexgebundene Löhne sind aber nicht nur typisch für Länder mit einer inflationistischen Entwicklung, wie Frankreich oder Italien, sondern sie sind auch in Ländern, die keine besonderen Preissteigerungen erlebt haben, weit verbreitet, zum Beispiel in den USA. Damit erledigt sich zugleich auch der häufig gegen den Indexlohn erhobene Einwand, daß er von sich aus zu einer inflationären Entwicklung führe oder dazu beitrage. Das amerikanische Preisniveau ist seit dem Jahre 1950 weniger gestiegen als das der Bundesrepublik, obgleich die Bindung der Löhne an die Lebenshaltungskosten seit dem Jahre 1950 mit dem Übergang der amerikanischen Gewerkschaften zum Abschluß von Lohnverträgen mit mehrjähriger Laufzeit in den großen Industrien eine starke Verbreitung gefunden hat. In England, wo eine Lohnbindung an den Index nur für ein knappes Viertel aller Beschäftigten besteht, stiegen dagegen die Preise bedeutend stärker an. In Frankreich folgten die Löhne den Preisen immer erst dann, wenn die Lebenshaltungskosten erneut um fünf Punkte gestiegen waren. Sachlich gesehen haben die Indexlöhne mit einer inflationären Entwicklung nichts zu tun[18]. Die häufig befürchtete Lohn-Preis-Spirale kann nur in Verbindung mit einer inflationistischen Aufblähung der Zahlungsmittelmenge, der Erhöhung der Umlaufgeschwindigkeit oder einer zu starken Ausweitung des Kreditvolums entstehen. Befindet sich eine Wirtschaft erst einmal auf diesem Geleise, dann werden auch die Gewerkschaften, wie zum Beispiel in den zwanziger Jahren in Deutschland, gezwungen sein, acht, neun oder mehr Lohnverhandlungen in einem Jahre zu führen, um der rapide sinkenden Kaufkraft der Löhne entgegenzuwirken.

Gegenüber solchen Entwicklungstendenzen stellt die Indexbindung der Löhne eine ausgesprochene Sicherung der Reallöhne dar, auf deren Höhe die Gewerkschaften sonst in keiner anderen Weise Einfluß nehmen können. In diesem Sinne, als Stabilisierungsfaktor, war die Indexbindung der Löhne während der Laufzeit der mehrjährigen Verträge in den USA gedacht. In England gingen die Untersuchungsausschüsse von gleichen Erwägungen aus, wenn sie den Verhandlungsparteien die Bindung der Löhne an die Lebenshaltungskosten als Stabilisierungsmaßnahme empfahlen.

Gegen diese Auffassung läßt sich natürlich vom Unternehmerstandpunkt aus einwenden, daß die automatische Koppelung der Löhne mit den Kosten der Lebenshaltung zu einer Erhöhung der Lohnkosten auf allen Sektoren führen werde, wenn auf dem Sektor für Konsumgüter, Mieten und dergleichen Preissteigerungen eintreten. Dieser Einwand kann vor allem dann Gewicht haben, wenn durch agrarprotektionistische Maßnahmen die Agrarpreise und damit ein erheblicher Anteil der Lebenshaltungskosten erhöht werden. Fällt dieses Argument fort, weil die Agrarpreise auf Grund des staatlichen Protektionismus schon überhöht sind, dann wird der Bonus der Lebenshaltungskosten mit steigenden Agrarimporten aus Ländern mit einem niedrigeren Preisniveau abnehmen, und die Lohnkosten werden sinken. Der eigentliche Grund für die Ablehnung des Indexlohnes, der zumeist verschwiegen wird, dürfte in der Befürchtung liegen, daß die Löhne bei einer Abschwächung der Konjunktur in einzelnen Industrien bei Bestehen einer derartigen Bindung nur schwer in dem gewünschten Ausmaß zu senken sein werden, wenn nicht zuvor die Lebenshaltungskosten merklich gesunken sind. Im Aufschwung wird andererseits die gesamte Industrie im Interesse ihrer Lohnkosten gezwungen, sich auch um die Preisgestaltung auf dem Sektor für Nahrungsmittel, Mieten und dergleichen zu bekümmern. Sie wird gewissermaßen einer Solidarhaftung für die Stabilität der Lebenshaltungskosten unterworfen.

---

[18] Siehe dazu *Peacock*, A. T. und *Ryan*, W. J. L.: Wage Claims and the Pace of Inflation, Economic Journal 1953.

Einwände gegen eine Indexbindung der Löhne können aber auch von den Gewerkschaften erhoben werden, weil sie eine Einschränkung ihrer Verhandlungsmöglichkeiten befürchten. Im allgemeinen ist es leichter, eine Forderung nach Lohnerhöhung mit den gestiegenen Preisen zu begründen, weil dieses Argument zumeist stimmt, einleuchtend und populär ist. Wenn aber die Änderung des Geldwertes der Löhne aus den Tarifverhandlungen als Verhandlungsgegenstand ausscheidet, dann muß jede Lohnverhandlung faktisch über eine Änderung des Reallohnes geführt werden. Für die Gewerkschaften wird es aber schwierig sein, Lohnforderungen zu erheben und zu begründen, wenn eine Steigerung der Produktivität und der Profite nicht allgemein erkennbar ist und wenn andererseits auch kein ausgesprochener Mangel an Arbeitskräften besteht.

Aus den Gegenargumenten beider Seiten läßt sich leicht erkennen, daß Indexlöhne, wenn sie auch keine ausgesprochen konjunkturstabilisierende Wirkung in sich haben, doch zu einem ruhigeren Fluß der Lohnpolitik beitragen können. Einerseits werden die Löhne in einer guten Konjunktur zweifellos nicht so stark steigen, wie es bei einer völlig flexiblen, aktiven Lohnpolitik der Gewerkschaften möglich wäre, anderseits werden sie in einer Abschwächung der Konjunktur sehr wahrscheinlich weniger stark sinken als die Kapitaleinkommen. Sie werden deshalb auf Grund der Konstanz der Konsumquote der Arbeitsnehmerhaushalte eine dämpfende Wirkung auf die Abwärtsbewegung haben, die im umgekehrten Falle durch die Zunahme der Liquiditätspräferenz des Kapitals verstärkt würde. Der Bindung der Löhne an den Index der Lebenshaltungskosten darf also wohl eine gewisse stabilisierende Wirkung beigemessen werden. Eine andere Frage ist es, welche Seite ein stärkeres Interesse an der Stabilisierung eines jeweils gegebenen Zustandes hat und zu wessen Gunsten die Stabilisierung ausschlägt. Es wird demzufolge von der Einschätzung der wirtschaftspolitischen Situation und von der wirtschaftspolitischen Konzeption abhängen, ob Indexlöhne in der Betrachtung der jeweiligen Tarifparteien einen Vorteil darstellen oder nicht.

Mit diesen beiden ergänzenden Formen zur Lohnregulierung: der Schiedsgerichtsbarkeit und den Indexlöhnen, dürfte der Rahmen der „reinen“ aber nicht mehr „einfachen“ Lohnpolitik im wesentlichen umrissen sein.

Zusammenfassend können wir für diesen Komplex, der im Grunde noch weit umfangreicher ist, als er im Rahmen unserer Untersuchung dargestellt werden konnte, feststellen, daß die dargestellte Form der Wirtschaftspolitik, im Sinne eines Modells aufgefaßt, in sich keine eindeutigen ökonomischen Kriterien enthält und daß infolgedessen auch für die Lohnbildung keine theoretischen Grundsätze angegeben werden können. Ideologisch gefärbter Pragmatismus und institutionelle Einflüsse beherrschen die ökonomischen Entscheidungen zumeist in einem solchen Ausmaße, daß der Prozeß der Lohnbildung nur im Rahmen einer institutionellen oder Machttheorie dargestellt werden kann. Spezifisch neue Elemente in bezug auf eine zeitgemäße Lohntheorie sind in der dargestellten Form der Wirtschaftspolitik nicht enthalten.

Wenden wir uns jetzt unserem dritten Modell in der Reihe der Formen der Lohnpolitik zu, das wir aus Gründen der besseren Demonstration in Anlehnung an die Begriffsbildung von Clark Kerr ein wenig überpointiert als Lohnpolitik der sogenannten „managerial unions" bezeichnen. Es handelt sich um jenen Typ von Gewerkschaften, deren Zielsetzung darauf gerichtet ist, die Funktion der Betriebsführung im Sinne einer völligen Gleichstellung von Kapital und Arbeit mit der jeweiligen Betriebsführung zu teilen.

c) Dem Typ und der Form ihrer Lohnpolitik nach stellen die managerial unions in gewisser Weise eine moderne Form der alten Fachgewerkschaften, der „diehards", der „Unentwegten" in der Gewerkschaftsbewegung dar. Sie erwarten trotz weitgehender Ambitionen keine Hilfe von seiten des Staates oder von sonstigen institutionellen Einrichtungen, verlassen sich vielmehr prinzipiell nur auf die Kontrolle des Angebots an Arbeitskraft. Ihr Verhalten basiert ausschließlich darauf, die von ihnen gewünschte Lohnregulierung durch die Regulierung des Angebots zu erzielen. Sie vertreten insofern in bezug auf den Arbeitsmarkt eine reine Angebotspolitik, haben sich am weitesten von der Vorherrschaft der Nachfrage im Sinne der klassischen Theorien emanzipiert und damit zugleich in gewissem Sinne einen neuen Status in der Lohntheorie begründet. Die Ausgangsbasis der Kollektivverhandlungen ist, wie auch bei den reinen Fachverbänden, das bilaterale Monopol. Im Gegensatz jedoch zu den Fachgewerkschaften, die ihr Angebotsmonopol nur zur Erzielung besserer Löhne und Arbeitsbedingungen einsetzten, suchen die managerial unions die Dominanz ihres Angebots nach und nach zu erweitern. Wenn sie das vollständige Monopol des Angebots in einer Firma oder Industrie erreicht haben, müssen sie demzufolge ihr Hauptaugenmerk darauf richten, daß ihr Angebot jederzeit völlig unelastisch bleibt, um es in den Lohnverhandlungen voll wirksam werden zu lassen. Sollte die Nachfrage auf Grund technischer Neuerungen elastischer werden oder gar dazu tendieren, zahlenmäßig zu fallen, dann muß die davon zu erwartende Wirkung auf den Lohnsatz entweder durch strikte Arbeitsregelungen abgefangen werden, die genaue Vorschriften darüber enthalten, wieviel Arbeitskräfte an einem bestimmten Arbeitsvorgang beschäftigt werden müssen, oder das Angebot muß durch Arbeitszeitverkürzung der gesunkenen Nachfrage angepaßt werden. Die erste Stufe ist also die Erweiterung des Angebotsmonopols um die

Mitwirkung der Gewerkschaft bei der Organisierung des Arbeitsvorgangs und bei allen technischen betriebswirtschaftlichen Regelungen. Dazu gehören sowohl die Arbeitsplatzbewertung wie die gesamte interne Lohnstruktur des jeweiligen Betriebes. Dieses Problem der Lohndifferenzierung ist, wie die Erfahrung lehrt, pragmatisch zu lösen; schwieriger wird dagegen die Frage, welcher Einfluß auf die externe Lohnstruktur von Industrie zu Industrie ausgeübt werden kann, und welche Regeln dafür zugrunde gelegt werden sollen. Auch auf diesem Gebiet kann man sich nach Reynolds[19] darauf verlassen, daß die gewerkschaftlichen Unterhändler alle strategisch bedeutsamen Lohnraten in der jeweils relevanten Umgebung genauestens beobachten. Allein aus dieser ständigen Beobachtung der Fakten resultiert eine Tendenz zum Ausgleich der Lohndifferentiale der Betriebe gleicher Art. Diese Tendenz wird natürlich bedeutend verstärkt, wenn die Gewerkschaften auf die Lokalisierung der Betriebe selbst mitbestimmend einwirken, wie es für die managerial unions typisch ist.

Damit sind wir bei der zweiten Stufe des Ausbaues der Angebotsposition angelangt, die sich unmittelbar auf die Mitwirkung in der Betriebsführung richtet und sowohl Fragen der Produktion als auch der Preisfixierung einschließt. In konsequenter Befolgung dieser Linie wird die Gewerkschaft zu gegebener Zeit den Anspruch anmelden, als Gegengewicht gegen die Kapitalinteressen bei der Anstellung der leitenden Direktoren mitzuwirken. Wenn dieser Grad der Komplettierung der Angebotsposition erreicht ist — und es gibt keinen Grund, anzunehmen, daß dieser Zeitpunkt beispielsweise in den Vereinigten Staaten noch in weiter Ferne liegt, zumal Ansätze in dieser Richtung schon vorliegen — dann müssen die managerial unions zur Erhaltung der Vollbeschäftigung zwangsläufig auch die Beobachtung des konjunkturellen Wirtschaftsablaufs der Gesamtwirtschaft in ihr Arbeitsprogramm aufnehmen. Aus diesem Grunde ist es sowohl ökonomisch wie theoretisch von höchstem Interesse, welche Konsequenzen sich aus dem Verhalten dieser Gewerkschaften für die Lohnfixierung und für die Theorie im allgemeinen ergeben.

In einem vereinfachten Modell einer geschlossenen Volkswirtschaft ohne staatliche Aktivität, in der auf der einen Seite die Nachfrage nach Arbeit im klassischen Sinne wirksam ist und in der auf der anderen Seite eine komplette Angebotsmacht steht, läßt sich die Wirkung der Lohn- und Wirtschaftspolitik der managerial unions wie folgt darstellen:

---

[19] *Reynolds*, L. G.: The Impact of Collective Bargaining on the Wage Structure in the United States, in: The Theory of Wage Determination, S. 194 ff.

Ziele der Gewerkschaften:

Erhaltung der Vollbeschäftigung
Steigender Reallohn, steigender Lebensstandard
Ausbau der Arbeitsregelungen und der Mitbestimmung
Ausbau der betrieblichen Krankheits- und Pensionssysteme, soziale Sicherheit
Ausbau der Fonds für Arbeitslosenversicherung
Gleichberechtigte Mitwirkung im Wirtschaftsleben

Umgebende Bedingungen:

Geschlossene Volkswirtschaft
Neutrale Wirtschaftspolitik des Staates

Instrumente:

Gewerkschaftliche Aktivität

Konsequenzen für die Lohnpolitik:

Wir nehmen an, daß der Lohnsatz in der Ausgangslage annäherungsweise gleich dem Wert des Grenzproduktes im jeweiligen Betrieb sei. Der erste Schritt zur Ausweitung des Angebotsmonopols der Gewerkschaft richtet sich auf den Ausgleich der Differentiale zwischen den Betrieben gleicher Produktion; als Richtmaß dient der effektivste Betrieb mit den höchsten Lohnsätzen. Unrationelle Betriebe werden zur Erhöhung ihrer Effektivität angespornt, die Unternehmer zu größeren Anstrengungen gezwungen. Mit steigender Produktivität steigen die Nominallöhne und mit oder ohne Bindung an den Index der Lebenshaltungskosten auch die Reallöhne. Das Preisniveau bleibt unverändert, weil die höheren Lohnkosten durch eine höhere Produktivität und eine höhere Ausbringung kompensiert werden, und weil dem höheren Warenangebot eine höhere Nachfrage gegenübertritt, wenn wir der Einfachheit halber annehmen, daß sich das Wachstum im Gleichschritt vollzieht.

Steigende Löhne bedeuten jedoch, daß es für den Unternehmer gewinnbringender sein kann, mehr Maschinenleistungen gegen Arbeitsleistungen zu substituieren. Demzufolge würden Arbeitskräfte freigesetzt, die Beschäftigungsmenge würde sinken und dadurch würde ein Druck auf die Löhne ausgeübt werden. Besteht aber auf Grund der gewerkschaftlichen Aktivität bereits ein perfektes System der Arbeitsregelung, dann ist dieses Druckmittel nicht mehr im Sinne der Unternehmer wirksam, weil eine Freisetzung von Arbeitskräften infolge technischer Neuerungen durch die Arbeitsregelung verhindert wird. Die Produktivität pro Beschäftigtem steigt auf Grund des Einsatzes neuer Maschinen zwar weiter an, aber nicht in dem technisch möglichen Ausmaße. Von diesem Punkt ab werden die Unternehmer wenig geneigt sein, weitere Lohnerhöhungen zuzugestehen, weil sie die weitersteigende Produktivität allein auf ihren höheren Kapitalaufwand zurückführen und, wenn und weil sie die bisherige Verzinsung ihres Kapitals und ihre Gewinnmargen beibehalten wollen, höhere Löhne nur dann zu zahlen imstande wären, wenn sie die Lohnerhöhungen über die Preise auf die Käufer abwälzen könnten. Ist dieser Weg versperrt, weil die Preise für eine bestimmte Dauer mit oder ohne Mitwirkung der Gewerkschaft bereits fest fixiert sind oder weil die Nachfrage nach den in Frage stehenden Produkten relativ elastisch ist und bei einer Preiserhöhung ein größerer Rückgang der Nachfrage erwartet werden muß, dann bliebe den Unternehmern keine andere Wahl, als die Lohnerhöhung aus ihrer Gewinnspanne zu zahlen, wenn sie auf Grund der Angebotssituation der Gewerkschaften erzwungen werden kann. Damit wäre jener Punkt erreicht, an dem die Monopolisierung des Angebots an Arbeitskraft eine Umverteilung des Einkommens zwischen Kapital- und Arbeitseinkommen zugunsten des letzteren erzwungen hätte.

Dieser Punkt scheint uns erstmalig in der Geschichte der Gewerkschaftsbewegung in den USA durch den Stahlarbeiterstreik im Jahre 1959/60 erreicht worden zu sein, ohne daß dies Ergebnis durch die Mitwirkung des Staates, durch die Steuerpolitik oder durch andere gesetzliche Regelungen herbeigeführt wurde. Das verleiht diesem Ergebnis der gewerkschaftlichen Lohnpolitik ein ungewöhnliches theoretisches Gewicht. Im konkreten Fall des Stahlarbeiterstreiks kam es beim Abschluß der Auseinandersetzungen neben den nicht unerheblichen Lohnerhöhungen zu einer Vereinbarung zwischen den Gewerkschaften und den Unternehmern darüber, daß eine Kommission aus je drei Unternehmern, drei Gewerkschaftsvertretern und drei unabhängigen Persönlichkeiten prüfen soll, wie das System der Arbeitsregelungen, das die tiefere Ursache des Streiks gewesen war, wirkt. Mit dem Umstand, daß die Prüfungskommission auch Einsicht in die Geschäftsbücher nehmen kann, zeichnet sich das neue Gebiet der gewerkschaftlichen Aktivität ab, die dahin gerichtet ist, Einfluß auf die Abschreibungsmethoden der Produktionsanlagen zu nehmen[20].

Setzen wir für unsere weiteren Erörterungen einmal voraus, daß es den Gewerkschaften gelänge, ihre Mitbestimmung auch auf das für die unternehmerische Wirtschaft entscheidende Gebiet der kapitalmäßigen Bewertung und Abschreibung der Produktionsanlagen auszudehnen, dann ist eine andere Verteilung der Wertschöpfung zwischen Kapital- und Arbeitseinkommen die voraussehbare Konsequenz. Theoretisch wäre es dann möglich, ohne Erhöhung der Preise für die Fertigprodukte, durch ein Umbrechen der Produktionskosten und eine Änderung der Zurech-

[20] Das Recht, die Geschäftsbücher einzusehen, stand den Betriebsräten in Deutschland schon nach dem Betriebsrätegesetz vom Jahre 1920 zu. Es ist uns aber bisher kein Fall bekannt geworden, daß Gewerkschaftsführer den Anspruch erhoben haben, die Abschreibungsmethoden mitbestimmen zu wollen.

nung, den Wert des Grenzproduktes der Arbeit relativ und absolut auf Kosten des Werts des Grenzproduktes pro Kapitaleinheit ohne Änderung der Produktivität der Arbeit zu erhöhen.

Lohntheoretisch wäre damit ein Fall gegeben, der über den in Zeuthen's theoretischer Behandlung der Lohnprobleme als ökonomischer Kriegsführung gesteckten Rahmen hinausgeht. Vom reinen Angebotsmonopol gegenüber der einzelnen Firma ausgehend, führt der Weg über die Maximierung der Gesamtlohnsumme und die Änderung der anteilsmäßigen Zurechnung des Produktionserfolges auf Kapitalgüter und Arbeitsleistungen de facto zu einem Umschlag von der Quantität in die Qualität. Die Schwingungen des konjunkturellen Wirtschaftsablaufes, wie sie besonders in dem theoretischen Modell der dynamischen unternehmerischen Wirtschaft von Schumpeter[21] hervortreten, werden fraglos erheblich gedämpft werden, wenn die Abschreibung der Produktionsanlagen nicht mehr im Hinblick auf die konjunkturelle Entwicklung, wie sie der Unternehmer sieht oder für wünschenswert hält, und auch nicht mehr nach dem Gesichtspunkt der technischen Neuerungen und der vollen Ausnutzung der technisch möglichen Produktivität erfolgt, sondern nach der Dauer, in der die Produktionsanlagen wirtschaftliche Nutzungen abgeben können. Eine Wirtschaft, die von den Prinzipien der managerial unions wesentlich beeinflußt wird, wird demzufolge ohne eine formelle Änderung ihrer Grundlagen in Richtung auf jenen Wirtschaftstyp tendieren, den Cassel[22] seiner „fortschreitenden Wirtschaft“ zugrunde gelegt hat. Theoretisch liegt es durchaus im Bereich des Möglichen, mit diesen Prinzipien zu einer gleichmäßig wachsenden Wirtschaft zu gelangen, obgleich — worauf es in unserem Zusammenhang besonders ankam — die alleinige Plattform der managerial unions ihr Angebotsmonopol und die konsequente Wahrnehmung ihrer Angebotsposition ist.

Insoweit ist also unser Modell durchaus im Rahmen ökonomischer Betrachtungsweisen geblieben. Die herrschende ökonomische Lehrmeinung wird es dennoch wie das von Marx als ein explosives klassifizieren, weil es den methodisch abgesteckten Rahmen der Theorie sprengt, in der die Verteilung der Produktionsmittel und des Einkommens als gegebene Daten betrachtet werden. Immerhin ergibt sich, daß das Verhalten der managerial unions in der ökonomischen Auseinandersetzung, das auf der konsequenten Wahrnehmung ihrer Angebotsposition beruht, im Prinzip zum gleichen Ergebnis führen kann wie das Marx'sche Modell, obwohl sie sich völlig entgegengesetzt zur Marx'schen Konzeption verstehen.

---

[21] *Schumpeter,* Joseph: Theorie der wirtschaftlichen Entwicklung, Berlin 1952.

[22] *Cassel,* G.: Theoretische Sozialökonomie, Leipzig 1918.

Innerhalb der verschiedenen Formen der gewerkschaftlichen Lohnpolitik in der Gegenwart richten sich die „reinen einfachen" Gewerkschaften — wie wir gesehen haben — an der gegebenen Nachfragesituation aus, während das Verhalten der manageriell ausgerichteten Gewerkschaften in erster Linie vom Angebot bestimmt wird. Damit treten zwei Grundpositionen gewerkschaftlicher Lohnpolitik hervor, die in der gesamtgewerkschaftlichen Lohnpolitik in einer gegebenen Nationalwirtschaft im allgemeinen weniger deutlich in Erscheinung treten, obgleich sie für die Erklärung der Höhe des Lohnniveaus und der Stabilität der Vollbeschäftigung von größter Wichtigkeit sind. De facto kommen diese beiden extremen Formen der Lohnpolitik jedoch innerhalb einer Volkswirtschaft nie völlig rein vor. Zumeist sind sie mit anderen Zielsetzungen verbunden, die in irgendeiner Weise wieder mit der staatlichen Wirtschaftspolitik gekoppelt sind.

d) Die gesamtwirtschaftliche Lohn- und Beschäftigungspolitik in der Gegenwart wird durch die in der Weltwirtschaftskrise gewonnenen Erfahrungen beeinflußt. Die staatlichen Arbeitsbeschaffungsprogramme bilden die Wendemarken in der Wirtschaftspolitik, deren ökonomischer Kernpunkt die Heranziehung des staatlichen Haushaltes zur Finanzierung von Investitionen gegenüber den bloßen Unterstützungsleistungen an Arbeitslose und der Zahlung von Subventionen an die Landwirtschaft und sonstigen notleidenden Gewerbezweigen ist. Das Ziel der neuen Arbeitsbeschaffungsprojekte war die Eröffnung zusätzlicher Beschäftigungsmöglichkeiten und die Schaffung zusätzlicher Einkommen mit den Mitteln der Staatsverschuldung, um der unternehmerischen Wirtschaft neue Impulse zu geben. In der Gegenwart ist die Erhaltung der Vollbeschäftigung das Kernstück der wirtschaftspolitischen Konzeption der Gewerkschaften. Im Rahmen dieser Vorstellung wird von der Regierung eine ständige aktive Mitwirkung in der Wirtschaft erwartet. Da es als erwiesen gilt, daß die kapitalistischen Spielregeln die Wirtschaft von Zeit zu Zeit in eine Depression führen, soll der Staat nach den Prinzipien regulierend eingreifen, die für ein freies Gemeinwesen als konkret gegeben angenommen werden. Der Staat wird somit heute nicht nur als Schiedsrichter in der ökonomischen Auseinandersetzung zwischen den Unternehmern und den Gewerkschaften angesehen, sondern beide Parteien versuchen, ihn, der prizipiell das allgemeine Interesse zu vertreten hat, zugleich auch ihren Zwecken dienstbar zu machen. Neben der Erhaltung der Vollbeschäftigung sind die Gewerkschaften vor allem daran interessiert, die staatliche Unterstützung für den Ausbau der sozialen Sicherheit und darüber hinausgehend der Wohlstandsplanung zu gewinnen. Es liegt auf der Hand, daß die Bestrebungen der Unternehmer und der Unternehmensverbände in genau die entgegengesetzte Richtung gehen. Das Ringen der beiden großen Interessengruppen um den führenden Einfluß auf die staatliche Wirtschaftspolitik ist zum Kennzeichen der westlichen Demokratien geworden. In diesem Spiel der Kräfte stehen folgerichtig nicht mehr der einzelne Betrieb und die einzelne Gewerkschaft im Mittelpunkt der Auseinandersetzung, obgleich sie immer noch das Feld der jeweiligen Machtprobe sind, sondern im Hinblick auf die erwartete staatliche Aktivität die Gesamtnachfrage nach Arbeitskraft, die repräsentativ von den Unternehmensverbänden, und das Gesamtangebot, das in gleicher Weise von der Dachorganisation der Gewerkschaften vertreten wird. Der folgende Katalog dürfte hinsichtlich der Gesamtnachfrage und des Gesamtangebots die wesentlichsten Zielsetzungen enthalten:

1. *Nachfrage:*

Erhaltung eines flexiblen Lohnsystems in bezug auf konjunkturelle Schwankungen
Sicherung der Gewinne und Investitionen
Unternehmerfreundliche Wirtschaftspolitik des Staates in der Besteuerung, Zoll- und Außenhandelspolitik, freier Kapitalverkehr
Erhaltung der bestehenden Einkommensverteilung
Schutz des Privateigentums an den Produktionsmitteln
Beeinflussung und Kontrolle des politischen Lebens im Staate
Erhaltung und Ausweitung der wirtschaftlichen Machtposition im Inlande und im Verhältnis zu umgebenden Ländern
Einflußnahme auf die Rüstungswirtschaft

2. *Angebot:*

Erhöhung der Löhne und Gehälter, Maximierung der Lohnsumme, Erhöhung der Reallöhne, Steigerung des Lebensstandards
Erhaltung oder Erreichung der Vollbeschäftigung
Verkürzung der Arbeitszeit
Ausgleich ungerechter Lohndifferentiale, gleiche Bezahlung für gleiche Leistung, größere Gleichheit
Ausbau der sozialen Gesetzgebung, soziale Sicherheit
Begünstigung der Lohneinkommensbezieher in der Besteuerung durch Redistribution, Familienbeihilfen, sozialer Wohnungsbau
Schrittweise Änderung der Einkommensverteilung zugunsten der Lohund Gehaltseinkommen
Gleichberechtigte Mitwirkung in der Wirtschaft, Demokratisierung der Wirtschaft
Erhaltung und Ausbau eines guten Verhältnisses zu politischen Parteien im Inland und befreundeten Organisationen im Ausland

Es ist ohne weiteres zu erkennen, daß sich zwei grundverschiedene Zielsetzungen und entsprechend kontroverse Leitbilder über Sinn und Zweck des Wirtschaftens gegenüberstehen.

In bezug auf die Wirtschaftspolitik und auf die Wirtschaftstheorie hängen die Unternehmer aus der Interessenlage heraus der Vorstellung vom freien Spiel der Kräfte des laissez faire an, während sich die Gewerkschaften neuen wirtschaftstheoretischen Erkenntnissen verschreiben müssen, wenn sie eine ihnen angemessene Wirtschaftsordnung im Zuge der Zeit konstruktiv verwirklichen wollen. In der täglichen Wirtschaftspolitik treten diese Gegensätze jedoch zumeist weniger schroff hervor. Häufig sind sie in vielfältiger Weise miteinander verzahnt, ohne daß das prinzipielle Ringen um die Erreichung des jeweiligen Zieles aufgegeben wird, wenngleich es auch nicht zu jeder Zeit mit der gleichen Intensität geführt wird. In manchen Punkten besteht sogar zeitweilig zwischen den Kontrahenten völlige Übereinstimung, insbesondere dann, wenn es sich um gemeinsame Forderungen an den Staat handelt. Aus Gründen, die mit der gegenwärtigen Wirtschaftspolitik unlösbar verbunden sind, ist der Bereich der politischen Entscheidungen und Engagements sehr groß und der Frontverlauf in der ökonomischen Auseinandersetzung infolgedessen nicht immer klar erkennbar. Noch weniger erkennbar ist zumeist, von welcher eigenen Plattform aus die jeweiligen Regierungen an der ökonomischen Auseinandersetzung teilnehmen. In der modernen industriellen Gesellschaft, in der die wirtschaftspolitischen Grundsatzentscheidungen dem Plebiszit der Wähler unterworfen sind und wahltechnisch so aufgemacht werden müssen, daß das gewünschte Wahlergebnis eintritt, treten rationale Erwägungen notwendigerweise in den Hintergrund. Deshalb läßt sich die Wirtschaftspolitik auch nicht als ein System rationaler Beziehungszusammenhänge darstellen, und die Wirtschaftstheorie wäre weit überfordert, wenn von ihr erwartet würde, daß sie die Komplexität der Vorgänge auf eine einfache Formel bringen solle. Die gleiche Feststellung gilt auch für die Theorie der Lohnbildung. Nur unter der Voraussetzung, daß die Gewerkschaften zweckrational handeln und nicht sich widersprechenden Zielsetzungen folgen, lassen sich die ökonomischen Wirkungen und Konsequenzen derartiger Zielsetzungen beschreiben. Ein einfaches Modell dieser Art, als dessen Ziel die Erhaltung der Vollbeschäftigung und die Vervollkommnung des Wohlstandsstaates im Vordergrund steht, das nicht mit extremen Methoden, etwa der vollständigen oder teilweisen Vergesellschaftung der Produktionsmittel, erreicht werden soll, läßt sich in folgender Form darstellen:

Ziele:

1. Erhaltung der Vollbeschäftigung
2. Erhöhung des Lebensstandards, Ausdehnung der Wohlstandssphäre
3. Verbesserung des Sozialstatus, soziale Sicherheit
4. Verkürzung der Arbeitszeit, längerer Jahresurlaub, Erholungskuren zum Zwecke der Erhaltung der Gesundheit

5. Änderung der Einkommensverteilung

Bedingungen:

1. Aktive Wirtschaftspolitik des Staates
2. Stabiles Preisniveau (oder weniger als die Nominallöhne steigende Lebenshaltungskosten)

Instrumente:

1. Staatliche Beeinflussung der Investitionen durch Ausgabenpolitik der öffentlichen Haushalte
2. Steigerung der Produktivität
3. Alle bekannten Methoden der Konjunkturstabilisierung:
   a) Geld- und Kreditpolitik der Zentralbank (einschließlich Offenmarkt- und Mindestreservepolitik)
   b) Umverteilung der Einkommen durch die Methoden der Besteuerung
   c) Nationale Buchführung — Ausgleich des Haushaltes über eine mehrjährige Periode[23]

Konsequenzen:

Der Goldstandard und der Währungsmechanismus, die Intiative des freien Unternehmers und seine Erwartungen sind nicht mehr die entscheidenden Variablen für den Wirtschaftsablauf.

Im Gegensatz zu der Wirtschaftspolitik, die den Regeln des laissez faire folgt und die die Vollbeschäftigung als ein Ergebnis des Mechanismus der Goldwährung und des Marktes erwartet, ergeben sich für eine bewußte Vollbeschäftigungspolitik in bezug auf die Lohnregulierung im Rahmen der Gesamtwirtschaft ganz bestimmte Aufgaben. Da die kontinuierliche Wohlstandssteigerung, wenn wir vom Beitrag der Außenwirtschaft absehen, nur im Rahmen der durch die nationalen wirtschaftlichen Möglichkeiten gesteckten Grenzen erfolgen kann, kommt der richtigen Bemessung der verschiedenen Maßnahmen und ihrer Abstimmung in Richtung auf einen gleichmäßigen Wachstumsprozeß der Wirtschaft eine grundsätzliche Bedeutung zu. Im Verfolg einer derartigen Wirtschaftspolitik ist die quantitativ richtige Verteilung des jährlichen Sozialprodukts auf Einkommen und Investitionen auch die Grundlage für die Verteilung der Arbeitseinkommen. Das gesamte disponible Realeinkommen ist gleich dem Sozialprodukt minus den Investitionen und in seiner Höhe von dem Umfang der vorhandenen Produktionsanlagen, den nationalen Ressourcen, der Zahl der Beschäftigten, dem technischen Horizont und der Produktivität der Arbeit abhängig. Da die nationalen Ressourcen, die Zahl der Beschäftigten und der tech-

[23] Siehe dazu: Das Problem der Störungen der wirtschaftlichen Stabilität (The Problem of Economic Instability). Bericht einer Studienkommission der „American Economic Association", Deutsches Institut für Wirtschaftsforschung, Berlin 1951.

nische Horizont kurzfristig als gegebene Größen zu betrachten sind, können das Realeinkommen und der Lebensstandard in der geschlossenen Volkswirtschaft nur in dem Maße steigen, in dem mit der Ausweitung und Rationalisierung des Produktionsapparates die Produktivität der Arbeit steigt. In diesem Zusammenhang ist es evident, daß die volkswirtschaftlich optimalste Verwendung der Produktionsmittel und der Arbeitskraft den höchsten volkswirtschaftlichen Nutzeffekt erbringt und daß die ökonomischen Prinzipien, die diese Verteilung beherrschen, auch für die Entlohnung der Arbeitskraft gelten müssen.

In einem System der Wohlfahrtsplanung hat die Regierung die Aufgabe, die Wirtschaft auf sich ändernde Wettbewerbsbedingungen hinzuweisen und die Leistungsfähigkeit der einzelnen Industrien der Entwicklung auf dem Weltmarkt oder in einem größeren Wirtschaftsraum (EWG) anzupassen. Dadurch können sich kurzfristig Abweichungen vom ökonomischen Prinzip ergeben, die langfristig in der Entwicklung ausgeglichen werden müssen. Besonders deutlich wird dies auf dem Gebiet der Landwirtschaft. Das Gleiche gilt auch für Unterschiede in der Entlohnung, die auf Zufälligkeiten oder ökonomischen Ursachen der bisherigen Entwicklung beruhen. Diskrepanzen solcher Art müssen in einer sinnvollen Lohnpolitik in den Zuwachsraten ausgeglättet werden, um eine möglichst rationale Lohnstruktur zu erreichen. Prinzipielle Meßbasis für den Lohnsatz sind die fachliche Leistung und der persönliche Beitrag zum Sozialprodukt.

Die Grundlagen und die Hauptprinzipien einer Politik der Wohlstandsplanung sind, wie ersichtlich, verhältnismäßig leicht anzugeben. Ausgesprochen schwierig werden die Dinge jedoch, wenn diese Politik in einem praktikablen Modell mit einer Vielzahl von interdependenten Variablen ausgedrückt werden soll. Daß derartige Probleme trotz scheinbar unüberwindlicher Schwierigkeiten theoretisch und praktisch lösbar sind, hat die Wohlstandsplanung, die mit sogenannten Entscheidungsmodellen arbeitet, bewiesen. Trotzdem bleiben auf dem Gebiet der Lohnpolitik in ihrem Verhältnis zur Gesamtwirtschaftspolitik eine Reihe von Problemen offen[24], weil es sich um eine Wirtschaftspolitik im Rahmen einer freien Gesellschaft handelt, in der das einzelne Individuum über sein Vermögen und sein Einkommen frei entscheiden kann und in der freie Konsum- und Arbeitsplatzwahl besteht. Die Erörterung dieser Probleme ist in vollem Flusse und nimmt in der ökonomischen Literatur einen weiten Raum ein. In zunehmendem Maße wird vor allem versucht, mit ökonometrischen Methoden arbeitsfähige Modelle zu entwikkeln[25]. Auf die damit im Zusammenhang stehenden Fragen können wir

[24] Siehe dazu *Turvey*, Ralph (Hrsg.): Wages Policy under Full Employment, London 1952.

[25] *Tinbergen*, J.: On the Theory of Economic Policy, Amsterdam 1955.

jedoch, weil sie den Rahmen des Problems der Lohnbildung weit überschreiten, nicht eingehen. Wir bescheiden uns damit, auf gewisse Möglichkeiten und Konsequenzen der Wohlstandsplanung an Hand unseres letzten Modells in groben Umrissen hingewiesen zu haben.

2. Anmerkungen zur theoretischen Behandlung der Lohnbildung

Soziale Ideen und Ideale haben im vorigen Jahrhundert den Beginn der Gewerkschaftsbewegung eingeleitet. Ihre Verwirklichung wurde damals von einer einmaligen spontanen Aktion erwartet. Nach dem Fehlschlagen dieser Hoffnung begann das zähe tägliche Ringen um kleine Verbesserungen der sozialen Lage. Mit steigendem Erfolg, steigendem Selbstbewußtsein und steigenden Anhängerzahlen erweiterten sich auch die Forderungen der Gewerkschaften nach einer gleichberechtigten Mitwirkung an der Gestaltung des gesellschaftlichen Lebens. In dem Maße, wie die Wirtschaftspolitik auf Grund der Zunahme der Bedeutung der öffentlichen Haushalte komplexer wurde, wurden auch die gewerkschaftlichen Bestrebungen umfassender. Neben die Forderung nach einem Minimumlohn zur Existenzsicherung trat die Forderung nach Aufhebung der Frauen- und Kinderarbeit und Verkürzung der Arbeitszeit. Immer wiederkehrende Krisen im konjunkturellen Ablauf und verbreitete Arbeitslosigkeit gaben den Anlaß, die Arbeitslosenunterstützung zu fordern. Der Ausbau eines Präventivsystems sozialer Sicherheit war die weitere Vervollkommnung der gewerkschaftlichen Zielsetzungen in dieser Richtung. Die aktive Form dieser Forderungen ist in der Gegenwart auf die Erreichung und Stabilisierung der Vollbeschäftigung, auf einen angemessenen Lebensstandard, auf eine angemessene Beteiligung an den wirtschaftlichen Gütern und Erfolgen der Zivilisation gerichtet.

In den einzelnen Ländern hat sich die Entwicklung nach Rückschlägen und neuem Beginnen in unterschiedlichem Tempo vollzogen. Allen Gewerkschaften ist jedoch trotz nationaler Besonderheiten die Zielrichtung gemeinsam. Die Verwirklichung dieser Ziele vollzieht sich in der Zeit. Eine Theorie, die diese Phänomene zu erklären unternimmt, muß deshalb primär langfristig sein. „In the long run we are all dead", meinte zwar Keynes, aber immerhin war bis zum Zeitpunkt dieses Ausspruchs schon ein Jahrhundert industrieller Entwicklung und gewerkschaftlicher Anstrengungen vergangen und selbst in den europäischen Ländern war zu dieser Zeit ein einigermaßen zureichender Lebensstandard der breiten Masse keineswegs sichergestellt. Selbst einzelne Lohnverhandlungen können sich, bevor sie zum Abschluß kommen, über einen Zeitraum von mehreren Jahren hinziehen. Das bedeutet, daß sich die bei der Eröffnung bestehende Datenkonstellation bereits im Zeitablauf geändert haben kann. Erwartungen dieser Art sind zumeist sogar der tiefere Grund für eine Verschleppung der Verhandlungen. Dafür gibt es auch in der jüngsten Vergangenheit Beispiele genug. Deshalb müssen die kurzfristige und die langfristige Periode entgegen der in der Theorie üblicherweise zugrunde gelegten Zeitdauer in der Lohntheorie weiter gefaßt werden. Dies ist aber noch kein besonderes Spezifikum der theoretischen Behandlung der Lohnbildung. Ihre Schwierigkeit und Problematik liegen vielmehr darin, daß es keine generellen Formen der Lohnfixierung gibt, weil sich die Verhaltensweisen der Gewerkschaften ändern und zu bestimmten Zeitpunkten in verschiedenen Ländern verschiedene Stadien der Komplexität der Lohnpolitik und der staatlichen Wirtschaftspolitik bestehen.

In der reinen Theorie, die allgemein gültige Erkenntnisse zum Ziel hat, muß folglich die theoretische Behandlung der Lohnbildung darauf beschränkt bleiben, mit Hilfe von statischen Modellen an die Probleme heranzuführen. Statische Betrachtungen können die Frage beantworten, welche Bedingungen erfüllt sein müssen, wenn ein Gleichgewicht bestehen soll. In der Wirklichkeit wird dieses Gleichgewicht zwar nie erreicht, aber die Vorstellung eines Gleichgewichts dient der Erkenntnis, in welcher Richtung das Gleichgewicht zu suchen ist und der Feststellung, wie weit man sich von ihm fortbewegt hat. Dies gilt sowohl für das partielle als auch für das totale Gleichgewicht. Die Frage, von welchem von diesen beiden Gleichgewichtszuständen als Orientierungspunkt in der Lohntheorie auszugehen ist, ist in diesem Zusammenhang keine Grundsatz-, sondern eine Zweckmäßigkeitsfrage, deren Beantwortung davon abhängig ist, welches Problem in einer gegebenen Situation die größere Relevanz besitzt.

Von grundsätzlicher Bedeutung ist jedoch die Entscheidung darüber, ob die Bestimmung des Lohnsatzes und die Erklärung der allgemeinen Lohnhöhe als ein Problem betrachtet wird, das innerhalb oder außerhalb der ökonomischen Theorie liegt. Keynes hat die Lohnfixierung als außerhalb der Theorie liegend behandelt. Für ihn war der Lohnsatz als ein Ergebnis zweiseitiger Verhandlungen ein von außen gegebenes Datum und folglich ökonomisch indeterminiert. Fraglos wird die Mehrzahl der Ökonomen einschließlich der Vertreter der quantitativen Analyse heute der Ansicht zuneigen, daß die Erklärung der Höhe der Lohnsätze und des Lohnniveaus der ökonomischen Theorie obliegt. Dann müssen aber die Kollektivverhandlungen als ein ökonomischer Vorgang betrachtet werden und die Zielsetzungen und die Verhandlungsstrategie in diesen zweiseitigen Verhandlungen im Rahmen der ökonomischen Theorie speziell Gegenstand der Lohntheorie sein. Daraus folgt andererseits, daß die Lohnfixierung prinzipiell immer determiniert sein muß, wie genau oder ungenau sich auch immer das endliche Ergebnis im voraus beschreiben läßt. Die für das bilaterale Monopol geltende Feststellung, daß, wenn alle Daten bekannt sind, auch das endliche Ergebnis bekannt ist[26], gilt uneingeschränkt auch für die Kollektivverhandlungen. Die Ungewißheit über den Ausgang einer zweiseitigen Verhandlung, die unter Druck geführt wird, reicht noch nicht aus, das Ergebnis als indeterminiert anzusehen, wenn vorausgesetzt wird, daß sich beide Seiten zweckrational verhalten. Diese Betrachtungsweise drängt sich schon deshalb auf, weil nicht angegeben werden kann, wie indeterminiert zu interpretieren wäre. Außer im Falle eines revolutionären Umsturzes muß sich immer ein neues Ergebnis einstellen, bevor das Bestehende aufgegeben werden kann. Selbst im Falle eines vertragslosen Zustandes wird der alte Lohnsatz mit dem Vorbehalt der späteren Änderung zunächst fortgezahlt und auch ein Streik oder eine Aussperrung ändern nichts daran, daß bestimmte vertragliche Bindungen fortbestehen, auf Grund derer auch Schadensansprüche gestellt werden können. Indeterminiert kann also der in den Kollektivverhandlungen fixierte Lohnsatz nur insoweit sein, als sich im voraus nicht oder nur in gewissen Grenzen angeben läßt, welches quantitative Ergebnis erreicht wird.

Je umfassender aber die wirtschaftspolitischen Zielsetzungen der Vertragspartner werden, desto größer wird andererseits auch der Einfluß politischer Faktoren in der Wirtschaft und um so stärker wird auch die Wirtschaftstheorie zu einer Theorie der politischen Ökonomie ausgeweitet. Daß dieses letzte Stadium in allen westeuropäischen Ländern und in den USA bereits seit längerem erreicht ist, kann kaum noch ernsthaft bestritten werden. Eine Lohntheorie, die dieser Situation gerecht werden will, wird deshalb auch gewisse politische Faktoren mit in ihr Kalkül einbeziehen müssen. Darin liegen nicht zu unterschätzende Schwierigkeiten, weil sich unsere moderne industrielle Gesellschaft in einem ständigen Spannungszustand befindet, der auf dem Gegensatz der technisch-wissenschaftlichen Entwicklung, deren sichtbares Zeichen die Automatisierung und die Atomwissenschaft sind, zur mangelnden Anpassung des gesellschaftlichen Bewußtseins an die veränderten Bedingungen der Produktion beruht. Daraus resultieren unbewältigte Probleme, die sich unter anderem auch darin äußern, daß Perioden besonders schnellen wirtschaftlichen Wachstums von Depressionen unterbrochen werden, die in den einzelnen Ländern mit verschiedener Intensität auftreten. Aus den unterschiedlichen Wachstumsraten und aus dem Grad der Komplexität der gewerkschaftlichen Lohnpolitik ergeben sich somit eine Reihe unterschiedlicher konkreter Situationen. Die speziell in der Lohntheorie interessierenden Fragen, wie und in welchem Umfang das Lohneinkommen von konjunkturellen Änderungen beeinflußt wird und ob die Regeln der Verteilung der im Gesamteinkommen zusammengefaßten funktionalen Einkommensteile auf die einzelnen Personen und sozialen Grup-

---

[26] *Schneider*, Erich: a. a. O., S. 265.

pen und die Verteilung zwischen Arbeits- und Nichtarbeitseinkommen dafür die Ursache sind und wie gegebenenfalls die Verteilung geändert werden sollte, finden aus diesen Gründen stets eine andere Datenkonstellation und andere Verhältnisse vor. In den vorangegangenen Grundmodellen haben wir versucht, den Rahmen für die in der Gegenwart praktizierte Lohnpolitik abzustecken. Es fragt sich jetzt, ob es möglich ist, in ihnen soviel Gemeinsames zu entdecken, daß eine Basis für eine generelle Lohntheorie erkennbar wird.

Die neuere theoretische Behandlung der Lohnbildung ist vor allem durch drei Theorientypen gekennzeichnet, die wir ein wenig überspitzt mit den Namen Hicks für die modifizierte klassische Theorie (etwa unseren Grundmodellen a und b entsprechend), Zeuthen im gewissen Sinne für eine Angebotstheorie (Modell c) und Wootton für eine sozial-philosophische Theorie, die in erster Linie auf institutionelle Einflüsse in der Vollbeschäftigung bezogen ist, verbinden möchten.

Den Aussagewert der Hicks'schen Lohntheorie haben wir bereits geprüft und gefunden, daß er, obgleich nicht übermäßig gehaltvoll, für die praktische Lohnpolitik immer noch den Wert einer allgemeinen Orientierung oder den eines Gerüstes hat und insoweit für langfristige Probleme eine gewisse generelle Gültigkeit besitzt. Die Zeuthen'sche Theorie der ökonomischen Kriegsführung schließt dagegen von ihrer Konzeption her die Möglichkeit einer ausgesprochenen Offensivtheorie des Angebots ein. Obgleich Zeuthen es im Rahmen einer solchen Kampfesführung als ungewiß ansieht, ob ein Vergleich innerhalb der Reihe der Übereinkommenssätze, wie sie die Monopoltheorie entwickelt hat, zustande kommt und obwohl er annimmt, daß ein Konflikt nicht ausgeschlossen ist, so läßt sich doch, sofern sich die Parteien von einer rational bestimmten Politik leiten lassen, die sich auf objektive Wirtschafts- und Machtverhältnisse begründet, ein Resultat bestimmen, das diesen Umständen entspricht. Die in Betracht zu ziehenden Größen sind nach Zeuthen „zunächst die möglichen Lohnhöhen in Verbindung mit den dazugehörigen Verlusten, Kosten und Unannehmlichkeiten des Streiks“[27]. Die Höhe des Lohnsatzes ist von dem Verhältnis des geforderten Lohnsatzes zu der Wahrscheinlichkeit eines Konflikts abhängig, letzten Endes also von der Bereitschaft zur Übernahme eines Risikos. Voraussetzung einer theoretischen Erklärung der Lohnfixierung bleibt jedoch nach Zeuthen ein rationales Verhalten der Verhandlungspartner. Die Unterhändler müssen die Vor- und Nachteile eines Konflikts in jedem Moment abwägen. Ihr Ziel muß einzig darin bestehen, die totale Lohnrechnung ihrer Mitglieder so groß wie möglich zu machen. Das Ergebnis der Ver-

[27] *Zeuthen*, F.: Undeterminierte Lohnprobleme, Archiv für Sozialwissenschaft und Sozialpolitik, 1929, Bd. 62, Heft 1, S. 274/75; ausführlicher in: Problems of Monopoly and Economic Warfare, London 1930.

handlungen ist dann im gewissen Sinne durch die Gleichheit der gegenseitigen Risiken determiniert.

Zeuthen[28] spricht von der Verhandlungsstrategie in den zweiseitigen Lohnverhandlungen als von der Theorie einer rationalen Strategie der Spiele, die die Theorie einer rationalen Diplomatie ist. Von der Notwendigkeit ausgehend, daß Konflikte, auch solche des ökonomischen Lebens, wie auch immer erklärt werden müssen, weist Zeuthen darauf hin, daß die in der Theorie vorausgesetzte komplette Information aller Spieler von den realen Bedingungen weit entfernt sei. Er hält es vor allem auch in Hinblick auf die Realität des durch Drohungen, Gegendrohungen und Vergleiche gekennzeichneten Spielsystems für erforderlich, der Theorie der rationalen Verhaltensweisen eine Theorie anzufügen, die Konflikte aus realistischen Annahmen erklären kann. Abweichungen von der Rationalität auf Grund feindlicher Gefühle und zerstörender Effekte der Propaganda sind nach seiner Ansicht neben einer Vielzahl weiterer relevanter Faktoren nicht zu unterschätzende Realitäten, die zu Konflikten und zu Verlusten für alle Spieler führen können.

In „The Wage Rate under Collective Bargaining“ führt J. Pen die theoretischen Leitgedanken von Zeuthen in Richtung auf eine neue Form der Lohntheorie, basierend auf einer Theorie der Kollektivverhandlungen, fort. Im Vorwort heißt es: „Ich betrachte meine Theorie als einen Schritt auf dem Wege, der sich möglicherweise als ein sehr langer herausstellen wird: den der Integration der Verhandlungssituation in das komplexe Gebiet der menschlichen Beziehungen[29].“

Primäres Thema in bezug auf die Kollektivverhandlungen ist nach J. Pen die machtmäßige Auseinandersetzung der Parteien und ihr Drehpunkt die Bereitschaft zum Kampf (propencity to fight). In Übereinstimmung mit der Zeuthen'schen Theorie sieht Pen im Risiko eines Konfliktes den Kardinalfaktor der zweiseitigen Verhandlungen. Kernstück der Pen'schen Theorie ist die Ophelimitätsfunktion. Die Daten des Verhandlungsproblems sind demzufolge die Ophelimitätsfunktionen beider Parteien, die als Serie ihrer jeweiligen Präferenzen definiert werden. Die Schwierigkeit der Anwendung der Pen'schen Theorie in bezug auf ein konkretes Problem liegt aber gerade darin, daß es unbestimmt bleibt, was in die Ophelimitätsfunktion eingeht. Pen selbst hält es für einen Vorteil, daß das „... Konzept der Ophelimität außergewöhnlich flexibel ist und jede erkennbare Motivation und Präferenz der Beteiligten einschließen kann[30].“ Er möchte gerade darin den Ansatz zum Ausbau seiner Verhandlungstheorie zu einer allgemeinen Lohntheorie sehen.

---

[28] *Zeuthen*, F.: Economic Theory and Method, London 1955, S. 298.

[29] *Pen*, J.: The Wage Rate under Collective Bargaining, Cambridge Mass., 1959, Vorwort, S. 13.

[30] Derselbe: a. a. O., S. 182.

Die dargestellte Theorie enthält seiner Ansicht nach alle Fakten der relevanten Lohndeterminierung und meint, jedes relevante Phänomen könne in sie eingeschlossen werden. Eine ausführliche Lohntheorie würde jedoch auch nach Pen noch eine ganze Reihe von Fragen mehr zu beantworten haben, zu denen insbesondere auch die Ophelimitätsfunktion der Arbeitgeber gehört[31].

Gegen die Pen'sche Ophelimitätsfunktion hat Shackle eingewandt, sie setze voraus, daß es — im Sinne der Theorie des bilateralen Monopols — zu einer Verständigung in der Kontraktzone komme und daß der Lohnsatz in diesem Sinne determiniert sei; die grundsätzliche Frage, wann überhaupt die Kontraktzone beginne, bleibe bestehen[32]. Pen hat wiederum in einer kritischen Würdigung der Shackle'schen Verhandlungstheorie hervorgehoben, daß seine (Pen's) Theorie die Ausübung von Macht und Zwang mit einschließe, während die Shackle'sche Theorie nur eine potentielle Überraschung (potential surprise) kenne und sich hauptsächlich nur mit den vorgefaßten Plänen der Parteien in bezug auf die Verhandlungen und mit dem „Spiele" selbst befasse[33].

Außer der strittigen Frage, wie die Theorie der Verhandlung zu fassen ist, besteht jedoch noch ein anderes Problem von größerer Bedeutung. Es liegt in der Tatsache, daß Pen in seiner Theorie der Kollektivverhandlungen nur mit einem Durchschnittslohn für sämtliche Lohnsätze arbeitet. Demgegenüber wird von einer ganzen Reihe anderer Ökonomen gerade die Erklärung der Lohndifferentiale und der Lohnstrukturen im Rahmen der Lohntheorie gefordert. Wie dieses Problem jedoch gelöst werden soll, bleibt auch bei einem ausgesprochenen Vertreter wie Dunlop[34] eine ungelöste Frage. Danach sollte der Drehpunkt der Lohntheorie eine angemessene Angebotstheorie sein, die mit einem Konzept der Lohnstruktur arbeitet und nicht mit generellen Lohneinheiten. Zu der allgemeinen Frage, was die allgemeine Höhe der Real- und der Geldlöhne bestimmt, tritt dann die Frage, was die Struktur der Lohnraten bestimmt. Das zentrale Problem der Analyse besteht dann darin, die Verbindungslinien zwischen der internen und externen Lohnstruktur herauszufinden.

Wenn es aber richtig ist, daß die bestehenden Lohnstrukturen, wie Salkewer[35] meint, auf nicht in Geld zu messenden Unterschieden in der Anziehungskraft verschiedener Beschäftigungsorte und Berufe, auf der Differentiale des Wertes des Grenzprodukts, auf Wirkungen von Extra-

---

31 *Pen*, J.: a. a. O., S. 188.

32 *Shackle*, G. L. S.: a. a. O., S. 310 ff.

33 *Pen*, J.: a. a. O., S. 194.

34 *Dunlop*, J. T.: a. a. O., S. 139.

35 *Salkewer*, L. R.: Toward a Theory of Wage Structure, Industrial and Labor Relations Review, Vol. 6 Nr. 3, April 1953.

Marktkräften, auf Eingriffen der Regierung und der Gewerkschaften oder schließlich auf dem völligen Fehlen eines Zusammenhangs von Lohnraten und der Lokalisierung von speziellen Typen von Arbeitern und sozialem Brauch beruhen, dann ist eine Theorie der Lohnstrukturen offenbar eine unlösbare Aufgabe.

Noch schwieriger wird die theoretische Bewältigung dieses Problems, wenn auch nationale Lohnstrukturenvergleiche in die Erklärung eingeschlossen werden sollen. Es ergeben sich dann wieder eine ganze Serie höchst interessanter Fragen, wie sie Rothbaum[36] zusammengetragen hat. Empirische und quantitative Analysen haben jedoch zutage gefördert, daß es auf diese Fragen keine eindeutigen Antworten gibt. Als Ergebnis seiner Untersuchung kommt Ross[37] zu dem Resultat, daß die Lohnstruktur (in den Vereinigten Staaten) weder eine unabhängige Realität besitze noch natürlich sei. Es sei zwar bekannt, daß die Produktivität langfristig die Höhe des Reallohnes und die Differentiale beeinflusse, andererseits sei aber auch die Produktivität nur von zweitrangiger Bedeutung, wie sich an vielen Beispielen zeigen lasse. Die Analyse der Lohnstruktur steht nach Ross immer mit einem Fuß in der Theorie und mit dem anderen in Arbeiter- und Betriebsführungsverhältnissen. Berechtigte Differentiale werden seiner Meinung nach auch in Zukunft bestehen bleiben und zwischen den verschiedenen Industrien variieren. Eine bestimmte Rangordnung wird auch dann erhalten bleiben, wenn die Differentiale fortgesetzt geringer und in einigen Industrien schließlich völlig fortfallen werden.

Auch Johannsen[38] beurteilt die Möglichkeit, eindeutige Ursachen für die Entwicklung der Lohndifferentiale zwischen den Industriezweigen zu finden, negativ. Auch seine Untersuchung gelangt zu dem Schluß, daß im wirklichen Leben das Verhältnis von Änderungen zwischen der Höhe der Lohndifferentiale, dem Grade der Produktivität und der Beschäftigung schwierig zu verifizieren sei, weil es durch die bekannten subjektiven Faktoren gestört werde. Angesichts der Tatsache, daß die allgemeine Tendenz dahin geht, die Lohndifferentiale einzuebnen und daß selbst Dunlop feststellt, die Lohnstrukturen seien langfristig nur ein Reflex der Art und des Tempos der Industrialisierung, fragt es sich, ob es überhaupt sinnvoll ist, eine theoretische Behandlung der Lohnstruktur im Rahmen der Lohntheorie zu fordern. Unserer Auffassung nach ist der Ausgleich oder die Wiederherstellung sinnvoller Differentiale eine rein pragmatische Aufgabe, die entsprechend den jeweils gegebe-

---

[36] *Rothbaum,* M.: a. a. O., S. 300.

[37] *Ross,* A. M.: The External Wage Structure, in: New Concepts in Wage Determination, S. 204 ff.

[38] *Johannsen,* Leif: A Note on the Theory of Interindustrial Wage Differentials, Memorandum fra Universitetets Socialøkonomiske Institut, Oslo 1957.

nen Bedingungen zu lösen ist. Welche allgemeinen Grundlagen dafür angegeben werden können, werden wir noch erörtern.

Die Probleme der Lohnstruktur sind jedoch nicht die einzige Schwierigkeit, die sich einer generellen Lohntheorie in den Weg stellen. Mindestens ebenso schwierig, wenn nicht noch komplizierter, ist das Problem, wie die Reihe der anderen Forderungen der Gewerkschaften, nämlich die Arbeitszeitregelung, die soziale Sicherheit, die Mitbestimmung und dergleichen, die neben der Lohnforderung Gegenstand in den Kollektivverhandlungen sind, in der Theorie behandelt werden sollen. In der Zeuthen'schen wie in der Pen'schen Theorie geht es nur um die Bestimmung der Höhe des Lohnsatzes. In den gegenwärtigen Kollektivverhandlungen dürfte aber der Fall selten vorkommen, daß nur über den Lohnsatz verhandelt wird. Im Regelfall stehen außer dem Lohnsatz immer noch gleichzeitig eine, zwei oder mehr Forderungen auf der Tagesordnung oder im Hintergrund. Ob diese weiteren Forderungen offiziell erhoben werden oder nicht, ist dabei völlig unwichtig. Wichtig ist, daß sie jederzeit auftreten und sogar vor dem Lohnsatz in das Zentrum der Verhandlungen treten können. Für den Erfolg einer Verhandlung braucht es keineswegs ein Nachteil zu sein, wenn sich andere Forderungen als die ursprünglich angemeldeten in den Vordergrund drängen, weil sie für geschickte Unterhändler als Köder dienen können und eine Ausweitung ihrer Verhandlungsstrategie bedeuten. Ein Erfolg, der auf dem reinen Lohngebiet nicht erzielt werden kann, kann unter Umständen gegen Zugeständnisse auf anderem Gebiet kompensiert werden. Nahezu immer wird es in den Kollektivverhandlungen Ausweichmöglichkeiten dieser Art geben, und wenn die Verhandlungen über die ursprünglichen Forderungen auf einem toten Punkt angelangt sind, dann kann zunächst über andere Forderungen verhandelt und danach können wieder die ursprünglichen Verhandlungen in Gang gebracht werden. Den Unterhändlern beider Seiten wird ein Wechsel des Gegenstands in der Verhandlung als das Natürlichste in der Welt erscheinen, und je größer der Spielraum ist, je mehr Variable vorhanden und je geschickter die Unterhändler sind, um so leichter wird es ihnen in der Regel fallen, eine Lösung zu finden.

In der Theorie der Verhandlungen stellt sich dagegen dieser Vorgang ganz anders dar. Danach dürfte es nahezu unmöglich sein, ein Modell zu entwickeln, das mit mehreren interdependenten Variablen arbeitet, von denen nicht im Voraus feststeht, mit welcher von ihnen zuerst zu rechnen ist, in welcher Reihenfolge die anderen ins Spiel gebracht werden und welche numerischen Werte sie jeweils haben, ganz abgesehen davon, daß aus taktischen Gründen möglicherweise Scheinmanöver geführt werden und daß bei den Verhandlungspartnern überhaupt nicht im voraus festzustehen braucht, welche Ziele konkret angestrebt werden. Insoweit kann also in bezug auf die Möglichkeiten und Unmöglichkeiten einer theoretischen Behandlung dieses komplexen Problems nur wiederholt werden, was Zeuthen bereits festgestellt hat, nämlich daß der Mangel an zutreffenden Informationen, die Schwierigkeit, die Vielzahl der relevanten Faktoren zu meistern und die Propaganda beider Seiten einer Verhandlungstheorie nahezu unüberwindliche Hindernisse bereiten. Es scheint demnach, als müßten wir zu der Erkenntnis kommen, in die Barbara Wootton ihre Erfahrung in der Lohnpolitik resumierend gefaßt hat: „Jedes länger andauernde Studium von Lohnverhandlungen verleitet zu einem gewissen Zynismus[39]."

Zwischen der relativ optimistischen Ansicht von Hicks und der pessimistischen von Barbara Wootton in bezug auf die Aussichten einer theoretischen Behandlung der Lohnbildung hat der Wunsch nach einer praktikablen Lohntheorie einen schweren Stand. Bedenkt man die Vielfalt der Zusammenhänge und die Vielschichtigkeit der Lohnsituationen in den einzelnen Ländern, so wird man leicht geneigt sein, zu bezweifeln, daß das Bemühen, zu einer allgemein gültigen Aussage über Lohnprobleme zu gelangen, Erfolg haben könnte. Trotzdem erscheint uns im bescheidenen Rahmen eine gewisse Klärung dieses Problems nicht völlig unmöglich.

Unsere ersten behutsamen Schritte richten wir auf die Probleme der Lohnstruktur. Vergegenwärtigen wir uns die wesentlichsten Faktoren ökonomischer und soziologischer Art, die generell Einfluß auf die Lohnbildung haben, dann erhalten wir die folgende Liste:

Ökonomische Faktoren:

1. *Arbeitsmarkt*
   Elastizität von Angebot und Nachfrage
2. *Grenzproduktivität*
   Lohnraten und effektive Verdienste
3. *Lohnstrukturen*
   abhängig von den ökonomischen Faktoren 1, 2, 5 u. 6 und den soziologischen Faktoren 1, 2 und 3
4. *Reallohn*
   abhängig vom Ergebnis der Verhandlungen, von den Lebenshaltungskosten, der Geldpolitik, der Preis- u. Konjunkturentwicklung, der Außenhandels- und Währungspolitik

Soziologische Faktoren:

1. *Soziale Prestigeordnung*
   abhängig vom Verhältnis der Berufsgruppen zueinander, der Facharbeiter zu den Angelernten, Ungelernten, Frauen und Jugendlichen, der Arbeiter zu den Angestellten
2. *Betriebliche Seniorität*
   Selektionsprinzipien und Aufstiegsmöglichkeiten
3. *Mitbestimmung*
   Miteigentum
   Einfluß auf Arbeitsregelungen
   Wirtschaftsbürger
4. *Verhältnis zur staatlichen Wirtschaftspolitik*
   Sozialversicherung, Kinder- u. Familienbeihilfen

---

[39] *Wootton,* Barbara: a. a. O., S. 160.

5. *Kollektivverhandlungen*
   Verhaltensweisen,
   Verhandlungsstrategie,
   Schiedsgerichtsbarkeit,
   institutionelle Faktoren
6. *Soziallohn*
   Soziale Leistungen und nicht-geldliche Vorteile
7. *Gesamtwirtschaftliche Entwicklung*
   Verteilung der Einkommen (Lohnquote)

5. *Wirtschaftsordnung*
   Eigentumsordnung
   Einfluß der Interessenverbände

Wenn wir zunächst die Abhängigkeit der Lohnstruktur von den anderen mitwirkenden Faktoren betrachten, dann zeigt sich, daß nicht nur die soziologischen, sondern auch die ökonomischen Faktoren kurzfristig und langfristig als relativ konstant angenommen werden können. Von den soziologischen Faktoren wissen wir darüber hinaus, daß sie sich alle einem Prinzip zuordnen lassen, nämlich dem der Ausbildung, der fachlichen Leistung und der persönlichen Wertschätzung. Darin scheint uns ein konkreter Ansatzpunkt für eine Rationalisierung des Lohnsystems zu liegen. In allen europäischen Ländern und auch in den Vereinigten Staaten besteht bereits die Praxis der Arbeitsplatzbewertung (in den USA sogar in einer etwas weiteren Form als Jobbewertung), deren Basis die Fachausbildung, das Training oder die längere Ausübung einer bestimmten Tätigkeit bilden. In diese Bewertung ist bereits die Grenzleistungsfähigkeit des einzelnen Arbeiters und folglich im gewissen Umfange auch die Grenzproduktivität eingeschlossen. Von dieser Basis aus, die in der internen Lohnstruktur schon in den meisten Fällen völlig ausgebildet vorliegt, ist es nicht übermäßig schwierig, rein pragmatisch auch eine rationale externe Lohnstruktur zu entwickeln.

In der Bundesrepublik sind auf Grund der traditionell etablierten Berufsausbildung und aus organisatorischen Gründen die Voraussetzungen für eine rationale Lohnstruktur günstiger als beispielsweise in England oder den Vereinigten Staaten, aber unmöglich ist sie auch dort nicht. Ansatzpunkte für eine angemessene Gruppierung nach den beruflichen Qualifikationsanforderungen sind zumeist in genügendem Maße gegeben. Wir erinnern uns der Tatsache, daß in der Bundesrepublik schon die Schulentlassenen vor ihrem Eintritt in das Berufsleben von den Arbeitsämtern Eignungsprüfungen unterzogen werden, die die speziellen Begabungen der Jugendlichen zu testen versuchen und ihnen danach bestimmte Berufe in Übereinstimmung mit den Anforderungen des Arbeitsmarktes empfehlen. Bevor die eigentliche Ausbildung beginnt, ist hier also schon intelligenzmäßig eine bestimmte Rangordnung geschaffen, und sind bestimmte Erwartungen in bezug auf Aufstiegsmöglichkeiten für das spätere Berufsleben eröffnet worden. Eine Rangordnung dieser Art hat schon immer in der Entlohnung zwischen den verschiedenen Berufsgruppen zueinander bestanden und jeder versierte gewerkschaftliche Unterhändler legt sie stillschweigend der Bemessung seiner eigenen Forderung zugrunde. Zum Zwecke ihrer Verwendung für eine rationale Lohnstruktur braucht sie deshalb nur von Zufälligkeiten der Entwicklung auf dem Arbeitsmarkt und nicht mehr zeitgemäßen Vorurteilen gereinigt zu werden. Zu solchen Vorurteilen gehört beispielsweise die geringere Bewertung und Entlohnung der Landarbeit, obgleich der Landarbeiter bekanntlich in einem modern geführten landwirtschaftlichen Betrieb längst zu einem qualifizierten Facharbeiter geworden ist. Auf die technisch-wissenschaftliche Seite des Problems, das vor allem in bezug auf das Verhältnis von Angestellten- und akademischen Berufen zu denen der manuellen Arbeiter nicht zu unterschätzende Schwierigkeiten soziologischer Art enthält, brauchen wir hier nicht im einzelnen einzugehen. Auf diesem Gebiet liegen bereits praktische Erfahrungen und Untersuchungen vor[40]. Konkrete Vorschläge in Richtung auf einen Ausgleich zu entwickeln ist eine Aufgabe, die speziellen Studienkommissionen zufällt. Andere Möglichkeiten für eine wissenschaftliche Bestimmung des Lohnes dürften sich kaum angeben lassen[41].

Setzen wir einmal voraus, daß eine rationale Lohnskala nach dem Ausbildungs- und Leistungsprinzip bestünde, dann läßt sich die gefundene Rangordnung in einem zweiten Schritt auch mit den jeweils gegebenen Arbeitsmarktsituationen in Beziehung setzen, um auch nach dieser Seite hin eine angemessene Flexibilität sicher zu stellen. Die Arbeitsämter produzieren laufend Statistiken über offene Arbeitsstellen und Mangelberufe, und es wäre relativ einfach, nach der Intensität der Nachfrage bemessene Zuschläge etwa in der Form eines für sich ausgewiesenen Bonus, dem nach Ausbildung und Leistung bemessenen Lohnsatz zuzurechnen und mit der Arbeitsmarktsituation variieren zu lassen. Daß auch die mangelnde Mobilität oder sonstige besondere gebietliche Probleme in gleicher Weise sinnvoll ausgeglichen werden können, liegt auf der Hand. In ähnlicher Weise präsentiert sich das Problem der sozialen Zuschläge zum Lohn. Hierüber liegen ebenfalls eine Reihe von Untersuchungen vor, die über die einzelnen Staatsgrenzen hinaus als Vergleichsbasis für die Bemessung der Bestandteile der sozialen Leistungen an den Lohnkosten in Richtung auf eine Harmonisierung der Soziallöhne (so innerhalb der Europäischen Wirtschaftsgemeinschaft) dienen sollen.

So wenig, wie es uns unmöglich erscheint, entsprechend den gegebenen Bedingungen in den einzelnen Ländern eine jeweils rationale Lohn-

---

[40] Siehe dazu *Lockwood*, D.: The Blackcoated Worker, London 1958.

[41] *Tinbergen*, J.: Some Remarks on the Distribution of Labour Incomes, International Economic Papers, London, New York 1951.

struktur zu entwickeln, die zumindest willkürliche Ungleichgewichte und ungerechte Lohndifferentiale ausschaltet, so wenig erscheint es uns unmöglich, zu einer angemessenen Messung der Produktivität zu kommen. Betrachten wir eine geschlossene Volkswirtschaft, die sich im Gleichgewicht befindet, und setzen wir voraus, daß sich alle anderen Variablen nur in dem Ausmaße ändern, wie es eine Steigerung der Produktivität erforderlich macht, dann entspricht das wirtschaftliche Wachstum der Volkswirtschaft der Steigerung der Produktivität. Auf die Frage, woran sie gemessen werden soll und wie der Erfolg auf Arbeits- und Nichtarbeitseinkommen zu verteilen ist, konzentriert sich dann notwendigerweise das spezielle theoretische Interesse im Rahmen der Lohntheorie. Wie auf dem Gebiet der Lohnstruktur, so besteht auch auf dem der Produktivitätsmessung kein Grund, von vornherein zu resignieren und ebensowenig Veranlassung, sich mit einer primitiv vereinfachenden Durchschnittsberechnung der Produktivitätssteigerung für die gesamte Industrie zufrieden zu geben[42]. Das Problem einer angemessenen Messung der Produktivität ist allein ein Problem der Transparenz der ökonomischen Vorgänge. Die Bemessung der Steigerungsmöglichkeit der Gesamtlohnsumme an einer durchschnittlichen Produktivität entspricht jedoch einer Ausrichtung der Einkommensentwicklung der Lohn-Gehaltseinkommen an den Fußkranken der wirtschaftlichen Entwicklung. Die Effektivität der gesamtwirtschaftlichen Entwicklung wird auf das Mittelmaß jener Betriebe heruntertransferiert, die sich ohne besondere Anstrengungen im Wettbewerb halten können. Einer dynamischen Wirtschaft und einer vernünftigen Lohnregulierung würde es demgegenüber weit mehr entsprechen, wenn die kontinuierliche Erhöhung der Gesamtlohnsumme an einer Skala der Leistungsfähigkeit der Betriebe und Industriezweige auf der Basis der jeweiligen Schwerpunktindustrien der betreffenden Volkswirtschaft gemessen würde. Eine derartige Skala der Leistungsfähigkeit der Industrien könnte gleichzeitig anzeigen, welche Industrien im Zuge der fortschreitenden internationalen Arbeitsteilung weiter zu entwickeln, welche zu beschränken oder

[42] In dem Memorandum der Deutschen Bundesbank über die Lohn- und Preisentwicklung vom Februar 1960 lag für eine derartige Verfahrensweise um so weniger Grund vor, als das Statistische Bundesamt detaillierte Unterlagen zur Verfügung hat, ohne sie jedoch der Öffentlichkeit bekanntgeben zu können.

Siehe dazu das Referat des Leiters des Statistischen Bundesamts, veröffentlicht in Lohn- und Arbeitsproduktivität, Hrsg.: Gabriel, S. L., Arbeitsgemeinschaft für Rationalisierung Nord-Rhein, Heft 7, Dortmund 1954 und Produktivität und Produktivitätsmessung, Hrsg.: Burghardt, Günther, gleiche Reihe, Heft 11.

Jedem Eingeweihten ist darüber hinaus bekannt, und gelegentliche Untersuchungen haben es immer wieder bestätigt, daß Produktivitätsunterschiede in der gleichen Branche und häufig am gleichen Ort bis zu 500 vH betragen können.

abzubauen sind, weil ihr Nettoproduktionswert, gemessen in Lohneinheiten, nicht mehr der Grenzleistungsfähigkeit der Arbeit in anderen Verwendungsformen entspricht. Eine bessere statistische Durchleuchtung und Bearbeitung der Unterlagen böte auch in diesem Fall die Grundlage für eine rationale Lohnpolitik und die Etablierung einer angemessenen Verteilung zwischen Arbeits- und Kapitaleinkommen. Daß eine Einkommensverteilung nach den Prinzipien der Produktivität keineswegs auch schon eine „gerechte" Einkommensverteilung mit einbegreift, wie sie nach sozialen und philosophischen Gesichtspunkten gefordert werden könnte, ist offenbar. Hier kam es nur darauf an, Möglichkeiten aufzuzeigen, die weniger willkürlich und weniger ungerecht sind als die bisherigen Regeln der Verteilung, und zu einer rationaleren Lohnpolitik, so man will, zu ihrer Versachlichung beizutragen. Die Sekundärwirkung einer derartigen Versachlichung würde erst die Voraussetzungen für die theoretische Behandlung der Lohnprobleme schaffen, die ihrerseits die erste Tendenz verstärken würde.

Man mag sich fragen, welchen konkreten Nutzen die Lohntheorie aus diesen Verfahrensweisen ziehen könnte, da es sich doch offenbar um eine rein statistisch-pragmatische Aufgabe handelt. Setzen wir aber für unsere Erörterungen voraus, daß eine zureichende Transparenz bestünde und daß mit den erörterten Methoden innerhalb einer Volkswirtschaft eine rationale Lohnskala und Lohnstruktur herausgebildet wurden, dann ergibt sich daraus, daß es im Rahmen der theoretischen Behandlung der Lohnbildung faktisch möglich wäre, mit einem Durchschnittslohn an Stelle einer Vielzahl von Lohnraten zu operieren, ohne die Lösung des Problems zu simplifizieren. Steht jeder einzelne Lohnsatz für eine bestimmte Leistung in einer festen Relation zum Durchschnittslohn und variiert er mit diesem, dann ist für das makroökonomische Gleichgewicht nur noch die allgemeine Lohnhöhe relevant, während gleichzeitig Ungleichgewichte auf den Teilmärkten ausgeschaltet wären. In der Vollbeschäftigung hat dieses Problem eine nicht zu unterschätzende Bedeutung in bezug auf die Lohn- und Preisstabilität. Unangenehme Wirkungen auf die Stabilität kann dagegen ein labiler Arbeitsmarkt schon dann in sich bergen, wenn auf bestimmten Teilmärkten eine Überfüllung und auf anderen ein Mangel an Arbeitskräften herrscht, selbst wenn sich Überfüllung und Mangel auf dem Gesamtarbeitsmarkt und im Preissystem gerade gegeneinander ausgleichen. Stellt sich ein Ausgleich dieser Art nicht ein, dann entstehen Engpässe, die möglicherweise dazu führen, daß die Erwerbslosigkeit die Dreiprozentgrenze überschreitet, die konventionellerweise als Grenzlinie der Vollbeschäftigung betrachtet wird und daß eine übervolle Beschäftigung auf bestimmten Sektoren einen sogenannten „Lohndrift" hervorruft, wie er sich besonders in Schweden als Abweichung der Lohnsätze über die vereinbarte nationale Lohnhöhe hinaus in Verbindung mit einer leicht inflationistischen Entwicklung gezeigt hat[43].

Die Frage, wie das Verhältnis von Lohn, Produktivität, Preis und Profit strukturiert ist, wird erfahrungsgemäß in den autonomen kollektiven Lohnverhandlungen nicht beantwortet. In der Vollbeschäftigung resultiert daraus eine gewisse Instabilität des Preisniveaus und, wenn keine anderen Kriterien für die Verteilung des Sozialprodukts als die Wirkung der Marktkräfte zur Verfügung stehen, eine Unstetigkeit des wirtschaftlichen Wachstums. So fragt es sich, welche anderen Möglichkeiten für eine vernünftige Lösung dieser Probleme im Rahmen der Gesamtwirtschaft offenstehen, wenn die Methoden, mit denen die Interessengruppen, Gewerkschaften und Unternehmensverbände, das Problem zu lösen trachten, nicht als ausreichend angesehen werden. Nach Barbara Wootton's Auffassung haben theoretische Vorstellungen für die Lohnregulierung keine Relevanz. Der einzige Weg, den sie zur Erreichung einer vernünftigen Lohnpolitik für gangbar hält, ist der der Aufklärung. Nach ihrer Ansicht hat sich in erster Linie die jeweilige Regierung selbst darüber klar zu werden, daß sie auf eine ihrer philosophischen Grundauffassung gemäße Lohn- und Gehaltspolitik nicht verzichten kann. Barbara Wootton fordert deshalb eine soziale Fundierung der Lohnpolitik, für die die Regierung die Grundlagen zu erarbeiten habe[44].

Zweifelsohne kommt den soziologischen Faktoren, nämlich der Prestigeordnung, der Mitbestimmung und dem Grundverhältnis der Gewerkschaften zu Staat und Gesellschaft, das durch Entfremdung oder Übereinstimmung gekennzeichnet sein kann, für die Lohnbildung eine eminente Bedeutung zu. Neben und über der Wertskala, die im Preissystem ihren Niederschlag findet, steht die Skala der sozialen Werte, die die Bedingungen für das soziale Gleichgewicht beherrscht. Dieses soziale Gleichgewicht wäre nach Schumpeter zugleich der ideale Zustand eines Gleichgewichts[45]. Die Erreichung eines solchen sozialen

---

[43] Untersuchungen über die Frage, wie das Verhältnis von Lohn, Produktivität, Preis und Profit strukturiert ist, konnten in Bezug auf die Ursachen des Lohndrifts keine eindeutigen Ergebnisse zutage fördern. Als wahrscheinlich ergab sich, daß bestimmte Firmen ohne einen erkennbaren gegenwärtigen Vorteil Anreizlöhne zahlten, um eine bessere Marktposition für zukünftige Marktkämpfe zu erlangen (*Hansen*, Bent und *Rehn*, Gösta: On Wage Drift, a Problem of Money-Wage Dynamics, 25 Economic Essays/in Honour of Erik Lindahl, Stockholm 1956.) Imponderabilien, oder zumindest im Zeitpunkt der Untersuchung nicht feststellbare quantitative Vorteile beherrschen in der oligopolistischen Konkurrenz, wie auf Grund der Untersuchung deutlich wurde, das Verhalten der Unternehmer auch dann, wenn ihre Vertreter (wie in Schweden) nationale Lohnabkommen für die gesamte Industrie des Landes mit den Gewerkschaften abschließen.

[44] *Wootton*, Barbara: a. a. O., S. 170 ff.

[45] *Schumpeter*, Joseph: a. a. O., S. 73.

Gleichgewichts wird notwendig die Möglichkeit zu einer Änderung der Einkommensverteilung einschließen müssen, wenn andere Lösungen sich als unzureichend erweisen. Mit den Worten von Pen müssen die Verhandlungssituationen in das komplexe Gebiet der menschlichen Beziehungen integriert werden. Zum Teil hat sich die Lösung der sozialen Komponenten der Lohnbildung auf die politische Ebene und die der Gesetzgebung verschoben, zum Teil ist sie jedoch weiterhin Bestandteil der Lohnpolitik. Die Gewichtsverteilung ist jedoch in den nationalen Wirtschaften unterschiedlich, wie auch die Lohnpolitik selbst mehr oder weniger staatlichen Einflüssen unterliegen kann. In der Regel ist die in allen westlichen Industrieländern praktizierte Wirtschaftspolitik eine Politik des „Sowohl als auch" zwischen den extremen Polen. In diesem Zwischenstadium der Wirtschaftspolitik zwischen früheren Formen des Liberalismus und der temporären Entwicklung zur Politik der Vollbeschäftigung, zur Konjunkturstabilisierung, zum Wohlfahrtsstaat und zur Wohlstandsplanung haben eindeutige ökonomische Prinzipien keine rechte Grundlage, weil das Preissystem allein nicht mehr als eine angemessene Wertskala angesehen wird, weil sich aber andererseits auch noch keine andere allgemein verbindliche Wertskala herausgebildet hat. Alle Diskussionen über die strittigen Probleme der Vollbeschäftigung kulminieren in dem Gegensatz der Auffassungen über die Methoden, mit denen die Vollbeschäftigung und die Stabilität der wirtschaftlichen Entwicklung am besten gewahrt werden können. Es fragt sich, ob die Preise den Markt angemessen zu regulieren und eine Stabilität zu garantieren vermögen oder ob die Lohnsätze, die Zinssätze oder die Wechselkurse ein effektiveres Mittel sind. Diese Fragen stehen im Vordergrund. Im Hintergrund der Auseinandersetzungen steht der Gegensatz der Auffassungen darüber, ob der Mechanismus der Goldwährung, der keine Garantie für eine gleichmäßige Vollbeschäftigung einschließt oder die modernen Methoden der Konjunkturstabilisierung, die stärker an der Arbeitskraft und der Einkommensentwicklung ausgerichtet sind, der heutigen Wirtschaftspolitik gemäßer sind. Gerade so wie das Interesse der Unternehmer — im ideal-typischen Sinne — ihnen vorschreibt, dem Mechanismus des Marktes und der Goldwährung den Vorzug zu geben, so schreibt das Interesse der Gewerkschaften ihnen vor, sich zugunsten der Methoden der Konjunkturstabilisierung zu entscheiden.

In den westlichen Demokratien, in denen eine autoritative Entscheidung über diesen Gegensatz außer Diskussion steht, verbleiben verschiedene Möglichkeiten in bezug auf die Ebene, auf der das Problem jeweils behandelt und einer zeitweiligen Lösung zugeführt werden kann. Die erste in dieser Reihe ist die Form der autonomen Kollektivverhandgen, in denen es den Verhandlungspartnern überlassen bleibt, die Verteilung des Sozialprodukts mit ihren Methoden zu bewerkstelligen. Das theoretische Interesse gilt dann in erster Linie einer angemessenen Verhandlungs- und im weiteren der Lohntheorie, die den Vorgang der Lohnbildung richtig erfaßt und damit zugleich einen wissenschaftlichen Beitrag zu diesem Problem leistet. Trotzdem wird es zur Wahrung der allgemeinen Belange von Zeit zu Zeit erforderlich werden, an die Verantwortung der Verhandlungspartner zu appellieren, ihr Verhalten in der ökonomischen Auseinandersetzung so einzurichten, daß es nicht in Widerspruch mit den Interessen der Gesamtheit gerät, wie diese auch immer definiert oder empfunden werden mögen. Notwendig werden bestimmte Konventionen zugrunde gelegt werden müssen, auch wenn sie nicht ausdrücklich formuliert sind.

In einer zweiten, der ersten am weitesten entgegengesetzten Form der Lohnregulierung kann die Regierung selbst die Richtlinien und im weiteren die Grundlagen des Wohlfahrtsstaates im Sinne der sogenannten Welfare Economic festlegen. Dies wäre jene Lösung, die Barabara Wootton als die allein gangbare ansieht. Darauf, daß die Prinzipien der Ethik, die dieser Politik als Richtschnur dienen, auch mit der Wissenschaft vereinbar sind, hat in jüngster Zeit Peter[46] erneut hingewiesen. Wird die Ordnung des Gemeinwesens als menschliche Einrichtung, als der menschlichen Vernunft unterworfen betrachtet, dann kann der Appell an die Einsicht, etwas als „richtig" und „angemessen" zu erkennen, den die Vernunft erhebt, auch aus der Wirtschaftstheorie nicht ausgeschlossen werden. Theoretisch folgt daraus, daß die Lohntheorie wieder — wie in ihrem Ursprung bei Adam Smith und David Ricardo — in den Gesamtzusammenhang des wirtschaftlichen und gesellschaftlichen Geschehens gestellt werden muß oder — mit den Worten von Pen —, daß sie mit dem Gesamtzusammenhang der menschlichen Beziehungen integriert werden muß.

In einer dritten Form repräsentiert sich das Problem der Lohnbildung und ihre theoretische Behandlung, wenn die Regierung oder das Parlament oder beide ein besonderes Gremium berufen und mit der Wahrnehmung der allgemeinen Interessen gegenüber den Vertragsparteien betrauen. Ein derartiger Auftrag an ein solches Gremium kann verschieden weit gefaßt werden. Einmal kann er dahin lauten, das Ergebnis der Kollektivverhandlungen in Übereinstimmung mit der allgemeinen wirtschaftlichen Entwicklung, insbesondere mit der Preis- und Konjunktur-, der Geld- und Kredit-, der Außenhandels- und Währungspolitik zu halten. In diesem Zusammenhang steht die Höhe und die Entwicklung der Reallöhne im Mittelpunkt der Erörterung, und Modelle zur Analyse und zur quantitativen Messung der mitwirkenden ökonomischen Fakto-

[46] *Peter*, Hans: Wandlungen in der Wirtschaftsauffassung, Finanz-Archiv N. F., Bd. 11 (1949), H. I., S. 170 ff.; derselbe: Welfare Economic Ethik und doch Wissenschaft, Finanz-Archiv N. F., Bd. 12 (1950).

ren in der Art, wie sie Krelle[47] entwickelt hat, werden auch dann zu einem notwendigen Instrument einer rationalen Wirtschaftspolitik, wenn keine speziellen Zielsetzungen verfolgt werden sollen. Würde jedoch der Auftrag etwa dahingehend erweitert, daß eine Politik der Konjunkturstabilisierung betrieben werden soll, dann wird auch das theoretische Problem umfassender. Die Einkommensverteilung und der technische Fortschritt[48], Fragen der Besteuerung, der Sozialpolitik, die Beeinflussung von Sparen und Investitionen treten zu den oben genannten Faktoren hinzu und die Probleme der Lohnbildung fallen mit denen der Gesamtwirtschaft zusammen. Die Lohnpolitik geht gewissermaßen in der Wirtschaftspolitik auf, die ihre eigene Theorie erfordert, die in der Form, wie Tinbergen sie vorgetragen hat, „... die Theorie der wirtschaftlichen Reformen einschließt[49]."

Bestimmte Entwicklungslinien der theoretischen Behandlung der Lohnbildung und der Einkommensverteilung haben sich, wie die letztgenannten Publikationen verdeutlichen, in der ökonomischen Theorie bereits herausgebildet. Die Behandlung der darin aufgeworfenen Probleme überschreitet jedoch bei weitem den Rahmen der vorliegenden Arbeit, deren Aufgabe es nur sein konnte, Möglichkeiten der Verbindung von Theorie und Praxis aufzuzeigen. Die Wissenschaft kann jedoch der Wirtschaftspolitik ihre Erkenntnisse nur anbieten; es bleibt den Akteuren der Wirtschaftspolitik überlassen, welchen Gebrauch sie davon machen.

---

47 *Krelle*, W.: Wage Rates in a Modell of the System, in: The Theory of Wage Determination, S. 91 ff.

48 *Schneider*, Erich: (als Hrsg.) Einkommensverteilung und technischer Fortschritt, darin enthalten:
Niehans, Jörg: Die Wirkung von Lohnerhöhungen, technischen Fortschritten, Steuern und Spargewohnheiten auf Preise, Produktion und Einkommensverteilung, *Bombach*, Gottfried: Die verschiedenen Ansätze der Verteilungstheorie, *Ott*, A. E.: Produktionsfunktion, technischer Fortschritt und Wirtschaftswachstum, Schriften des Vereins für Sozialpolitik, Neuere Folge, Bd. 17, Berlin 1959.

49 *Tinbergen*, J.: On the Theory of Economic Policy, Amsterdam 1955, S. 4.

Personen- und Sachverzeichnis

FSC
www.fsc.org
MIX
Papier | Fördert gute Waldnutzung
FSC® C083411

Kolibri 360 GmbH
Ferdinand-Jühlke-Straße 7
99095 Erfurt, Deutschland
produktsicherheit@kolibri360.de

Druck:
CPI Druckdienstleistungen GmbH
im Auftrag der
Kolibri 360 GmbH
Ferdinand-Jühlke-Str. 7
99095 Erfurt